地震保険の理論と実務

必ず来る震災に備えて

栗山　泰史
五十嵐　朗　著

保険毎日新聞社

はじめに

2011年3月11日の朝、われわれ2人は秋田にいました。一緒に仙台に向かい、昼過ぎに仙台駅で別れた後、午後2時46分、東日本大震災が発生しました。日本損害保険協会（以下、損保協会）は、即時に東京に中央対策本部を、仙台に現地対策本部を設置することを決定しました。そして、われわれ2人はそれぞれの事務局長を務め、長い人生の中でも稀有の体験をすることになりました。

地震発生の直後、誰よりも早く行動を開始したのは、被災地の保険代理店でした。自らも被災者であるものが多くいる中で、保険代理店が最初の一歩を踏み出したのです。そして、これに呼応して保険会社の行動が始まりました。地震保険を中心とする相談対応、地震保険金支払いのための損害調査活動、さまざまな案件についての政治、行政、マスコミ対応、これらを中心になって担ったのが、中央と現地の対策本部でした。

平時において、損保協会は会員である保険会社の裏方を務め、表舞台で目立った動きをすることはありません。東日本大震災においても基本的なスタンスは同じでした。

しかし、同時代に生きる誰もが経験したことのない大災害の中で、損保協会は「一歩だけ前に出る」という対応を行いました。当時、損保協会長であった鈴木久仁氏が「業界一致団結し、迅速かつ親切に対応する」との方針を即座に掲げてくださったことがこれの大きな支えになりました。

東日本大震災の対応を通じて、われわれ2人が何よりも強く感じたことは、自助としての地震保険がいかに被災者の支えになるかということでした。

地震保険の普及にもっと尽力しなければならない――。

そのためには、この国における地震リスクを明らかにし、公助、共助、自助のさまざまな地震に関する制度を理解し、そして、もっと地震保険そのものについての国民の理解を深めなければならない――。

こうした思いの中で本書を記すことになりました。

最後に、保険毎日新聞社の森川正晴氏、井口成美氏の励ましと助けがなければ本書は成就しませんでした。また、一般社団法人日本損害保険協会の竹内淳博氏、青柳善則氏からは多くの貴重なご意見をいただきました。皆様に、心から感謝しています。

2018 年 7 月

栗山　泰史
五十嵐　朗

目　次

第 二 編
わが国の地震リスクと地震保険 39

資料編 135

第一編

序論　わが国の地震保険

第 1 章
地震保険15のポイント

一口に地震保険と言いましても家計向けの地震保険ですが、これは保険会社の社員や保険代理店にとりまして、少なくとも販売上はシンプルな内容になっています。しかし、その中身について目を凝らして観てみると、実に奥深い世界が広がっていることに気付きます。

地震保険は保険商品というよりも保険制度としての側面を強く持っています。このため、制度創設に至る長くて深い歴史があります。また、地震というリスクの特性から保険自体の内容も掘り下げてみればみるほど、言わば「味のある」内容になっています。こうした地震保険を概観するうえでのポイントを、以下に15に分けて記します[1)]。

1　自然災害と日本人

和辻哲郎は、その著書『風土』[2)]において、世界をモンスーン、砂漠、牧場の３つの型に分類し、日本列島はモンスーンに属すると言います。

世界地図を広げ、過去の地震が発生した箇所に赤い印を付けてみます。最も赤が際立つ地域が日本列島です。M6以上の地震に限れば世界の約２割がここで発生しています。この列島に住む人々は、とてつもなく長い歴史の中で、モンスーン、すなわち台風による風災や水災に加え、地震、津波、噴火という過酷な災害に遭遇し続けながら歴史の糸を紡いできました。

和辻によれば、風土は、そこに住む人々の性格の違いを生み出し、モンスーンにおいて人は受容的かつ忍従的であると言います。たとえば「方丈記」にみられるような無常観はそうした性格の表れなのかもしれません。

欧米においては、リスクを合理的・効率的に管理するためのリスク・マネ

1）「コラム—新・地震保険を語る—」保険毎日新聞（2016年９月７日～10月５日）をもとに修正・加筆。
2）和辻哲郎『風土』（岩波文庫、1979）。

ジメントやリスク・ファイナンスが当たり前のことのように浸透しています。これに対し、この国においては、決してそれらが浸透しているとは言えません。特に自然災害に対しては、どこか「起こったら起こったで、仕方がない」というような諦観が色濃く潜んでいるように感じられてなりません。和辻は、「人は風土に影響を受けながらもそれを乗り越えていく」と言うのですが、おそらく、事はそうたやすくはないでしょう。

寺田寅彦は、「文明が進めば進むほど災害は激烈さを増す」[3)] と述べています。現代の日本に住むわれわれは、もはや、災害に対して「起こったら起こったで、仕方がない」と思考停止に陥ることはできません。寺田は、「ものをこわがらなさ過ぎたり、こわがり過ぎたりすることはやさしいが、正当にこわがることはむつかしい」[4)] と述べています。われわれは、災害を今そこにある現実として「正当にこわがり」、危険要因を可能な限り減らす努力をしなければなりません。1966年に創設され、その後、さまざまな課題を抱えながらも、力強く成長、発展し続けた家計分野の地震保険は、そうした努力による大きな成果の一つと言えるでしょう。

2　自分で自分を守ること

東日本大震災において、「津波てんでんこ」という言葉が知られるようになりました。津波の際には、ともかく各自がてんでに逃げることが大切という意味です。

この言葉は、筆者の勝手な解釈ですが、これに従って行動した人が自らの命を守るとともに、助けることができなかった人への罪の意識を和らげること、「それしかなかったんだよ」と、その人が自分を責めないですむよう救いの手を差し伸べる意味があるように思えてなりません。

地震の場合、防災はなく減災しかないと言いますが、この言葉には、極限

３）寺田寅彦『天災と国防』（講談社学術文庫、2011）。
４）寺田寅彦「小爆発二件」『寺田寅彦随筆集(5)〔改版〕』（岩波文庫、1963）。

的な状態の中での究極の減災のあり方が込められているのではないでしょうか。そう受け止めれば、果てしなく重く、深い言葉と感じられます。

ところで、地震において家を失った場合、人はどうすればよいのでしょうか。国や自治体が助けるべきだという考え方もあるでしょう。しかし、私有財産制度のもとでは「自分で自分を守る」という「自助」が原則としての考え方です。自由な意思のもとで持ち家の人がいる一方で借家住まいの人もいます。国が税金をベースに助けるなら、持ち家の人にだけ税金が使われるという不公平は許されないことになります。

したがって、地震への備えの第一歩は、自分で自分を守るために地震保険を付けることになります。しかし、地震保険以外には、まったく助けがないかというとそうではありません。被災者を助ける仕組みには、「自助」としての地震保険以外に、「公助」として被災者生活再建支援法による救済があります。これは、阪神淡路大震災において、家を失い悲惨な目にあった被災者が多数出る中、1998年にできた制度で、家を失った人に最高300万円の補償を行うことになっています。原則は「自助」であっても、国は被災者に対し、何もしないまま放置するわけではありません。

そして「自助」、「公助」に加えて「共助」があります。東日本大震災では日本赤十字その他に3,813億円（2017年12月31日付内閣府発表）もの義援金が寄せられました。これは家の被害とは関係なく配分されましたが、家を失った人にとっては、「自助」、「公助」とともに「共助」が大きな支えになることは確かなことです。

3　堤防、石碑、そして地震保険

岩手県宮古市田老町。長さが2,000mを超え、高さが10mの日本一の堤防を築いていたことで有名になった町です。「築いていた」と過去形で書かねばならないことが、心の底から悔しい……。東日本大震災による巨大津波はこの堤防を軽々と乗り越え、町に甚大な被害をもたらしました。

同じ宮古市重茂の姉吉地区。明治、昭和の2度の津波で壊滅的被害を受けたこの地区には漁港から続く急坂に石碑（大津浪記念碑）が立っています。

> 高き住居は児孫の和楽
> 想へ惨禍の大津浪
> 此処より下に家を建てるな（以下、略）

1933 年に建てられたこの石碑が地区住民を今回の津波から守ることになりました。

どちらが優れていたかを論じるつもりは毛頭ありません。いずれも、人がこの世に示す存在の証です。科学技術を駆使して人は自然に挑戦し、それがもたらすさまざまな脅威を克服してきました。そしてその一方で、いたずらに自然に抗わないために長い時間をかけて多くの知恵を残してきました。まるで、矛と盾のように、どちらもが人を守るための大切な努力の表れです。

地震保険という制度もまた、地震という自然がもたらす脅威に対する人としての備えです。「地震など滅多に来ることはない」、「火災保険と違って建物の被害全額は出ない」、「保険料が高すぎる」、「地震のときは保険会社も経営が危なくなって支払えない」、「損害査定のトラブルが多い」、「地震がなければ全部が保険会社の儲けになる」などなど……、地震保険への消費者からの疑問や批判の声は数多くあります。

地震保険は本当に役に立たないのでしょうか。1966 年に誕生して以来、この保険が世間から大きく評価されることはありませんでした。地震保険創設以来の最大の被害であった阪神淡路大震災においても保険金支払いは 783 億円に留まりました。これが、東日本大震災では１兆 3,000 億円を超える保険金支払いとなり、熊本地震でも 3,773 億円（2017 年３月 31 日調べ）になりました。東日本大震災以降、地震保険は着実に存在感を高めています。

4　地震保険が生まれる前に……

田中角栄という政治家のことは、多くの人が覚えているでしょう。「コンピュータ付きブルドーザー」と呼ばれる知識と行動力で政界に名をなし、学歴のないまま首相にまで上り詰めて「今太閤」と賞賛された人です。ロッキード事件で政界の第一線から身を引くと「目白の闇将軍」として裏から政界を牛耳りました。石原慎太郎氏も田中角栄を題材に『天才』[5] というドキュメンタリーを著しています。

田中角栄が、44歳という当時では異例の若さで第二次池田勇人内閣の大蔵大臣に就任したのが1962年のことです。それから2年後、新潟で大地震が発生しました。死者は26人と奇跡的に少なかったのですが、建物の全半壊8,600棟、津波と液状化による浸水1万5,298棟と建物の被害に注目が集まりました。被害は新潟を中心に山形、秋田など、日本海側を中心に9県に及んでいます。

この被害を目の当たりにした田中角栄は、それまで何度も検討されながら日の目を見ることのなかった地震保険に注目しました。そして、新潟地震の発生から2年後の1966年6月、「地震保険に関する法律」（以下、地震保険法）が制定されることになりました。

ところで、1923年9月1日午前11時58分に発生した新潟地震に先行する大地震として関東大震災があります。この震災による死者・行方不明者は、10万5,000人（東日本大震災では、約1万9,000人）、被害建物は、全壊10万9,000棟および全焼21万2,000棟（東日本大震災では、全半壊約38万3,000棟）に上るとされています。現在とは事情がさまざまに異なるとは言え、凄まじい被害状況で、中でも、地震後に発生した火災が一朝にして人々からすべてを奪い去った点で、東日本大震災における津波による被害に似ています。

『日本損害保険協会70年史』[6] によれば、当時38社が火災保険を引き受けており、被害にあった被保険物件の保険金額の総額は13億5,779万円でした。そして、当然のことですが、地震はそれによって発生した火災を含めて免責とされていました。ところが、国会で「火災保険金問題」と称する動きが生じることによって状況が大きく変化します。地震発生後10日経過し

5）石原慎太郎『天才』（幻冬舎、2016）。

6）日本損害保険協会会史編集室編『日本損害保険協会70年史』（日本損害保険協会、1989）。

た９月11日、樺山内閣書記官長が「保険会社は天災その他不可抗力に対しては支払いをせぬという明文があるが、それは平時の場合であって、今回の如き大災害に対しては、会社としても、法律一点張りで居るべきではない」との談話を発表し、さらに、翌12日の帝都復興に関する詔書を受けた山本権兵衛首相の告諭の中でも同様のことが述べられました。こうして、本来は免責であるにもかかわらず超法規的に火災保険金を支払うべきとの声が燎原の火のように広がっていくことになりました。

このような中で、保険会社は保険金ではなく見舞金を支払うことを決定します。しかし資金調達が苦しかったため、政府は助成金として6,355万円を保険会社に貸し付け（利率年４分、償還期限50年、据置期間３年)、これに各社の自力での拠出分1,130万円を加えて、合計で7,485万円が火災保険契約者に支払われることとなりました。6,355万円は、企業物価戦前基準指数（日本銀行推奨）で換算すると現在価値で327億円に相当します。今の損保業界の規模からは、この程度の金額ならそう大きな負担にはなりません。しかし、当時の損保業界の正味資産は約２億3,450万円とまだまだ小さな規模にすぎず、実際の負担感は2011年度末の運用資産24兆9,000億円との比較で換算した金額、約６兆7,000億円に近かったのではないかと思います。

この後、この借入金は一部保険会社の経営を大きく圧迫する要因となり返済軽減の運動が続けられましたが認められず、結局、戦後のハイパーインフレが問題を解決する形で、借入れから30年近くを経た1950年３月にようやく返済は完了することとなりました。新潟地震の後に生まれた地震保険の前史として、このようなエピソードが存在したことを忘れることはできません。

5　葬られ続けた地震保険制度

次に、地震保険制度創設に至る歴史についてみてみましょう。これに関しては、損害保険料率算出機構が発行している『日本の地震保険』[7] に詳しく、

7）損害保険料率算出機構編『日本の地震保険〔2017年１月版〕』(損害保険料率算出機構、2017)。

以下はその要約です。

地震保険制度の創設が必要であるとの声は明治初期から生じており、1881年には官営の強制保険制度として「家屋保険法案」が作成されました。しかし、これは内務省の反対によって頓挫しています。

次の重要な動きは、関東大震災を受けたものです。1934年に政府は「地震保険制度要綱案」をまとめますが、これも結局は法案が議会に提出されることなく終わっています。こうした歴史の中で、唯一実施に至ったのが、1944年の「戦時特殊損害保険法」に基づく制度でしたが、1年8か月間実施されて終了しています。また、1948年の福井地震を受けて、1949年に「地震保険法要綱案」が大蔵省によってまとめられましたが、閣議決定に至らないまま頓挫しています。

このような政府による動きの一方で、1952年、損保業界において地震保険制度の研究が行われることになりました。具体的には、日本損害保険協会が「地震風水害保険特別委員会」を設置して試案を作成したものの、結局、政府のバックアップが難しく実現には至りませんでした。

必要性が強く叫ばれ、いく度もの検討が行われながらも地震保険制度が成就しなかったのは次の2つの理由によります。第1に、地震は発生頻度と損害規模が他のリスクとは大きく異なるため大数の法則に乗りにくいこと、第2に、地震による損害が異常、巨大なものになる可能性があるからです。

しかし、その後も損保協会による研究は続き、1963年には当時の保険審議会の議論を受けて、再び「地震保険専門委員会」が設けられることになりました。この委員会での検討の最中、1964年6月16日に発生したのが新潟地震だったのです。

当時の大蔵大臣田中角栄氏は、地震発生直後の7月13日、保険審議会を開催し、「不時の地震災害に際して国民の生活安定に資するための具体的方策」について諮問しました。そして、これを受けた保険審議会は、制度内容に関して審議を重ね、1965年1月19日、田中大臣に対して地震保険制度の創設を答申することになりました。この答申の中で、「本質的に困難な問題を含むこの保険について、当初から理想的なものを望むよりは、まずは現実的に可能な案による制度の発足を図ることが急務と思われる」という記述があります。その後の地震保険制度の変遷を辿ると、この言葉は実に印象的です。

こうして、1966 年５月 18 日に「地震保険に関する法律」が公布、施行され、同年６月１日、ついに地震保険制度が発足することになりました。制度発足における最大の決め手は「政府による再保険引受け」でした。

6　日本国政府の決断

必要性が強く叫ばれ、いく度もの検討が行われながらも地震保険制度が成就しなかったのは２つの理由によります。第１に、地震は発生頻度と損害規模が他のリスクとは大きく異なるため大数の法則に乗りにくいこと、第２に、地震による損害が異常、巨大なものになる可能性があるからです。

そして、この２つの理由は、世界の保険マーケットにおいて再保険を調達するうえで大きな障害になります。さらに、日本が「地震の巣」のような国土であることが一層それを加速することは言うまでもありません。今でこそ、さまざまな形で新たな資本が保険市場に流入した結果、世界の再保険引受能力は拡大しています。また、保険という器以外に「地震ボンド」のような証券市場を通じたリスクヘッジが可能になったことも状況を大きく変化させています。しかし、地震保険が誕生した 1966 年当時、世界の再保険者が巨大な日本の地震リスクに向き合うことはほとんどありませんでした。

田中角栄の鶴の一声は、ここでとても重かったのだろうと思います。明治の頃から何度も案が作成されながらも葬られてきた地震保険制度でしたが、ついに日本政府が世界の再保険者に代わって再保険を引き受けることを決意したのです。「政府による再保険引受け」、これこそが制度創設の決め手となったと言ってよいでしょう。

しかし、地震保険の発足当初、保険の契約限度額は建物が 90 万円、家財が 60 万円、しかも火災保険の契約金額の 30％が上限で、全損の場合のみの補償となっていました。さらに1回の地震による保険金総支払限度額は3,000億円でしかありませんでした。また、逆選択を排するという観点から普通火災保険には付けることができず、当時の住宅総合保険または店舗総合保険（併用住宅の場合）への強制付帯としてのみ契約できるという制約が付きました。この結果、保険会社や代理店は、地震保険が強制付帯されるために総合保険の保険料が高くなり、売行きが悪くなり困ったくらいでした。ともあれ、地震保険は、日本国政府が後ろ盾になったものの、政府も民間保険会社も、まさに恐々（こわごわ）の状態で誕生したのです。

7　地震保険の普及率

地震保険は、1975年に住宅火災保険、団地保険、普通火災保険等への任意での付帯が容認されたことを含めて、何度かの契約限度額の引上げが行われましたが、大きな改定が行われたのは1980年のことです。すなわち、火災保険に自動付帯とするものの保険契約者の要求を受けて付帯しないことを容認すること、付保割合は30%から50%の間で設定、補償は半損にまで拡大、契約限度額も大幅に引き上げられ、建物が1,000万円、家財が500万円となりました。さらに1991年には一部損も対象になっています。

そのような中で1995年1月17日に発生したのが阪神淡路大震災でした。被害規模をみると、建物の全壊10万5,000棟（東日本大震災は10万4,000棟）、半壊14万4,000棟（同9万8,000棟）、一部損壊26万4,000棟（同37万6,000棟）と東日本大震災に匹敵する規模の大震災です。

それにもかかわらず日本損害保険協会が発行している「日本の損害保険ファクトブック2017」（以下、ファクトブック）によれば、地震保険による保険金支払いは783億円に留まったことが記されています。東日本大震災では1兆3,000億円を超える保険金が支払われているからその差は歴然としています。

この理由は地震保険の普及率が低かったことによります。この時点で、地震保険世帯加入率は全国平均の9.0%に対し兵庫県は2.9%にすぎませんでした。これには「関西では地震は起こらない」という根拠のない風説が影響したとの見方がありますが、損保業界としては改めて普及を図ることの大切さを痛感することになりました。

そして、まずは地震保険の「魅力」を増すための改定が行われました。1996年1月に契約限度額が建物5,000万円、家財1,000万円になり、家財の半損に対する支払割合の引上げ、建物と家財の保険料率の同一化、家財単独の損害程度による認定への変更がその内容です。

こうした保険内容の改定や損保業界としての普及拡大への取組みに加え、阪神淡路大震災によって国民の地震保険への関心が大きく高まったことで、その後、普及率は拡大していきます。「ファクトブック」で推移を見れば、全国ベースでの世帯加入率は、阪神淡路大震災発生時に9%だったものが、東日本大震災発生時には23.7%（宮城県32.5%、岩手県12.3%、福島県14.1%）となり、2016年末では30.5%にまで伸びています。

2016年4月に発生した熊本地震において、地震保険の保険金支払いは2017年3月31日現在で3,773億円に及んでいますが、これも震源地である熊本県の世帯加入率が29.8%、大分県が23.1%（2015年度末）に及んでいることによるものと言えます。

8　2つの貯金箱

地震保険の特色を語る際に「ノーロス・ノープロフィット」という言葉がしばしば使われます。世界の中でも類まれな地震の巣の上にある日本において、これは不思議なことに思えるでしょう。政府の再保険引受けによって赤字分を政府が負担するからだという見方をする人がいますが、それは誤解にすぎません。

簡略化して言いますと、保険契約者が支払う地震保険料は、保険会社として一切手を付けることなく、すべてが貯め続けられることになります。貯める先は、民間の日本地震再保険株式会社と政府の地震保険特別会計の2つです。つまり、地震保険料は、他の保険のように個別の保険会社の管理下に置かれることなく、民間と政府の２つの「貯金箱」に納められ、地震が発生した際にのみ「貯金箱」が割られて、保険金が支払われるという仕組みになっています。

東日本大震災では、1966年以来ずっと貯め続けたお金が民間と政府合計で約２兆4,000億円あり、ここから１兆2,000億円超が支払われました。したがって、その時点でまだ１兆2,000億円近く残っており、これに加えて、東日本大震災の後、新たに地震保険の契約が行われる都度、「貯金箱」のお金はまたしても貯まり続け、次の大地震として熊本地震を迎えることになりました。

ここで１つ疑問が生まれます。「貯金箱」のお金では足りない大地震が起こったらどうするのだろうか、という疑問です。地震の際、まずは民間の「貯金箱」から支払うのですが、これは貯まっている額の中に納まるよう法律で定めることになっています。だから民間の「貯金箱」が枯渇することは、連続地震以外にはありません。一方、政府の「貯金箱」（地震保険特別会計）については足りないほどの大震災が起こった場合、「国のお金」（一般会計）から借入れを行うことになっています。つまり、政府が「貯金箱」に別口のお金を継ぎ足すことで急場をしのぎます。そして、この借入部分は、その後新たに入ってくる地震保険料を使って返済することになります。これこそが、地震保険の「ノーロス・ノープロフィット」の根底にある仕組みなのです。

9　政府再保険の２つの限界

地震保険は「政府による再保険引受け」が行われ、さらに「ノーロス・ノープロフィット」となるよう制度的に工夫がなされています。このため、民間の損保業界としては、地震保険の保険金支払いには何も懸念が生じないように感じられるかもしれません。しかし、実は、政府の再保険には２つの限界があります。

１つ目は民間の負担部分が、日本地震再保険株式会社を中心とする「民間の貯金箱」では賄いきれないかもしれないことです。もし、地震が発生した際に、この貯金箱が空になっていたら損保各社は自らの責任で保険金を支払わねばなりません。

熊本地震は連続地震（72時間以内）に最大の特徴があり、「本震」と考えられた地震が、直後に「前震」に位置付けられる地震でした。72時間以内に発生した地震は、地震保険では１つの地震となるため、２つの地震ではありますが、保険上は１つの地震として支払いが行われることになります。しかし、もしこれが72時間を超える連続地震であれば保険上は２つの地震として支払いが行われます。１度目の地震で貯金箱が空になってしまえば、２度目は再保険には頼れず、自らの責任で支払う以外にありません。そこで、これに備えて民間の上限額は、貯金箱に貯まっている額の２分の１程度に留めるよう、臨機応変に法律の改定が行われています。これによって２度目までの連続地震には耐えられる仕組みになっています。３度目が来たら……という問題は解決していないのですが。

２つ目は政府にも負担の限界があるということです。再保険という契約行為である限り、政府といえども無限で補償することはできません。そこで１回の地震による支払いの上限額が個別契約の引受限度額とは別に定められています。

現在、民間と政府合わせて１回の地震による負担の限度額は11兆3,000億円になっています。大地震が発生し、個別の地震保険契約の保険金を集積した結果、その額が11兆3,000億円を超える場合、地震保険約款では、個々の契約者は、11兆3,000億円を全体の集積額で除した割合によって比例的に減額した金額を保険金として受け取ることになっています。ちなみに、この限度額は、関東大震災の再来を想定して設定されています。このため、該当地域における地震保険の普及が拡大すればするほど、この金額はそれに見合う形で引き上げられていくことになります。

10　長い「ゾウの時間」

生物学者の本川達雄氏が書いた『ゾウの時間ネズミの時間』8) という本があります。とても感覚的なのですが、保険にも生物と同じように時間があるなら、地震保険の時間は、間違いなくとても長い「ゾウの時間」です。

2つの貯金箱をベースとする地震保険の仕組みについて、具体的にイメージを見てみましょう。出所は「財務省地震再保険特別会計に関する論点整理に係るワーキンググループ」での検討の際に使われた資料(2011年9月8日付)（図表1参照）です。貯金箱のお金（以下では「お金」という）は、地震保険料が新規契約や契約の更改によって毎年1,000億円ずつ追加で入ってくると仮定して、次のように変化します。

1966年の地震保険誕生以来貯まった「お金」は2.4兆円ありましたが、2011年の東日本大震災の直後、1.2兆円に減少しました。この「お金」は、その後の毎年の地震保険料によって回復し、2041年には3.9兆円となります。しかし、ここで発生する東海3連動地震によって▲0.3兆円にまで落ち込み、政府（一般会計）から赤字分の0.3兆円を借り入れます。その後、借入れを返して、2061年に1.5兆円まで回復した後、首都直下型地震によって▲1.5兆円となり、これも政府から借り入れます。さらに、2143年に5.9兆円まで回復した後、関東大震災の再来によって0.4兆円となります。以下、この資料では、2491年までの期間、大きな地震の度に大幅に減少し、そしてその後に回復していく「お金」の動きが折れ線グラフで掲載されています。

もちろんこれは単なるイメージで、実際にこのとおりになることはありません。言いたいことは、地震保険は、ほかの保険のように単年度の保険会社の決算に決してなじむことのない、長い「ゾウの時間」の中で運営されているということです。そして、実のところここには1円も税金が投入されていません。「地震保険特別会計（地震保険料）」として「一般会計（税金）」から

8）本川達雄『ゾウの時間ネズミの時間』（中央公論、1992）。

［図表 1］地震保険の基本的仕組み

- 本表は向こう 500 年間の地震保険制度の収支状況をイメージするため、右記の前提条件に基づき作成したものです。（棒グラフは保険金支払額を示し、折れ線グラフは準備金残高を示します。）
- 地震保険制度は、超長期にわたり保険料を準備金として積み立て、巨大地震により一気に取り崩す構造であり、地震が頻発すると積立不足が生じますが、その後の保険料で賄う仕組みとなります。

〈前提条件〉

■収入は年間 1,000 億円（震災前の水準。今後の契約の増加・運用益は考慮せず）

■支出の前提は以下の通り。

- 関東地震は 220 年周期
- 東海 3 連動地震は 150 年周期
- 首都直下は 50 年後に発生し、以降、100 年に 1 回発生
- 上記以外の地震は毎年 100 億円支払

〈ご注意〉本表は地震保険制度における超長期にわたる収支相償の概念図であり現行制度が確実に収支相償することを示すものではありません。

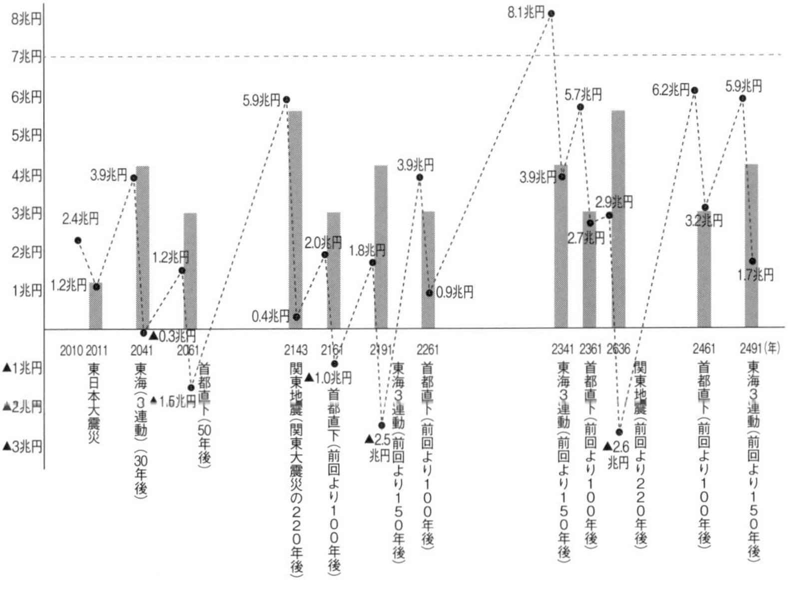

（出典）日本損害保険協会資料より

の借入れが生じても、その後、地震保険料から返済するからです。つまり、地震保険制度は、地震保険の加入者が負担する保険料のみによって運営される、完全に「自助」の制度なのです。

11　地震保険料の「正しさ」

長い時間軸の中で運営される地震保険の保険料率はどのようにして算出されているのでしょうか。地震保険料率が持続可能で契約者からの信頼を得るために、これを算出する「損害保険料率算出機構」は、最大限の科学的なアプローチを取り入れています。結果としてリスク区分は大括りになっていますが、その背景には緻密な作業が存在します。

地震保険の保険料計算のためには、2つの要素が必要になります。

1つは地震そのものの発生予測、もう1つは保険の対象である住宅と家財の損害額の予測です。まず、地震の発生予測に関しては、政府の組織である地震調査研究推進本部が出している「確率論的地震動予測地図〔2018年版〕」（図表2参照）に基づき、95万の地震モデルを作成します。

次に損害額の予測ですが、これに関しては、日本国土を250m四方（250mメッシュ）に切って1区画に所在する住宅と家財の地震保険におけるリスク量を算出します。そして、95万の地震の一つひとつと250 m四方内の住宅と家財の損害額を重ね合わせることによって国土全体の地震保険に関するリスクの総量を算出します。最後に、リスクの総量を地域と建物構造という2つの要素によるリスク区分に配分することによって保険料率を算出するわけです。

このような緻密な作業を通じて算出される地震保険料ですが、消費者に示される料率体系が地域と建物構造による大括りの体系になっていることで、当てずっぽうでやっているのではないかとの誤解を受けやすい面があります。これに関し、財務省の「地震保険制度に関するプロジェクトチーム」のフォローアップ会合第10回（2015年6月24日開催）の議事要旨の中に、メンバーの次の発言が記録されています。

［図表２］確率論的地震動予測地図

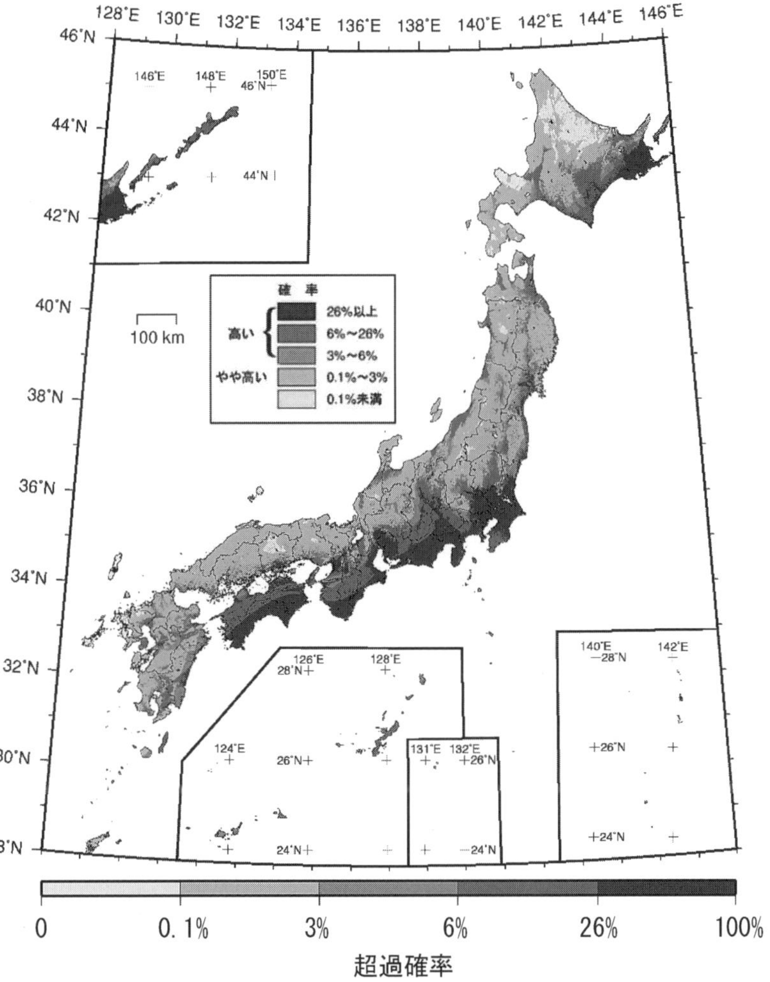

今後30年間に震度６弱以上の揺れに見舞われる確率／期間と揺れの強さを固定して確率を示した地図の例

（出典）地震調査研究推進本部より

> 科学に限界があるということだと思うが、地震保険は、他の制度に比べるとはるかに極めて科学的で、客観的なデータに基づいて構築されている制度である。地震保険制度は、人間の知見には限界はあるものの、できる範囲でその科学に基づいて地震保険料や損害区分の議論ができる極めてすぐれたものではないかと考えている。

まさに、地震保険について的を射た発言であると言えるでしょう。

12　地震保険料の値上げ

東日本大震災においては「想定外」という言葉がしばしば語られ、結果、「確率論的地震動予測地図」は２度にわたって大きく見直されることになりました。これをベースに、地震保険料率は、2014年７月に15.5％引き上げられ、さらに2017年１月１日以降、激変緩和の観点から３段階に分けて19％の引上げが行われます。

保険を巡る消費者の混乱を２つの観点で整理することがあります。1つは、アベイラビリティ問題です。たとえば保険会社の自己資本に問題があるような場合、保険会社は保険を引き受けたくても引き受けることはできません。言わば保険の品切れが生じるわけです。似たような現象として、銀行が不良債権問題を抱えた際に生じる貸出しの縮小や「貸しはがし」を想起すれば、保険の品切れもイメージしやすいと思います。もう１つは、アフォーダビリティ問題です。保険会社は保険を提供するのですが、消費者のほうが「保険料が高過ぎて手が届かない」という状況になることを意味します。

地震保険においては、アベイラビリティ問題は生じることはありません。なぜなら、政府による再保険の引受けと日本地震再保険株式会社の存在によって、個々の保険会社の経営に与える悪影響が制度的に最小限に留まっているからです。

一方、アフォーダビリティ問題のほうは、消費者の主観にも関わるので対応は簡単ではありません。たとえばある契約者にとって、自動車保険であれば支出に抵抗のない額が地震保険なら加入を控える額になってしまうというのはしばしば見られる現象です。

2014年から続く大幅な保険料の上昇は、「想定外」をなくすための統計の見直しに基づくやむを得ないものです。しかし、地震保険が、政府が関与する公益性の高い保険であることを考えると、アフォーダビリティ問題の影響を受けやすい低所得者層への一層の配慮が求められます。このため、2017年以降の19％に及ぶ保険料の上昇を３段階に分けて実施する激変緩和措置が設けられました。しかし、その結果保険会社としては、「保険料を取り足りていない」期間が生じてしまうことになります。しかし、アフォーダビリティ問題を考えますと、激変緩和措置が設けられることは意義のある政策的措置と考えるべきなのです。

13　地震保険におけるリスク細分化

地震保険料率に関しては、「個別のリスクに応じた料率設定がなされず一律の設定であるため、地震リスクに保険料が見合わない人々が保険に加入しない点が問題である。」9) との指摘を受けることがあります。

地震だけではなく津波と噴火を併せて担保する地震保険から津波を分離して「津波保険」を作るべきという考え方も同様の発想に基づくものです。いずれも、リスクの細分化によって契約者の有するリスクと保険料負担の間のリンケージを強めるべきという考え方に基づいています。

この点に関し、財務省が設置した「地震保険制度に関するプロジェクトチーム」が2016年11月30日付で公表した報告書では次のように述べています。

> 地震保険は、（中略）市場原理に基づく「保険」の論理だけでは負担しきれない地震に対する備えを、国の関与の下、社会的な「連帯」の仕組みとして提供しているものと捉えることができる。（中略）「保険」の側面からは、例えば、リスクに応じた保険料率の設定により、社会全体の地震に対するリスク量（被害額）を低下させるリスクコントロール機能の向上を

9）瀬古美喜（武蔵野大学教授）「住宅の地震リスク軽減を」日本経済新聞朝刊「経済教室」（2015年２月10日）。

> 図るという視点が重要である。他方、リスクをそのまま保険料率に反映させると、リスクの高い地域に居住せざるを得ない人々を地震保険から排除することにもなりかねず、「連帯」の観点からは、社会全体でリスクを分担することが必要となってくる。地震保険の制度設計にあたっては、いずれかに偏ることなく、「保険」、「連帯」双方のバランスをとることが重要である（1．総論(2)市場保険制度の役割）。

リスクの実態に応じて誰かの保険料を下げるとき、それに見合う額、誰かの保険料を上げることが必要になります。重要な点は、どこまでの格差を容認するかということです。今後も、リスク区分の細分化の問題は生じると予想できますが、「保険」と「連帯」のバランスを図ることは決して失われてはならない重要な視点と言えるでしょう。

14　損害区分の見直しが突きつけるもの

2017年1月1日以降、保険料の上昇とともに損害区分が見直され、保険金支払割合が全損100％、半損50％、一部損5％という3区分から、全損100％、大半損60％、小半損30％、一部損5％の4区分になります。半損と一部損の保険金格差の解消がその狙いです。

2017年には、地震データの見直しによって大幅な保険料のアップが必要になりました。そこで、少しでも保険料をダウンさせるために、損害区分の見直しに際しては全体としての支払保険金が少なくなるよう仕掛けを施しています。つまり、半損で50％の保険金を受け取っていた人を60％と30％の2つに分けて、50％から60％に増える層よりも30％に減る層を大きくすることにしているわけです。

ところで、地震保険に関する業界への評価は、何と言っても地震発生時の保険金支払いにかかっています。そして、その評価に際し、東日本大震災時の対応をモデルとして比較されることは確かなことです。全損一括認定地域の設定や地震保険の契約会社照会制度等のさまざまな措置によって、このとき、損保業界は世の中から一定の評価を得ることができました。この際の経験は熊本地震においても十分に生きています。

損害区分見直しに伴う最大の問題は、区分が３つから４つに拡大することによる損害査定時の負担の増加です。そこで、地震保険制度に関するプロジェクトチームは、最も大きな困難が予想される首都直下型地震を想定して査定の簡素化を検討するよう求めています。具体的には、「損害状況申告（自己申告）方式の拡大」、「モバイル端末による現場立会調査方式の新設」、「電話ヒアリングによる方式の新設」のほか、損保業界としての業界横断的な立会調査を行う共同取組みが挙げられています。

損保業界としては、いつか来るさらに大きな地震を冷静にかつ客観的に想定し、保険会社も代理店もその日に備えなければなりません。迅速かつ正確な損害査定手法を実務的に対応可能な形で作成し、真に効果のある査定の簡素化の実現に努力し、それらを踏まえたさまざまなシミュレーションを行うなど、可能な限りの準備を行うことが求められます。損害区分の見直しが突き付けている課題は、損害査定という地震時の最前線での実務に影響がある点できわめて重要なものと言えるでしょう。

15　損保業界の矜持

地震保険にはさまざまな限界があり、消費者からみて不満があることは否めない事実です。特に2014年以降続く保険料の上昇は、消費者からの大きな反発をもたらすでしょう。しかし、東日本大震災や熊本地震において、地震保険が建物や家財の補償に留まらず、どれだけ被災者の生活の再建に貢献したかを常に念頭に置くことが大切です。損保業界、特に消費者の最前線に立つ代理店には、保険料の上昇に臆することなく地震保険の普及に全力を傾ける覚悟が求められます。

地震保険において、政府の再保険がキーになることは事実です。しかし、だからと言って、この保険を政府の運営する保険と認識するのは間違っています。損害保険において再保険の役割が大切というのは地震保険に限ったことではなく、ほかのどんな保険にも共通することです。あえて言えば、政府は、ロイズに代表される再保険の役割を果たしているにすぎないと言えないわけではありません。さらに被災者の救済という本来の役割を果たすためには、政府としても民間との連携による地震保険がどうしても必要になることも忘れてはならない視点です。

実際に、地震保険制度を主導しているのは損保業界の一人ひとりです。なぜなら、地震保険制度において何よりも重要な仕事は、平時における普及の努力と地震発生時の損害査定であるからです。被災者が絶望に打ち勝ち、新しい生活に向かっての第一歩を踏み出すうえで、地震保険がどれほど貢献するか、そして、最前線で被災者に寄り添い、保険金の支払いに全力を尽くすことが、どれほど被災者の救いになるか、大震災時の被災者の声が何よりもそれを物語っています。

『証言　東日本大震災』[10]は、未曾有の大災害における過酷な状況において、被災者が地震保険について何を感じたか、最前線で頑張った新入社員を含む多くの保険会社社員、損保業界全体の事務局を担った損保協会職員、そして、自らが被災者であるにもかかわらず被災地を奔走し続けた代理店の想いを丹念に綴った記録集です。冒頭に収められた被災者の証言にみる「地震保険は一条の光だった」という言葉が示すところは重く受け止めるべきです。損保業界の一人ひとりがこれを噛みしめながら地震保険の業務に取り組むことが求められるのではないでしょうか。

10）森隆『証言　東日本大震災―― 1兆2000億円の地震保険金』（保険毎日新聞社、2014）。

第２章
地震保険はどのような保険なのか[11)]

1　東日本大震災における地震保険への評価

2011年3月11日に東日本大震災が発生しました。この地震での地震保険金の支払総額は1兆3,113億円に及んでいます（前記ファクトブック）。損保業界では、地震発生直後に東京の損保協会本部に中央対策本部、仙台に現地対策本部を立ち上げ、業界一致団結した対応を方針として地震保険に関連する緊急の業務を行うこととしました。具体的には、航空写真による津波の全損地域の認定、専用回線を設置したコールセンターでの相談対応、津波や液状化による被害に関する実際の損害状況に合わせた査定処理、原発事故で損害調査に滞りが生じた福島での特例措置等、従来にない対応を臨機応変に実行しています。

損保各社は損保協会をベースにして適切に協調する一方で、親切かつ迅速に保険金を支払うという点でしっかりと競争し、さらに保険代理店の避難所等におけるきめ細かな活躍が絡み合って、1966年の創設以降初めて地震保険は世の中から一定の評価を得ることになりました。

もし地震保険がなかったら、東日本大震災において損保業界は、主として大企業の地震拡張担保特約など、狭い範囲での支払いに留まっていたはずです。災害において最も機能すべき損害保険があれだけの大災害であるにもかかわらず、個人の分野でほとんど機能しないとしたならば、関東大震災時のような超法規的な見舞金の拠出を求める声につながらなかったでしょうか。もちろん、大正時代とは状況が大きく異なっています。当時も外国保険会社の中には見舞金の支払いを拒否した会社が存在しました。株主に対する責任

11）本章は、「地震保険は、どのような保険なのか」保険毎日新聞（2011年4月28日）と「いま再び、『地震保険は、どのような保険なのか』」同（2012年7月17日）をもとに修正・加筆。

も厳然と存在し、私企業の権利を侵害する動きに関してこれを拒否することへの一般的な理解は当時に比べて格段に深まっています。しかし、見舞金の拠出はないとしても、損害保険事業そのものの存在理由に対する国民の大きな疑念や違和感を消すことができず、また、この事業に携わる社員や代理店の仕事への誇りや自信は大きく傷ついたのではないでしょうか。地震保険は、今や、損保事業にとってなくてはならない大切な保険になっています。

そして、何よりも重要なことは国民からの評価です。東日本大震災における１兆3,000億円を超える地震保険金の支払いは、被災者が苦境を乗り越え将来に向かって歩み始めるうえで大きな助けとなり、また、被災地が経済的に立ち直ることにも貢献しました。東日本大震災は、国民の多くが、改めて地震保険の大切さを認識し、高く評価する大きな契機になったと思います。

2　地震保険は、どのような保険なのか

東日本大震災は、地震そのものの大きさにおいてわが国には過去に類がなく、これまでに経験した地震被害とは大きく異なる様相を呈しました。中でも、巨大な津波の発生は、被害地域の広さ、被害の重篤さなどの点で被害の特色を際立たせています。津波は、人の命も、家も、財産も、自動車も、仕事も、まさにすべてを水に飲み込んでしまいました。

東日本大震災の前、「地震保険はモノ保険である」というのは保険に携わるものすべてにとって当たり前の常識でした。しかし、東日本大震災において、被災者の中に、津波で流された自動車の買替えや、避難所生活の中、食料品の購入や東の間の娯楽に地震保険金を使うようなケースが多々見られました。地震保険法によれば保険の目的を「被災者の生活の安定への寄与」としており、建物と家財の損害補てんだけではなく費用保険としての機能にスポットライトが当たったことも東日本大震災における一つの特色でした。以下では、改めて、「地震保険は、どのような保険なのか」について記してみたいと思います。

(1)　地震リスクは免責

元来、わが国の損害保険においては、保険種類、保険種目に関係なく地震は、多くの場合、約款上の免責項目として記されています。生命保険や疾病保険においては免責とされていませんが、それはこれらの保険が対象とするさまざまな被害原因の中で地震が相対的にきわめてウエイトの小さなリスクにすぎないからです。

損害保険において、地震が免責となる理由は一に地震リスクの巨大さにあります。地震の巣の上に国土があるわが国においては、地震は、世界中の再保険者が基本的に手を出すことのできないリスクとなっており、損害保険が持つリスクの分散機能が働きません。いわゆる「拡張担保特約」の付帯によって地震が有責となる場合がありますが、これは、保険会社が保険リスク管理上許容できる範囲に限定され、決して大きなウエイトではありません。地震保険の性格を考えるうえで、第一に認識しなければならないのは、「わが国の損害保険において地震リスクは免責」というのが保険業界にとっては常識的な事実であることです。

(2)　地震保険における政府の役割

①　民間保険会社の限界

地震保険に限らず、民間保険会社には限界があります。保険会社の力が足りずに保険契約者に迷惑をかけるケースは３つあります。１つ目は「破綻」です。２つ目は「保険の供給不能（アベイラビリティ問題）」、３つ目は「保険料の高騰（アフォーダビリティ問題）」です。３つのうち、「破綻」に関しては説明する必要はないと思いますので、ここでは後の２つに関して説明します。

「保険の供給不能（アベイラビリティ問題）」は、保険には「売切れ」があるという問題で、銀行が自己資本規制の関係で資本が毀損した場合に貸出不能に陥ったり、貸しはがしを行う状態と類似した現象です。

「保険料の高騰（アフォーダビリティ問題）」は、保険は売っているものの、保険料が保険契約者の手の届かない水準になってしまうという問題で、保険契約者の保険料負担能力を超えた保険料の設定は供給不能と同じになってしまうということです。

1980年代の中頃に米国で大きな社会問題となった「保険危機（Insurance Crisis)」と称された現象は、大幅な赤字状態に陥った損保業界が、引受拒否を行い、または大幅に保険料を引き上げる中で起こった現象でした。

②　アベイラビリティ問題

アベイラビリティがわが国で問題になったことはありませんが、ソルベンシー・マージン規制や個別会社のERMにおける保険リスク管理上、理論的には十分に生じる可能性があります。すなわち、リスクに見合う財務的基盤がなければ、そもそも保険は引き受けられないわけです。

わが国において、家計向けの地震リスクに関しては、膨大な数の保険契約者が存在し、いったん引受けを開始すれば途中で「打止め」とすることができない公益性に関わる問題があります。したがって、家計向けの地震保険は法律に基づく特別の制度として創設され、政府による再保険引受けを前提にして成立しました。すなわち、財務的基盤を政府に依存することになったわけです。

さらに、頻発する地震災害を受けて、普及率が大きく上昇しつつありますが、これもまたPML（最大予想損害額）を大きく上昇させます。このような状況において、財政状況が厳しい中、国としての負担能力に一定の限界が生じる事態も考慮せざるを得ないかもしれません。いかに政府の再保険が存在するとは言え、地震保険制度はアベイラビリティ問題と一切無縁であるとは言い切れないはずです。地震保険制度を考える場合、アベイラビリティ問題は重要な課題です。

③　アフォーダビリティ問題

地震保険制度が創設されて以降、地震保険の改定は、常により充実した補償内容を実現するものでした。これによる普及率の拡大が大きな課題であったからです。東日本大震災を受けて、地震保険の拡充の要望はさらに大きなものになりました。具体的なことはここでは取り上げませんが、地震保険において、保険料の上昇につながる制度改定の要求をどこまで実現するかは大きな問題と言えます。

現在の地震保険は、住宅や家財についてさえそのままの形で回復する内容にはなっていません。しかし、この保険は、過去に蓄積した財産を取り戻すためには不十分であっても、被災者が、亡くなった家族の葬儀を行い、避難所からアパートに移り、中古の軽自動車を買い、大きな心の傷を負った子どもにほんのささやかな娯楽を与えるといった、将来の生活に向かって最初の一歩を踏み出すためには大きな価値を持っています。

このように考えれば、補償内容の充実と引換えに保険料が上昇することを避け、可能な限り多くの国民が加入できる水準に保険料を抑えるために、補償内容をあえて狭い範囲に留めるという考え方も成り立つことになります。乱暴な言い方ですが、地震という災害は社会的弱者をより大きく痛めつける側面を持っています。そう考えれば、「安い保険料で小さな補償」という途上国におけるマイクロ・ファイナンスやマイクロ・インシュアランスに似た発想も重要なのではないでしょうか。

また、東日本大震災の津波被害をみて料率区分をリスクに見合って細分化すべきとの意見が出ています。こうした考え方は建物の耐震性能に応じた保険料割引の拡充にも共通するものです。地震対策において耐震化の促進は保険の普及とともに重要な課題であり、地震保険における割引制度によって耐震化が進むという考え方は最大限尊重すべきです。

しかし、リスクの細分化によって論理的には保険料が安くなる層に見合う分だけ保険料が高くなる層が出るということが保険というものの原理的構造であることをしっかりと認識することが必要です。補償内容の充実にしても、リスクの細分化にしても、地震保険に関しては、相互扶助性や公益性を念頭に、慎重に検討が進められることが求められます。

東日本大震災を受けたさまざまな課題について検討することを目的に財務

省は「地震保険制度に関するプロジェクトチーム」を設置しました。このチームは2012年11月30日付で報告書を公表し、次のように述べています（第1章13より再掲）。

> 地震保険は、（中略）市場原理に基づく「保険」の論理だけでは負担しきれない地震に対する備えを、国の関与の下、社会的な「連帯」の仕組みとして提供しているものと捉えることができる。（中略）「保険」の側面からは、例えば、リスクに応じた保険料率の設定により、社会全体の地震に対するリスク量（被害額）を低下させるリスクコントロール機能の向上を図るという視点が重要である。他方、リスクをそのまま保険料率に反映させると、リスクの高い地域に居住せざるを得ない人々を地震保険から排除することにもなりかねず、「連帯」の観点からは、社会全体でリスクを分担することが必要となってくる。地震保険の制度設計にあたっては、いずれかに偏ることなく、「保険」、「連帯」双方のバランスをとることが重要である（1．総論⑵市場保険制度の役割）。

地震保険は、他の保険のように民間保険会社の創意工夫による競争が必ずよい結果をもたらすというものではありません。この報告書が指摘しているように「連帯」の仕組みであると捉えることによって、アフォーダビリティ問題を回避することができるわけです。このためには、政府の適切な介入によって不適切な競争に制限が加えられることには大きな意義があると言えるでしょう。独占禁止法に関し全面的に適用除外とされ、すべての保険会社がまったく同じ内容、価格の地震保険を販売していることの理由の一つはここにあります。

④　政府の役割のまとめ

このようにみていくと、地震保険において政府が果たしている役割は、財務的基盤の提供と保険としての適正性の確保であることがわかります。具体的には、民間保険会社が用意することができる財務的基盤を超えるリスクについて政府がそれを再保険の引受けによってバックアップすること、もう1つは国民全体の加入が可能になることを目指して、保険料を含む制度全体を

「連帯」の観点から適切に維持することです。民間保険会社がリスクの巨大さを前にして手を出せない状況があり、また市場での競争に委ねることによる制度的な歪みが予想される中で、政府が適切に関与することによって地震保険制度は成立しています。政府の介入なしには制度が成り立たないという点で、地震保険制度には社会補償制度に近い性格があることは確かな事実です。

(3)　地震保険における民間保険会社の役割

①　ノーロス・ノープロフィットの保険か

民間保険会社にとって地震保険は、リスクの引受けというよりも、国民に保険の窓口を提供し、保険契約と地震の際の損害調査等の事務を担い、あらかじめ定められた範囲でのリスク負担を行うノーロス・ノープロフィットの保険であると位置付けられています。地震保険が地震保険法という法律によって運営されていることや政府再保険が必要不可欠なこと、また料率上、保険会社の利益が含まれていないことなどを背景にして、損保業界は「地震保険の中心的な担い手は政府で、われわれは公的制度のお手伝いをしている」という感覚をどこかに持ち続けてきたのではないでしょうか。

東日本大震災や熊本地震を経て、地震保険が損保事業において持つ大きな価値が改めて認識されています。そして、今、損保業界は、政府のお手伝いという従的な立場から、政府とともに地震保険制度を担っているという自らの主体的な立場を自覚すべきです。

長年、保険契約者に対して、「地震保険はノーロス・ノープロフィットの公的保険」という説明をしてきました。しかし実際には、民間と政府のリスクの保有を見れば、地震保険制度は民間にとってノーロス・ノープロフィットの保険にはなっていません。ノープロフィットではあるが、ノーロスは長い時間の中で見ればそうなるという結果の話であり、単年度の決算においては、準備金を超える規模の地震が発生した場合、ロスが生じる構造になっていることを忘れてはなりません。

②　連続地震の問題

東日本大震災を経た後、2012年4月6日以降に適用される地震保険再保険スキームで、民間負担額は準備金の範囲に留まるべきとの基本的スタンスが初めて盛り込まれました。この見直しが行われるまで、民間によるリスク負担に関しては必ずしも明確な方針が示されてはいませんでした。

さらに、このときのスキームでも72時間を超えて連続的に大地震が発生し、その間にスキームの改正が行われなければ、民間は巨大なリスク負担を行わざるを得ない事態に遭遇する形になっていました。これもその後の改正によって2回までの連続地震には耐えられるようになっていますが、あくまでも2回までです。ともあれ、地震保険制度において、民間は保険募集、損害調査だけではなく、少なくとも単年度決算においてはリスクを負担しているという事実があります。

③　政府はあくまでも再保険者

さらに、保険契約者に対して保険会社は契約当事者として100%の保険金支払責任を負っていることを忘れてはなりません。政府はあくまでも再保険の引受け手という位置付けにあり、保険契約者に対する直接の契約当事者関係はありません。しかしそうは言っても、他の損害保険契約との相違は、地震保険において再保険者としての政府は、民間の再保険者に比べて信頼性が格段に高く、保険会社への再保険金の支払いが絶対確実であるという点は大きな制度的特色です。つまり、保険会社は地震保険に関しては再保険金未回収のリスクを考慮する必要がまったくと言っていいほどありません。

政府は、再保険の引受けに当たり、巨大地震による再保険金の支払いによって、一時的に特別会計が枯渇し一般会計からの借入れを要する事態を想定していますが、長い時間をかけることで、支払った再保険金の全額をその後に入ってくる保険料から回収することができる制度になっています。この点で政府は時間軸を置けば1円の税金投入も行わず（厳密に言えば、一般会計からの借入れが無利子で行われるとすれば、利子相当額が税金からの負担になるという見方ができますが)、すべてを地震保険料で賄う自助の保険制度に再保険者として参加するという仕組みになっています。

④　政府と民間の役割分担の重要性

地震保険制度において､政府の存在意義は限りなく大きいものがあります。政府が再保険の引受け手として登場することで初めて地震保険は制度的に成り立っています。しかし、民間保険会社もまた、おそらくこれまで感覚的に理解してきたことよりも遥かに大きな役割を担っています。保険の普及に尽力し、保険契約者のフロントに立って、契約手続、損害調査、支払いの時点での100％の保険金負担を行っているのは民間です。そして、現行のスキームのもとでは、一定の範囲ではありますがリスクも負担しています。

こうした政府と民間との適切な役割分担によって地震保険制度はきわめて優れた制度として構築されています。そして、東日本大震災や熊本地震において財務的には一切の支障を生じさせることなく、保険契約者に莫大な額の保険金が支払われ、かつ、この保険金支払いは株式会社である民間保険会社として株主に損害を与える要因にはなりませんでした。

地震保険は国民に巨大な地震災害においても補償を提供する機能を持ち、損保業界が自らの存在理由を示すうえで､なくてはならない大切な保険です。それにもかかわらず、保険契約者への支払責任は当然ですが、加えて株主への経営責任を勘案した場合、政府による再保険引受けがなければどんなに手を出したくても叶わないというのが地震というリスクです。ノープロフィットではあっても、それ以上の「メリット」がある、ここにこそ民間保険会社が地震保険を維持すべき本質的理由が存在するのではないでしょうか。

⑤　共済との比較

わが国において、政府再保険に依存することが地震保険制度の前提とされてきました。このような中で、JA共済等の共済が海外の再保険マーケットから再保険を調達し、また地震ボンド等の新たな金融手法を活用し、これらが東日本大震災においても有効に機能したという事実をどのように捉えればよいのでしょうか。

時間軸を置いて地震保険を見る場合、地震保険制度が発足した1966年において、まだわが国の国力は脆弱で、日本の地震リスクの引受け手は世界中の再保険者を探しても見出すことができなかったことは確実でした。また、その時点では地震ボンドのような新しい金融手法は影も形もありませんでした。これらを勘案すると、地震保険の発足時に政府が関与したことの適切性にはまったく疑う余地はありません。しかし、時代が変わり、さまざまなリスクヘッジ手法が登場し、また規制緩和の流れの中で政府の役割そのものが大きく変化している現在、本当に政府が地震保険制度に関与すべきかどうか、今一度検証することは必要なことと思われます。

しかし、結論的に述べて、政府再保険の存在なしには家計分野の地震保険は制度的に成立しないというべきでしょう。その理由は次の３点です。

第１に、地震保険制度は共済とは異なり全国民に向かって開かれた制度であるということです。普及率が100％に及んだとしてもこれを引き受けることが必要であるという点で、閉じられたマーケットを対象とした共済とは規模において根本的に異なっています。

第２に、保険料の安定性維持が必要であることです。海外の再保険マーケットや地震ボンド等をベースに保険料を算出する場合、各年の保険料変動が大きく生じ、保険契約者の保険料負担に一定の混乱が生じる可能性があります。また、特に地震ボンドに関しては、リスクマネーが背後に存在することから、経済状況や金融情勢など、本来の地震リスクとは異なる要因による変動が生じることにも留意すべきでしょう。また、民間の再保険者とは異なり政府は手数料を徴収しないため、この分について保険料が低廉になっていることも政府が再保険者であることの効用になっています。

第３に、「保険会社は自らが蓄積した準備金に見合う範囲で支払責任を負う」という現在の仕組みを維持するためには政府以外にリスクの「最後の引受人」は存在しないという問題があります。政府以外の誰が関東大震災や東海・東南海・南海の3連動地震に備えてPMLの上限まで補償を提供する能力を持っているでしょうか。

海外の保険業界の中に、東日本大震災を経て、日本の地震保険制度を高く評価する声があります。まさにわが国の地震保険制度は、官民が適切な役割分担のもとに築き上げた、世界にも類まれな優れた制度として誇るべきものなのです。

(4)　地震保険の費用保険としての性格

地震保険は、家と家財の損害について保険金を支払うモノ保険であると説明されてきました。そして、あまりにも大きなリスクであるため、政府による再保険という形での手助けがあっても火災保険の保険金額の一定割合（最大50%）までしか保険を提供できないと理解されています。

地震保険をモノ保険に位置付ける限り、これは正しい説明ですが、この保険はモノ保険としての性格とともに費用保険としての性格を色濃く持っていると考えれば少し様相は変わってきます。あえて引用すれば、地震保険法では、この保険を「地震等による被災者の生活の安定に寄与することを目的とする」保険であるとしており、家の建替えや家財の再購入のための保険とは記していません。地震によって、人々は家や家財を失うが、併せて、家族を亡くし、失業し、東日本大震災における津波では多くの人が自動車を失いました。法律の文言は、このような状態から少しでも早く脱し、生活を安定させるための当座の資金を賄うことが地震保険の目的であると示しています。

地震保険は、保険の理論上はモノ保険であることに異論はありません。元来、逆選択防止の観点から火災保険（当初は住宅総合保険）とともにしか付けられないとされ、まさに拡張担保のための特約のような位置付けにありました。また、料率はモノ保険の体系によって算出されています。そして、支払いの認定も建物と家財の損害の程度に基づいて行われることになっています。しかし、地震保険は、保険理論上の位置付けは別にして、その本質は、地震の被災者の生活の安定に寄与するための費用保険として理解するべきと考えます。本来の保険の性格(費用保険)と理論上の保険の位置付け(モノ保険)をどう調整すべきでしょうか。

この場合、モノの損害は、単なる保険金支払いのための「トリガー（引き金)」、「ものさし」にすぎず、保険金の性格は傷害保険と同様の定額的な費用と考えることが妥当であるように思えます。地震保険の保険金は、全損、大半損、小半損、一部損の4区分で支払われることとなっています。こうした極端な簡便化は、モノ保険の原則からすれば逸脱した取扱いですが、これも被災者の生活安定に関わる被害度の区分け（ものさし）として理解することができます。まさに被害度に応じた段階払いの費用保険と考えるべきでしょう。

地震保険において、保険金額は火災保険の保険金額の30%から50%の範囲で設定せねばならないこと、さらに、建物であれば5,000万円、家財であれば1,000万円という上限が設けられること、この2点は地震保険の限界として、しばしば指摘される点です。これらは、地震保険がモノ保険としては不十分な保険であることの根拠として、保険契約者の地震保険未加入の理由に挙げられることが多くあります。しかし、費用保険としての価値に着目すれば、この2点は決して地震保険の弱点にはなりません。

そもそも地震に伴う生活安定資金の供給こそが「保険の目的」であるからです。地震保険は、理論上はモノ保険として構成されているもののその本質は費用保険であると考えると、補償内容に一定の限界があるものの、その高い価値を改めて認識することができるのではないでしょうか。

(5)　自動車保険における地震リスク

地震リスクは、日本の民間保険会社にとっては、国の関与なしには保険引受けが難しいリスクです。したがって、家であれ、家財であれ、自動車であれ、ほかの何であっても、日本で販売される保険では、ごく一部の例外を除いては地震による損害は免責とされています。

東日本大震災では津波によって多くの自動車が被害にあいました。近現代の歴史における保険会社の経験において、東日本大震災ほど大きな津波リスクは初めてのものでした。

しかし、地震保険では自動車の損害は対象外であり、もちろん自動車保険でも免責ですから、多くの場合、津波による自動車の損害について保険による補償は得られませんでした。このような中、ごく一部の外国車などで自動車保険の「地震担保特約」を付けることによって津波被害が補償されたケースがみられました。

東日本大震災が発生するまで保険会社は、自動車保険の地震担保特約について、リスクに見合う財務的基盤を用意できないことから、引受けに当たって慎重なスタンスを保持してきました。このため､自動車保険の契約に際し､重要事項として地震免責は説明するものの、この特約に関しては、通常、契約者への説明はなされていなかったように思います。そもそも引受けが難しいわけですから、それも当然のことかもしれません。

自動車の場合、建物と違って揺れによる損壊はあまり大きなリスクではありません。津波リスクこそが、カタストロフに該当する大災害であり、引受けに当たっては確固たる財務的基盤が必要となります。そして、津波は沿岸部にのみ生じる災害で、山間部の自動車には津波リスクがありません。建物であれば、山間部であっても損壊のリスクがありますから地震保険が必要になります。倒壊した建物の下敷きになるなどリスクがまったくないというわけではありませんが、やはり自動車の最大のリスクは津波であるため、典型的に逆選択を惹起するリスクということになります。

このように考えると、自動車保険に地震担保特約を付けて引き受けることを保険会社が表明した場合、東海、東南海、南海沖地震の予想地域を中心に逆選択的に保険引受要請が集中し、集積リスクが圧倒的に高まる可能性があります。つまり、自動車保険を地震担保特約付きで引き受けることは、ほぼ不可能と言えるわけです。

そこで東日本大震災の後に登場したのが､「地震・噴火・津波 車両全損時一時金特約」という特約です。

この特約は地震担保特約のように車両価格の全額を補償するというものではなく、ほぼすべての保険会社で「補償金額は上限50万円」と設定されています。加えて、車両価額が50万円未満の場合には保険金が減額されること、保険金が支払われるのは車両の全損に限定されることといった補償上の限界はありますが、東日本大震災における津波による自動車の被害を受けて登場した新たな補償として注目すべきものと言えます。

2016年4月の熊本地震において、津波被害はなかったにもかかわらず、一部の自動車が建物の下敷きになるなどの被害にあっています。特に保険募集時にはこの特約を忘れずに説明することが必要であると言えるでしょう。

(6) 最 後 に

以上、地震保険に関して、5つの認識すべき事実を挙げました。第1に、地震リスクはあらゆる損害保険の種類、種目において免責となること、第2に、地震保険は政府が再保険の提供を中心に深く関与することによって成立すること、第3に、民間保険会社もまた通常思われている以上に大きな役割を果たしていること、第4に、地震保険は理論上はモノ保険であるものの、その本質は生活安定資金を賄う費用保険であること、第5に、自動車保険において地震リスクは限定的にしか補償されないこと、この5点です。

地震が国民の生活にとって、どれほど大きなリスクとなっているかは、福島の原子力発電所事故もまた地震によるものであることを考えれば、改めて指摘するまでもないことです。地震は、人が営々と築き上げてきたすべてを一瞬のうちに、しかも、どこまでも大規模に奪い去ってしまいます。

これに対し、人は、前記第1章「地震保険15のポイント」で記した「津波てんでんこ」や「石碑」のような形で、ただ命を守るしかないのかもしれません。しかし、人は地震の後も現実を生きるために、生活を再建しなければなりません。そのために、「公助」として、被災者生活再建支援法による補償があります。「共助」として、日本中から、世界中から、義捐金、支援金、募金が、被災地に寄せられます。そして、損保業界は、一人ひとりの「自助」

として、地震保険を政府と一緒になって国民に提供しています。

たしかに、地震保険は、家と家財の被害に関しては、損害の一部の補填にしかなりません。しかし、この保険は、家と家財の損害だけではなく、亡くなった家族を埋葬し、失業に伴う当面の生活資金を賄い、公共交通機関がない地域において生活に必須の自動車（多くの場合が中古自動車）の購入に役立つという機能を持っています。地震保険は、地震による被災者に必要不可欠な費用を賄う保険として、もっとわが国に普及すべき、とても大切な保険と言えるでしょう。

第二編

わが国の地震リスクと地震保険

阪神・淡路大震災から 20 年を超え、被災経験者が減少している現状にあります。2021 年には神戸市内の震災未経験者が半数を超えると言われています。6,000 人を超える貴重な命が失われた震災の記憶が風化しつつあるのです。東日本大震災という未曽有の大震災の記憶も、阪神・淡路大震災と同様、その記憶の風化が危惧されるのです。多くの人命が失われた未曽有の震災の記憶と教訓を、いかに生かし、次世代に伝えていくのか、それが震災を経験したものの責務であり、大きな課題となっています。

本編では、震災の経験を通して、そこから学ぶべき問題点と課題、特に地震保険の必要性とその働きを振り返り、将来起こりうる震災に対して、その復興に挑むであろう人々の「道標」として活用いただきたいと思います。

第 1 章
わが国の地震リスク

東日本大震災において、地震保険は有効に働いたとの評価を得ました。しかし、震災後も地震保険の普及はまだまだ不十分な状況です。そこで、地震保険の必要性を認識するために、まず、わが国における地震リスクの現状を検証してみます。わが国の地震災害発生確率が世界の中でどのような割合を示しているのか、また、過去の地震による被害の経験がどのようなものであったのかをひも解いてみることから、地震リスクが身近な存在であることが認識されるものと思います。

そして、この地震リスクに対する備えが自分自身にとっていかに必要であるかを認識するきっかけにしていただきたいと思います。

1　日本国土の特異性

わが国は、その位置、地形、地質、気象などの自然的条件から、台風、豪雨、豪雪、洪水、土砂災害、地震、津波、火山噴火などによる災害が発生しやすい国土となっています。

地震災害に限ってみますと、スマトラ地震や中国、中東地域などの地震など世界でも多くの地震災害が発生していますが、世界全体に占める日本の地震災害発生割合は、図表１に示すとおり「マグニチュード６以上の地震回数 20.8%」、「活火山数は 7.0%」と、世界の 0.25%の国土面積に比して、非常に高いという現状にあることをまず認識する必要があります。

なお、気象庁の震源データによると 2001 年～ 2010 年日本およびその周辺の地震回数（１年間の平均）は、図表２のとおりですが、2011 年に日本およびその周辺で起こったマグニチュード 5.0 以上の地震の数は、2011 年３月 11 日に起こった「東日本大震災」以降のきわめて活発な余震活動の影響もあり、１年間の平均を大きく上回る数でした。

以上のデータから見てもわかるとおり、私たちは日本に住んでいる以上、

[図表1] 世界全体に占める日本の地震災害発生割合

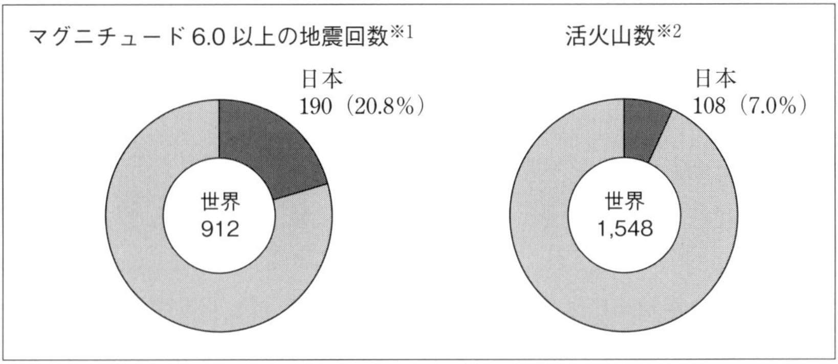

※1　1996年から2005年の合計。日本については気象庁、世界については米国地質調査所（USGS）の震源資料をもとに内閣府において作成。
※2　活火山は過去およそ1万年以内に噴火した火山等。日本については気象庁、世界については米国のスミソニアン自然史博物館の火山資料をもとに内閣府において作成。

[図表2] 日本の地震発生回数（年間平均）

マグニチュード	2001年～2010年回数	2011年回数
M8.0以上	0.2※	1
M7.0 － 7.9	3	8
M6.0 － 6.9	17	107
M5.0 － 5.9	140	665
M4.0 － 4.9	約900	—
M3.0 － 3.9	約3,800	—

※2010年に2回。
（出典）気象庁ホームページより

地震リスクを身近な存在として認めたうえで、これにどう対処するかという問題に向き合う必要があることがおわかりいただけると思います。

2　過去の地震被害を振り返る

東日本大震災は、未曾有の震災であり、1000年に一度の規模の地震であったと言われています。しかし、本当に1000年に一度の震災であり、いまだ現代の日本人が経験したことのない未曾有の震災であったために被害を最小化することができなかったのでしょうか。

現代人は、ともすると科学万能主義に陥り、過去の先人の経験や警鐘に耳を傾けていなかったのではないかとの疑問がしばしば呈されています。マグニチュード9.0という巨大地震の発生が未曾有の震災であったとしても、過去の歴史は同様の被害が生じた津波への警鐘を発しています。震災後、『日本三大実録』[1)]に記載されている「貞観地震・津波」を引き合いに、「東日本大震災は貞観地震以来の巨大地震・津波である。」との報道が繰り返されました。はたして、それは真実なのでしょうか。歴史や伝承をひも解いてみる必要があります[2)]。さらに、そこまでさかのぼらなくとも、明治三陸地震津波、昭和三陸地震津波と100年、200年の間に津波による被害を受けていた事実を、真摯に前向きに捉えておく必要があります。

そこで、今後の震災への備えを考えるために、私たちの人生の長さからは未経験の過去の地震の歴史を振り返ってみることとします。

(1)　歴史上の津波被害（伝承津波）

三陸地方には、過去の津波が伝承として語り継がれています。また、『政宗君治家記録引証記』[3)]のように、古文書の中にも津波の発生を記したものが残されています。過去の主な津波被害（伝承を含む）を拾い上げてみただけでも、**図表3**のように数多くの津波を挙げることとなります。これらの津波に関する伝承は、現代人の私たちに数多くの警鐘を鳴らしています。

津波による被害は、1000年に一度ではなく、ほんの身近に迫っていたの

1）『日本三大実録』：858（天安2）年8月から887（仁和3）年8月までのことが編年体で記された勅撰国史。

2）なお、これまで地震災害（火山災害を含む）の歴史については、都道府県別に詳細に取りまとめた資料がないため、**資料編資料1**「地震の歴史（都道府県別の主な地震災害）」として取りまとめた。参照されたい。

3）『政宗君治家記録引証記』：1584（天正12）年から1636（寛永13）年までの記録が残る仙台藩の編年体史料。

です。私たちは、身の回りにある巨大リスクを知って、未来に向けて対策を講じていくことが必要です。

［図表3］歴史上、わが国で発生した主な津波被害

	歴史津波発生年	概　　要
1	紀元前4000年頃	三陸地方で巨大津波の痕跡
2	紀元前1500年頃	三陸地方で巨大津波の痕跡
3	紀元前1000年頃	三陸地方で巨大津波の痕跡
4	紀元前800年頃	仙台付近で巨大津波の被害（上記3と同一の可能性）
5	紀元前100年頃	仙台付近で巨大津波の被害（東北太平洋沿岸津波）、伝承津波の中でも最大規模の津波、阿武隈河口より船で内陸へと航行できたと伝えられる。
6	紀元前後	南海トラフの超巨大地震津波
7	684（天武13）年	白鳳地震（天武地震）（南海トラフ巨大地震M8.0－8.3）日本最古の津波記録（日本書紀に記載）
8	701（大宝元）年	大宝地震（丹波国での地震）、京都府阿蘇海で大津波
9	850（嘉祥3）年	出羽地震による津波
10	869（貞観11）年	貞観地震M8.3－8.6による津波（日本三大実録に掲載）多賀城付近まで浸水
11	887（仁和3）年	仁和地震（南海トラフ地震）M8.0－8.5による津波被害（摂津の被害甚大）
12	996（長徳2）年	長徳地震による仙台・名取熊野堂津波
13	1026（万寿3）年	万寿地震（島根県益田市沖の地震）による巨大津波
14	1096（嘉穂3）年	永長地震（南海トラフ巨大地震）M8.0－8.5による津波被害
15	1241（仁治2）年	鎌倉で地震M7.0　津波により由比ヶ浜大鳥居内拝殿流失
16	1257（正嘉元）年	正嘉の大津波、関東一円に津波被害
17	1293（正応6）年	鎌倉大地震（死者23,020人）による津波

	歴史津波発生年	概　　要
18	1361（正平16・康安元）年	正平（康安）地震（南海トラフ巨大地震）M8.0 － 8.5による津波
19	1394（応永元）年	応永地震により仙台平野東部地方に津波被害
20	1408（応永14）年	紀伊・伊勢国地震により紀伊・伊勢・鎌倉に津波が襲来
21	1454（享徳3）年	享徳地震により東北太平洋沿岸に巨大津波の痕
22	1498（明応7）年	明応地震（南海トラフ巨大地震）により東海道沿岸に大津波（死者約41,000人）
23	1586（天正13）年	天正地震M7.8 － 8.1により三河湾と若狭湾で大津波の記録
24	1596（慶長元）年	大分地方地震により別府湾沿岸に大津波襲来
25	1605（慶長9）年	慶長地震による津波により房総から徳島までの被害記録
26	1611（慶長16）年	慶長三陸地震による津波被害。政宗君治家記録引証記によると仙台平野一帯が浸水、南部領、津軽領でも被害
27	1640（寛永17）年	北海道駒ヶ岳が大噴火し内海湾に火砕流・泥流が流れ込み津波が発生
28	1677（延宝5）年	八戸沖（三陸沖）地震による津波
29	1677（延宝5）年	延宝房総沖地震M8.0程度による津波被害
30	1703（元禄16）年	元禄関東地震M8.2程度、犬吠埼から下田まで津波来襲、もともと湖だった波浮港がこの津波で海とつながった。
31	1707（宝永4）年	宝永地震（南海トラフ巨大地震）M8.6程度による巨大津波、伊豆半島から九州太平洋岸まで及んだ。死者少なくとも20,000人
32	1763（宝暦12）年	八戸沖（三陸沖）地震による津波

33	1741（寛保元）年	北海道渡島半島西岸から佐渡地方まで津波襲来。死者 1,470 人
34	1771（明和 8）年	八重山地震による津波被害。死者約 12,000 人
35	1792（寛政 4 年）	雲仙岳噴火。岩屑なだれと津波により死者約 15,000 人
36	1793（寛政 5）年	寛政地震（宮城沖地震）による三陸沿岸の津波被害
37	1833（天保 4）年	出羽・越後・佐渡地震、庄内沖地震、天保四年羽前沖地震の一連地震による津波被害
38	1854（嘉永 7）年	安政東海地震 M8.4・南海地震 M8.4 による巨大津波
39	1856（安政 3）年	安政八戸沖地震による津波被害
40	1896（明治 29）年	明治三陸地震津波。死者約 22,000 人
41	1923（大正 12）年	関東大震災による津波
42	1933（昭和 8）年	昭和三陸地震津波
43	1940（昭和 15）年	積丹半島地震による津波
44	1944（昭和 19）年	昭和東南海地震津波
45	1946（昭和 21）年	昭和南海地震による津波
46	1952（昭和 27）年	十勝沖地震による津波
47	1960（昭和 35）年	チリ地震津波
48	1983（昭和 58）年	日本海中部地震による津波被害
49	1993（平成 5）年	北海道南西沖地震による津波で奥尻島被害甚大
50	2011（平成 23）年	東日本大震災による巨大津波により東北地方から外房までの太平洋沿岸部を中心に甚大な被害
51	2016（平成 28）年	福島県沖を震源とする地震による津波

（参考資料）飯沼勇義『解き明かされる日本最古の歴史津波』（鳥影社、2013）
「日本列島津波史」（ふろむ京都山麓 web）
「歴史的な津波の一覧」（Wikipedia）

(2) 明治以降の主な被害地震

先に述べたとおり、日本は世界有数の地震国であり、有史以来数々の震災を経験してきました。中には、一定期間の間隔で繰り返し発生している地震もあります（資料編資料1「地震の歴史」参照）。

図表4は、明治以降の主な被害地震を示したものです。戦前については死者・不明者数が1,000人を超える地震、戦後については死者・不明者数が20人を超える地震について掲載しました。

明治以降の主な地震を見ても、北は北海道から南は九州まで、日本のあらゆる地域で地震災害が発生しています。人生長くても100年と考えると、たしかに未経験の震災であるかもしれません。しかし、実はすぐそこに地震の危険が迫っているのです。

[図表4] 明治以降の主な被害地震

災害名	M	年月日※1	死者・不明者数（人）
濃尾地震	8.0	1891（明治24）年10月28日	7,273
明治三陸地震・津波	8 1/4	1896（明治29）年6月15日	約22,000
関東地震※2	7.9	1923（大正12）年9月1日	約105,000
北丹後地震	7.3	1927（昭和2）年3月7日	2,925
昭和三陸地震・津波	8.1	1933（昭和8）年3月3日	3,064
鳥取地震	7.2	1943（昭和18）年9月10日	1,083
東南海地震	7.9	1944（昭和19）年12月7日	1,251
三河地震	6.8	1945（昭和20）年1月13日	2,306
南海地震	8.0	1946（昭和21）年12月21日	1,443
福井地震	7.1	1948（昭和23）年6月28日	3,769
十勝沖地震	8.2	1952（昭和27）年3月4日	33
1960年チリ地震津波※3	9.5	1960（昭和35）年5月23日	142
新潟地震	7.5	1964（昭和39）6月16日	26

1968年十勝沖地震	7.9	1968（昭和43）年5月16日	52
1974年伊豆半島沖地震	6.9	1974（昭和49）年5月9日	30
1978年伊豆大島近海地震	7.0	1978（昭和53）年1月14日	25
1978年宮城県沖地震	7.4	1978（昭和53）年6月12日	28
1983年日本海中部地震	7.7	1983（昭和58）年5月26日	104
1984年長野県西部地震	6.8	1984（昭和59）年9月14日	29
1993年北海道南西沖地震	7.8	1993（平成5）年7月12日	230
1995年兵庫県南部地震（阪神淡路大震災）※4	7.3	1995（平成7）年1月17日	5,521
2004年新潟県中越地震	6.8	2004（平成16）年10月23日	68
2008年岩手・宮城内陸地震	7.2	2008（平成20）6月14日	23
東日本大震災※5	9.0	2011（平成23）年3月11日	22,199
熊本地震※6	6.5－7.3	2016（平成28）年4月14日 M6.5・16日M7.3～連続地震	249

※1　戦前については死者・不明者数が1,000人を超える被害地震、戦後については死者・不明者数が20人を超える被害地震について掲載。

※2　関東地震の死者・不明者数は、理科年表（2006年版）の改訂に基づく。

※3　1960年チリ地震のマグニチュードはモーメント・マグニチュード。

※4　阪神淡路大震災については、関連死を含めると6,437人（2005年12月22日発表数）。

※5　東日本大震災については、「平成23年（2011年）東北地方太平洋沖地震（東日本大震災）について（第157報）」消防庁災害対策本部（2018年3月7日）発表数による。

※6　熊本地震については、「内閣防災情報のページ」による（2017年10月16日発表数）。

（出典）過去の地震津波災害（気象庁ホームページ）より抜粋

(3)　主な火山災害

日本は、地震大国であるとともに火山大国でもあります。世界の活火山のうち7%が日本にあります。火山活動と地震活動は密接に関連しています。地震保険で補償する災害の一つに火山災害がありますので、地震保険の必要性を考えるうえで、火山災害の歴史（図表５参照）を調べておくことも必要です（資料編資料２「主な火山噴火の歴史」参照）。

［図表５］わが国の主な火山災害

年 月 日	火 山 名	被害の状況
864（貞観 6）年	富士山	貞観大噴火。北西斜面にできた割れ目から膨大な量の溶岩を噴出、せの海を埋めて西湖、精進湖に分断。溶岩流に飲まれた樹海が青木が原の樹海となる
1410（応永 17）年 3 月 5 日	那須山	噴石や埋没により死者約 180 人
1640（寛永 17）年 7 月 31 日	北海道駒ヶ岳	津波により死者約 700 人
1707（宝永 4）年 12 月 16 日	富士山	宝永大噴火。爆発的噴火、火山灰は関東一円に降り積もった ※ 1707 年 10 月 28 日　M8.6 宝永地震（南海トラフ地震）
1741（寛保元）年 8 月 28 日	渡島大島	津波により死者 2,033 人
1779（安永 8）年 11 月 8 日 − 9 日	桜島	溶岩流、噴石により死者 153 人
1781（天明元）年 4 月 11 日	桜島	海底噴火。津波により死者 8 人、行方不明 7 人
1783（天明 3）年 8 月 4 日	浅間山	火砕流、溶岩流、火山泥流。吾妻川、利根川に洪水。死者約 1,443 人
1785（天明 5）年 4 月 18 日	青ヶ島	噴石、噴煙、泥土噴出で死者 130 − 140 人
1792（寛政 4）年 5 月 21 日	雲仙岳	岩屑なだれと津波により死者約 15,000 人
1822（文永 5）年 3 月 23 日	有珠山	火砕サージにより旧虻田集落全滅。死者 103 人

1856（安政3）年9月25日	北海道駒ヶ岳	1集落焼失。噴石により死者2人、火砕流により死者19－27人
1888（明治21）年7月15日	磐梯山	大爆発し、山体が大きく崩壊。岩屑流が北麓の村を飲み込む。死者477人
1899年－1900（明治33）年7月15日	安達太良山	火山灰や噴石で沼尻硫黄鉱山施設に被害。死者72人
1902（明治35）年8月7日	伊豆鳥島	爆発。全島民125人死亡
1914（大正3）年1月12日	桜島	溶岩流、火山灰で村落埋没。地震。死者58人
1926（大正15）年5月24日	十勝岳	融雪型火山泥流発生。21か村埋没。死者144人
1940（昭和15）年7月12日	三宅島	噴石、溶岩流。死者11人
1947（昭和22）年8月14日	浅間山	噴石により死者9人
1952（昭和27）年9月24日	ベヨネーズ列岩	海底噴火。観測船第5海洋丸の遭難。乗員31人全員死亡
1958（昭和33）年6月24日	阿蘇山	噴石により死者12人
1962（昭和37）年6月29日	十勝山	爆発的噴火。噴石で死者4人、行方不明1人
1974（昭和49）年6月17日、8月9日	桜島	2回の土石流で死者8人
1974（昭和49）年7月28日	新潟焼山	噴石により死者3人
1977（昭和52）年8月7日－1978年10月	有珠山	泥流の発生、地殻変動。泥流で死者3・不明者5人
1979（昭和54）年6月－7月	阿蘇山	爆発の影響で死者3人、負傷者11人
1983（昭和58）年10月3日	三宅島	溶岩流、阿古地区家屋焼失、埋没340棟
1988（昭和63）年12月16日－1989年	十勝岳	小規模な噴火。融雪型火山泥流が発生。山麓の住民避難

年月日	火山名	被害の状況
1989（平成元）年7月13日	伊東沖海底火山	群発地震。伊東市沖の手石島付近で海底噴火
1990（平成2）年11月17日－1995年	雲仙岳	火砕流により死者・行方不明者44人。度重なる火砕流と土石流によって多くの家屋が焼失・流失
2000（平成12）年3月	有珠山	爆発により火口群形成
2000（平成12）年6月－2005年8月	三宅島	噴石。火砕流を伴う噴火。大量の火山ガス、全島避難
2011（平成23）年1月－4月	霧島山（新燃山）	火山性地震多発。空振によるガラス破損。降灰
2014（平成26）年9月27日	御嶽山	水蒸気爆発、火砕流。水蒸気爆発で登山者の死者58人、行方不明者5人
2014（平成26）年－	西ノ島海底火山	西ノ島海底火山の噴火で西ノ島拡大
2015（平成27）年5月29日	口永良部島	マグマ水蒸気爆発　全島避難

（出典）火山防災マップ作成指針「別冊資料」（内閣府）より抜粋

3　これから発生が予測される地震リスク

過去の地震については、前記1で詳細に確認しました。それでは、今後の地震の発生は予測できるのでしょうか。過去の経験値から、地震発生のメカニズムやエネルギーの集中による地震発生の危険をある程度推測することは可能となりました。従来より東海地震、南海地震の発生が危惧されていますが、その危険度はますます高まっていると言われています。さらに、千島海峡を震源とする巨大地震の発生の危険性も危惧されています。ちなみに、地震調査研究推進本部では毎年、全国の「今後の地震活動予測」を発表し、全国各地の地震災害に対して注意を呼びかけています[4)]。

4）資料編資料３「今後の地震活動予測」参照。

しかし、地震の発生を正確に予測することは現状では困難な状態です。したがって、地震調査研究推進本部の発表する地震の発生確率が低いといっても安心してはなりません。たとえば、2016年4月に発生した熊本地震をみてみると、地震発生直前の2016年1月1日基準の発生確率予測では、「布田川断層帯・日奈久断層帯」の活動は予測しているものの、その発生確率は「不明」あるいは「ほぼ0%～数%」と決して高いものではありませんでした。

また、2016年10月に発生した鳥取県中部を震源とする地震の発生については、未確認の断層が震源となっていたもので、予測はできていませんでした。

近年では、科学系の研究に加え、文科系の分野での地震研究も進んでいます。過去からの伝承など、その地域に根づく歴史から地震災害などを読み解く研究も進められています。

地震の発生予測については、誰人もその伸展を望むものですが、現在の科学力等を念頭に置きながら、「地震の発生予測」は参考としながらも、その予測をうのみにすることなく、自分の身の回りにも地震リスク[5)]は存在するのだとの認識に立って、防災力・減災力を高める不断の努力が必要と言えます。

4　被災後の生活再建

前項までで、日本に住む以上、大地震に見舞われるリスクは避けて通れないことを再確認しました。それでは、不幸にして大地震に見舞われ、命は助かったものの自宅などの生活基盤を失った場合、現代の日本社会において被災者の生活再建はどのように行われているのでしょうか。

改めて、それを振り返ってみることとします。

(1)　公助・共助・自助

被災後の生活再建策は、大きく分けて行政による公的なもの、地域社会の

5）わが国における地震リスク（火山を含む）が高いという認識のもとで、防災上のポイント（個人／企業）について資料編資料7「防災ハンドブック」に取りまとめた。防災対策の参考にされたい。

[図表６] 公助・共助・自助の例

	事前対策	発生時の緊急対策	復旧・復興対策
行政（公助）	防災計画等 公共施設の耐震化等 企業等との防災協定等	救援・救助	災害支援 **被災者生活再建支援金**
地域社会（共助）	自主防災組織の構築等	隣人救助・救命等	災害ボランティア **義捐金**
個人（自助）	家庭防災対策 家屋等の耐震化 経済的備え（損害保険等）	家族の救命・防火	住宅の再建等 生活再建資金の手当て **（火災保険／地震保険等）**

助け合い的なもの、被災者自身の負担で行うものの３つが考えられます。言うなれば、公助・共助・自助の３つです。

震災に対する対策として、公助・共助・自助の代表例を時系列的に示したものが図表６の一覧です。この中で、震災後の生活再建のための経済的支援制度を太字で示しています。

図表６にあるように、生活再建のための財源として、公助としては「被災者生活再建支援金」、共助としては各種義捐金、自助としては火災保険・地震保険などが代表的なものであると言えます。

それでは、被災後に生活の再建のためには、どのくらいの費用がかかるのでしょうか。

以下では、住宅再建をはじめとした実際の再建コストを検討します。

(2)　住宅再建までの必要経費

住宅の再建には、被災住宅の建替えだけではなく、被災後の生活再建のためには下記に示すような付随費用を含めた経済的備えが重要となります。

①　被災区分判定費用

自宅の再建に向けて、そのまま住めるのか、補修が必要か、建替えが必要かの判定を被災者が建築事務所等に依頼します。

「倒壊」、「大破」、「中破」、「小破」、「軽微」の５ランクの分類で、任意に依頼するもので有料ですが、建て直すかどうかの判断の前提として有効です。

なお、これは、震災直後の危険度判定とは別の判定です。

② 既存建物の解体・撤去・整地費用

③ 引越費用

④ 建て替えるまでの仮住まいの家賃等

⑤ 建替工事費と諸経費

⑥ 家財の買替費用

⑶ 仮設住宅の生活費

仮設住宅は一時的な住居の安定を図ることを目的に、災害救助法に基づいて提供される簡易住宅です。

プレハブ住宅や民間の賃貸住宅の借上げなどによって対応しています（次頁図表７参照）。しかし、公的支援として仮設住宅の提供があったとしても、そこで暮らす以上当然のこととして生活費等の諸費用が必要となります。

また、仮設住宅は一定期間が過ぎると退去しなければならなくなり、将来的には住居の手配が必要となります[6)]。

⑷ 生活再建に必要なコスト

① 2012 年度内閣府調査より

東日本大震災後に内閣府が実施した2012 年度生活再建支援法の関連調査[7)]の結果は以下、図表８（次頁）のとおりです。

６）気仙沼で被災し、仮設住宅に入居した方が「家を失う悲しみは失ってみないとわからない。仮設住宅に入っていた間も、“これは自分の家じゃない”って思っているから、心からホッとしたことは一度もなかった」と語っているように、あくまでも仮の住まいである。

７）2010 年および 2011 年に発生した災害において被災者生活再建支援金を申請した世帯（東日本大震災は２万件、その他の災害は全被災世帯 2,190 世帯）および支援金を申請した世帯が居住していた地方公共団体 19 都道府県、232 市町村）に対し調査を実施した。

調査結果をみると、住宅再建費用等には公助としての公的支援のみでは資金的には不十分であり、自助による備えが不可欠であることがわかります（詳細は後記(5)「経済的支援の実例」参照）。

[図表 7]　仮設住宅の生活費

仮設住宅の入居者	被害の状況や所得状況などにより市町村ごとに基準が設けられている。希望すればだれでも入居できるというものではない。入居希望者が多い場合社会的立場の弱い人が優先され、後は抽選で順次入居者を決定する。
仮設住宅の居住期間	原則2年以内となっている。この期間に自宅の建直しや借換えなどの生活再建を考えなければならない。被災状況によって期間が延長されるケースもある。
仮設住宅の生活費	仮設住宅では、台所、浴室、トイレ、エアコン等の設備が用意される。仮設住宅は家賃の負担はないが、その他の生活費は自己負担である。 ①　生活に必要な道具の購入費　（電化製品／寝具類／調理器具など） ②　電気・水道・ガス・通信費などの料金 ③　ごみ処理費用 ④　その他家賃以外の生活費

[図表 8]　生活再建支援法の関連調査（2012 年度）

【住宅再建の経費以外で生活再建に必要な経費の支出項目】

	東日本大震災（%）	その他（%）	合計（%）
家電製品の購入・修理	68.1	76.5	68.8
家具の購入・修理	53.6	64.2	54.6
冷暖房器具の購入・修理	50.3	62.9	51.5
寝具の購入・修理	41.2	59.0	42.8
自然災害によるケガ等による医療費	7.4	12.4	7.8
無回答・その他	42.2	41.1	42.1

※住宅再建以外の経費で多かった支出項目は、「家電製品の購入・修理」「家具の購入・修理」「冷暖房器具の購入・修理」などで、金額としては、「50万円以上」が半数近くに上りました。

【住宅再建の経費以外で生活再建に必要な経費の金額】

	東日本大震災（%）	その他（%）	合計（%）
10 万円未満	25.3	15.6	24.4
10 万円以上 30 万円未満	17.2	12.1	16.8
30 万円以上 50 万円未満	12.0	11.3	12.0
50 万円以上	45.5	61.0	46.9

※東日本大震災」よりも「その他の災害」において「50 万円以上」の割合が高くなっていますが、住宅再建が「東日本大震災」より「その他の災害」のほうが比較的早く、住宅再建以外の費用への支出が必要となったことによるものと考えられます。

【住宅の「建築・購入」「補修」「賃貸」するために支出した経費項目】

	東日本大震災（%）	その他（%）	合計（%）
住宅の建築・購入費	37.4	17.5	35.6
住宅の補修費	33.9	46.9	35.1
その他諸経費	22.6	12.7	21.7
賃貸住宅等入居に要する初期費用	24.6	13.8	23.6
住宅の解体・撤去・整地費	14.9	23.2	15.7
住宅の家賃	22.7	15.2	22.1
土地の造成・復旧費	12.4	8.4	12.1
土地の取得費	12.4	6.4	11.9
借地の地代の経費	0.9	1.4	0.9
無回答・その他	25.2	28.7	25.5

※東日本大震災」においては、全壊の住宅の割合が多かったことから、「住宅の建設、購入費」の割合が高くなっているものと考えられます。

【住宅の建設・購入費】

<table>
<tr><th></th><th>東日本大震災（%）</th><th>その他（%）</th><th>合計（%）</th></tr>
<tr><td>500 万円未満</td><td rowspan="3">10.3</td><td>0.9</td><td rowspan="3">11.0</td></tr>
<tr><td>500 万円以上 700 万円未満</td><td>7.0</td></tr>
<tr><td>700 万円以上 900 万円未満</td><td>8.7</td></tr>
<tr><td>900 万円以上</td><td>89.7</td><td>74.8</td><td>89.0</td></tr>
</table>

※「住宅の建設・購入費」については、「900 万円以上」が大半を占めました。特に、東日本大震災では 900 万円以上の方が 89.7% を占めています。

【住宅の補修費】

	東日本大震災（%）	その他（%）	合計（%）
50 万円未満	12.5	9.3	12.1
50 万円以上 300 万円未満	42.9	40.5	42.6
300 万円以上 500 万円未満	17.4	19.9	17.7
500 万円以上 700 万円未満	10.7	11.6	10.8
700 万円以上 900 万円未満	6.6	8.6	6.8
900 万円以上	9.9	10.0	9.9

※「住宅の補修費」では、「50 万円以上 300 万円未満」が 4 割以上で最も多くの割合となっています。

【賃貸住宅等入居に要する初期費用】

	東日本大震災（%）	その他（%）	合計（%）
50 万円未満	81.2	91.4	81.8
50 万円以上 300 万円未満	18.6	8.6	18.1
300 万円以上	0.2	0.0	0.1

【住宅の家賃】

	東日本大震災（%）	その他（%）	合計（%）
50 万円未満	99.2	98.1	99.2
50 万円以上 300 万円未満	0.8	1.9	0.8

②　2015年度内閣府調査より

2015年度に内閣府が実施した生活再建支援法の関連調査[8]の結果は以下図表9のとおりです。

こちらでも、2012年度調査と同じような傾向がみられました。

[図表9] 生活再建支援法の関連調査（2015年度）

【住宅再建の経費以外で生活再建に必要な経費の支出項目】

家電製品の購入・修理	80.1%
家具の購入・修理	70.8%
冷暖房器具の購入・修理	68.7%
寝具の購入・修理	60.5%
自然災害によるケガ等による医療費	13.4%
無回答・その他	25.7%

【住宅再建の経費以外で生活再建に必要な経費の金額】

0～10万円未満	2.4%
10万円以上30万円未満	4.8%
30万円以上50万円未満	6.2%
50万円以上100万円未満	13.1%
100万円以上300万円未満	24.4%
300万円以上500万円未満	7.9%
500万円以上700万円未満	3.1%
700万円以上	14.8%
無回答・不明	23.4%

8）2014年に発生した災害において被災者生活再建支援金を申請した世帯（計452世帯）および支援金を申請した世帯が居住していた地方公共団体8都道府県、10市町村）に対し調査を実施した。

【住宅の「建築・購入」「補修」「賃貸」するために支出した経費項目】

住宅の建築・購入費	41.2%
住宅の補修費	35.1%
その他諸経費	25.1%
賃貸住宅等入居に要する初期費用	21.0%
住宅の解体・撤去・整地費	19.8%
住宅の家賃	17.5%
土地の造成・復旧費	16.2%
土地の取得費	12.4%
借地の地代の経費	0.3%
無回答・その他	20.3%

【住宅の「建設・購入」、「修繕」または「賃貸」するために支出した経費の合計】

0～10 万円未満	1.3%
10 万円以上 30 万円未満	3.4%
30 万円以上 50 万円未満	2.4%
50 万円以上 100 万円未満	4.1%
100 万円以上 300 万円未満	10.7%
300 万円以上 500 万円未満	8.2%
500 万円以上 700 万円未満	4.8%
700 万円以上	41.2%
無回答・不明	23.7%

(5) 経済的支援の実例

① 現金給付による支援（2012 年度内閣府調査）

現金給付による支援の結果は、2012 年度調査においては図表 10 のとおりでした。前記(4)のとおり、被災後の生活再建の礎となる住宅の建設・購入費用としては、東日本大震災後の調査では約 9 割の方が 900 万円以上を、2015

［図表 10］ 現金給付の支援結果

【現金の給付による支援等】

	東日本大震災（%）	その他（%）	合計（%）
被災者生活再建支援金	79.9	69.4	79.0
義 捐 金	74.0	52.6	72.1
住宅・家財に対する損害保険、共済等の保険金等	47.1	45.0	46.9
お住まいの自治体独自の給付金や見舞金	30.4	54.8	32.6
親戚などからの支援	26.9	39.3	28.0
勤務先などからの見舞金	24.3	20.9	24.0
そ の 他	7.7	7.0	7.6
無 回 答	8.8	14.9	9.3

【現金給付による支援金額（東日本大震災＋その他の全体）】

<table>
<tr><th>給付の種類</th><th>100 万円未満</th><th>100 − 300 万円</th><th>300 − 500 万円</th><th>500 − 700 万円</th><th>700 万円以上</th></tr>
<tr><td>被災者生活再建支援金</td><td>9.6%</td><td>90.4%</td><td></td><td></td><td></td></tr>
<tr><td>義 捐 金</td><td>55.5%</td><td>43.4%</td><td colspan="3">1.1%</td></tr>
<tr><td>住宅・家財に対する損害保険、共済等の保険金等</td><td>14.6%</td><td>29.7%</td><td>7.9%</td><td>13.0%</td><td>34.8%</td></tr>
<tr><td>お住まいの自治体独自の給付金や見舞金</td><td>77.5%</td><td>21.5%</td><td colspan="3">1.0%</td></tr>
<tr><td>親戚などからの支援</td><td>79.8%</td><td>18.1%</td><td colspan="3">2.1%</td></tr>
<tr><td>勤務先などからの見舞金</td><td>85.7%</td><td>13.4%</td><td colspan="3">0.9%</td></tr>
<tr><td>そ の 他</td><td>55.7%</td><td>23.7%</td><td>3.1%</td><td>3.3%</td><td>14.2%</td></tr>
</table>

年度調査においても 4 割以上の方が 700 万円以上を要しています。

これに対して、上記「現金給付による支援金額」（図表 10）をご覧いただくとおわかりのように、住宅の再建のために必要な金額を確保するには、損

[図表 11] 基礎支援金（住宅の被害程度に応じて支給される支援金）

住宅の被害程度	全　壊	解　体※1	長期避難※2	大規模半壊※3
支 給 額	100 万円	100 万円	100 万円	50 万円

※1　住宅が半壊、または住宅の敷地に被害が生じ、その住宅をやむを得ず解体した世帯
※2　災害による危険な状態が継続し、住宅に居住不能な状態が長期間継続している世帯
※3　住宅が半壊し、大規模な補修を行わなければ居住することが困難な世帯

[図表 12] 加算支援金（住宅の再建方法に応じて支給する支援金）

住宅の再建方法	建設・購入	補　修	賃貸（公営住宅以外）
支 給 金	200 万円	100 万円	50 万円

害保険等による経済的備えが不可欠であることがわかります。

②　被災者生活再建支援制度

現金給付の代表例として「被災者生活再建支援金」があります。被災者生活再建支援金は、災害救助法が適用され一定の要件を満たした被災世帯に対する公助制度としてし、次の支援がなされます（申請先は市町村）（図表 11・図表 12 参照）。

5　被災後の生活再建に不可欠な地震保険

上記⑴で示したとおり、被災後の生活再建の経済的支援制度としては、公助制度としての「生活再建支援金」、共助制度としての「義捐金」、そして自助制度としての「地震保険」等があります。

義捐金は、地震に限らずさまざまな災害において、実際に多くのお金が集まり、被災者を支援してきました。しかし、義捐金は被災後どれだけの額になるかは不透明です。

さらに、被災者生活再建支援金は、制度が充実してきていますが、前記 4 ⑷・⑸で示したように、それでも十分な額とは言えません。そうであるからこそ、公助、共助に加えて、自助の制度である地震保険は被災後の生活再建

のために必要不可欠な制度であることを認識する必要があるのです。

地震保険の必要性を確認するうえで、地震保険は、実際の震災後どのように機能したのか、被災契約者の声にその真実の姿が示されていると言えるでしょう。そこには、早く損害調査をするようにとの要望や、損害認定に対する不満など、不満の声も多くあったことも事実です。しかし、保険契約者、消費者団体、行政当局など各方面からの地震保険に関する損害保険業界の対応は、おおむね高い評価を得られるものでした。そして、改めて、地震保険が被災後の生活再建にとって必要な制度であることが認識されました。

ここでは、被災契約者の生の声を中心に、地震保険の有用性の証言を紹介します。地震保険という制度がなぜ必要なのかを考える一助にしてください。

▶陸前高田市　Ｋさん（当時　消防士）

震災の津波により新築したばかりの自宅が流されました。

震災時、消防署に勤務していましたが、津波の襲来で避難命令が出され、消防署の鉄塔によじ登って難を逃れました。鉄塔の上から見慣れた屋根が流されてくるのが見えました。よく見るとそれは、新築したばかりのわが家だったのです。津波で押し流されてきて、引き波とともに沖に流されていきました。なすすべもなく見送るしかできませんでした。震災では、幸い妻と子どもたちは難を逃れることができました。しかし、一生ローンを抱えていくことになるものと悲嘆にくれることとなりました。

地震保険には、妻が加入していてくれました。津波は地震保険では保険金は出ないだろうと思っていたところ、津波でも保険金がおりることを知りました。しかし、これだけ大規模な被害では、支払いには何年もかかるだろうと思い、期待していませんでした。ところが、震災後迅速な支払いがなされたのです。

地震保険は、次の人生への生活設計に向けての希望を与えてくれました。近隣の方々で、地震保険に入っている人は少なかったようです。この人たちは、震災後入り込んだ、真っ暗なトンネルの中から一歩も踏み出せないでいます。私にとって地震保険は、トンネルの先に見えた、一条の光でした。

命さえ助かればいいという人がいますが、それだけでは解決できない問題が山ほどあります。借金をどうするのか。高齢者の中には、働く場所もない、お金もない、家族は亡くなった、「自分が死んでいればよかった」という話をする人がいます。この話を聞くことほど、つらいことはありません。
地震保険は、非常に重要な保険だと思います。もっともっと多くの人々に地震保険を普及してほしいです。

▶気仙沼市　Sさん（海鮮関係）

震災の津波により家も家財もすべて流されました。
さまざまな思い出の詰まった築80年の家でした。家族の思い出も何も残されていません。位牌さえも流されてしまいました。すべてを失った中で、心の支えになったのが地震保険だったのです。
5月の連休明けに保険金が入金されました。それまで不安の中にあった気持ちが、そこから落ち着いたのです。混乱して将来が見えない中で、気持ちを切り替えるきっかけになったのです。金銭の多寡の問題ではないのです。何もかも失った者にとって、地震保険は一条の光なのです。保険金という原資があるのとないのとでは次のステップに向かう気力が全然違うのです。「よし頑張ろう」という気持ちのスイッチが入れ替わったのです。

▶石巻市　Aさん（代理店の活躍）

津波で何もかも流されてしまいました。生きる気力さえも失ってしまいました。避難所では、悲嘆に暮れる毎日でした。そこに、保険代理店の方が、避難所を探し回って、私を訪ねてくれたのです。「地震保険に入っているから保険金が出ますよ」と、わざわざ知らせに来てくれたのです。地震保険に入っていることなど覚えていませんでした。手元には、現金はおろか何もない状態でした。訪問から数日後、「保険金が振り込まれました」と連絡がありました。避難所では、周りの人たちで地震保険に入っていない人が多く、他の被災者の手前、口外できない状態でした。自分だけ保険金がもらえることが知れると、他の被災者から白い目で見られることになりかねないからです。金融機関の窓口に代理店の方と訪れ、一部現金を手にしたとき、代理店の方の手を取って涙を流して礼を言いました。虚無の中にあった私が、生きている実感を感じることのできた瞬間でした。

▶ご主人が行方不明となったBさん（命の絆）

震災の津波により主人の行方が不明となりました。自宅・家財とも流されて、何も残っていません。手もとには何もなく、頼るべき主人は行方不明。

途方に暮れ、生きていくことさえ嫌になってしまいました。私も死にたい、と。

そんなとき、地震保険に加入していることが判明し、保険金が出ることを知らされました。このとき、子どもたちのためにも生きていかなければならないと覚悟を決めました。地震保険は、夫が残してくれた家族への将来の糧だと思います。

▶宮城県マンション管理士会

仙台市などのマンションを対象に行った調査では、地震保険に加入していた 298 組合のうち 275 組合に保険金が支払われました。

「全損」は 2 組合、「半損」は 56 組合でした。

今回の震災で判明したのは、不測の事態が起きたとき、個々の居住者の負担が大きいということでした。そのため、居住者の合意形成が困難だということでした。しかし、地震保険に入っていたため、たとえ金額が十分になくとも、保険金の支払いが呼び水となり、復旧に向けての合意形成がスムーズに進みました。

6　地震防災の課題と地震保険

わが国は地震災害を経験するたびに、地震防災上の各種施策を図り、地震防災の先進国となっています。しかし、地震災害が発生するたびに新たな問題が生じてきたことも事実です。

ここで、地震防災上の課題とそれに対する地震保険の役割を検証してみたいと思います[9)]。

(1)　震災を通して顕在化した防災上の問題

東日本大震災をはじめ、近年の被害地震において、これまで取られてきた防災対策のうえで種々の問題が浮き彫りにされてきました。

9）五十嵐朗「わが国における『地震防災の課題』と『地震保険の役割』に関する一考察～東日本大震災から 5 年を迎えて～」保険毎日新聞（2016 年 3 月 16 日）をもとに、修正・加筆。

ここにそのいくつかを検証してみたいと思います。

① コミュニティの崩壊

阪神大震災では「コミュニティの崩壊」問題が浮き彫りになっています。住居を失った被災者は、震災当初は避難所へ、さらに時の経過とともに仮設住宅へ、復興住宅へと住まいを転々と変えざるを得ませんでした。そして、従来のコミュニティは崩壊し、見知らぬ人々と生活の場をともにすることにより、人と人との結び付きは希薄となっていきました。

この結果、どのような事態が生じたでしょうか。

阪神大震災では、復興住宅などで震災後5年間に233人、その後10年間で864人の孤独死が報じられています（産経ニュースより）。コミュニティの崩壊により、人間同士の絆が分断され、その結果、特に高齢者による孤独死が発生してしまったのです（図表13参照）。

② 二重ローン問題

阪神大震災後、特に問題とされたのは二重ローン問題です。

地震や津波で住宅などが全壊しても、ローンは残ります。被災者は、震災前の住宅ローンを支払い続けながら、新しい住宅のために新たな住宅ローンを組み、二重にローンを支払っていくことになったのです。また、震災前の住宅ローンの支払いがあるために、新しい住宅を建てることを断念する場合もあったようです。これが「二重ローン問題」です。

二重ローン問題は、住宅の再建に直結する重要な問題として、古くは1991年の雲仙・普賢岳噴火災害の頃から、対策の必要性が指摘されてきたところでしたが、阪神大震災では多くの働き盛りの壮年が自殺するという問題として顕在化しました（図表13参照）。

③ 地域課題の増幅

新潟県中越地震で明らかになったことは、従来から抱えていた地域社会の

[図表 13] 震災と自殺者数：参考データ

	死者・ 不明者数	関 連 死	合　　計	自殺者数 2014 年末	孤 独 死 2014 年末
東日本大震災	18,457 ※1	3,407 ※1	21,864	139 ※2	139 ※1
阪神大震災	5,502	932	6,434	※3	1,097（うち発生後５年間で 233）

※１　復興庁集計
※２　内閣府自殺対策推進室集計
※３　【兵庫県の自殺者数】（雑誌「世界」より）
震災前の 1994 年 823 人／震災後の 1998 年 1,452 人、その後も 1,300 人を推移。

問題に対して、災害はより大きなダメージを与え、地域社会の問題を具現・深刻化して、復興をさらに困難にするということでした。

たとえば、新潟県中越地震で甚大な被害を被った山古志村という山間の村があります。錦鯉の里として、その世界では有名な村ですが、震災前より高齢化・過疎化が深刻な問題となっていた村でした。そこに震災が追い打ちをかけ、さらに人口減少・高齢化が加速されてしまいました。被災後村から離れた多くの人々は、再び村に戻ってこなかったのです。地域がもともと有していた「過疎化・高齢化問題」が加速されることにより、地域の「復興」をさらに遅らせる要因にもなっていきました。

④　居住地の帰還政策の限界

東日本大震災では、「被災地の復旧」と「被災者の居住地への帰還」とする、これまで取られてきた被災者の帰還政策だけでは、被災者の生活再建という課題解決が困難となっている問題が浮き彫りになりました。

日本の災害復興は、「被災地」の復旧を柱に、被災地域の原状回復を軸として考えられています。残念ながら「被災者」一人ひとりの生活再建等に光を当てたものではありません。そのため、被災地を整地し残骸の整理がなされても、住民が「元通りの生活」に戻れないという実態があるのです。

たとえば、東日本大震災では、

- 福島県の原発避難地域では、福島原発事故という別の問題も重なったこともあり、避難者が元の地域に戻れない
- 津波の被災地域においては、住居の再建禁止区域が設けられ、高台移転等により従来の居住地に戻れない

という問題が発生しています。

(2)　地震保険の働き

それでは、地震保険は震災対策の課題に対して、いかなる役割を果たすことができるのでしょうか。地震保険は決して万能ではありません。しかし、震災後の問題や、防災上の課題に対して、地震保険という経済的備えは以下に示すような形で確実に被災者に役立っています。

①　個人の生活基盤の確立（復旧から復興へ）

地震保険は、「被災者の生活再建に寄与する」ことを目的としています。すなわち、被災者が生活の第一歩を踏み出す後押しをし、将来に向けての希望をもって前進することを目的としているものと言えるでしょう。言わば、「被災者」個人の「復興」を支援するという大きな役割を担っているのです。

住宅再建という生活の場の再建は、第一段階としての「復旧」ではありますが、生活の基礎を築くことにより将来への前進を図り「復興」への意欲を高めるうえでの「復興」への足がかりになるものと言えます。生活資金を手にすることにより、前に向かっての第一歩を踏み出す勇気になります。「被災者」個人の復興に焦点を当てた経済制度が「地震保険」と言えるでしょう。

②　私有財産自己責任の原則のもとにおける国の支援

地震保険は、被災者の支援として国と損保業界が共同で運営している保険制度です。国は地震保険に関し再保険という形で民間の保険会社と責任を分担しています。保険の加入を前提として、国が再保険者として被災者の個人

財産である住宅の損害に対する保険金支払いをバックアップする制度となっています。その保険金原資はあくまでも保険加入者による保険料であり、国が保険金を最終的に負担することはありません。

したがって、私有財産自己責任の原則のもとでの制度ということになりますが、地震保険金支払いの準備金が不足する事態が生じた場合は、一時的には国の一般会計から借り受けて保険金支払いをすることになります（将来的にはそれを保険料で返済することとなるので税金の投入ということにはなりません）。すなわち、国は再保険者として保険会社の保険金支払いを確かなものにするという役割を担っていると言えます。結果的には保険加入者によって保険金支払いの資金を賄うことになる自助の制度ですが、保険加入者間の共助の制度、または、国として保険金支払いをバックアップする公助の制度でもあると言えるでしょう。

私有財産自己責任の原則においては、国として被災者の個人財産の損害に対し、直接的に支援することはできないものの、地震保険制度は、結果的に被災者の生活再建を支援する国の制度という側面を持っています。

③　二重ローン対応

被災者にとって、仕事問題と住宅問題は、家族の生活環境をバラバラにしてしまう原因ともなりかねない重大な問題です。さらに、住宅の再建が難しい場合、被災地からの人口流出が増加してしまうことにもなります。被災者の生活再建・生活の自立を助けるため、そして被災地全体の復興を可能ならしめるためには、二重ローン問題の解決は非常に重要な課題と言えます。

地震保険金によって従来から抱えるローンの負担を軽減することが可能となる点で、地震保険は二重ローン問題の解決にも寄与するものです。

④　ハード対策の限界とソフト対策（経済的備え）としての備え

地震災害が発生した場合、現状の防災・減災対策では被害を最小限に抑えることは可能であっても、被害をゼロにすることは不可能です。ハード面の対策には限界があることは現実の災害において経験しているところであり、ハード面の対策のみに頼るのではなく、避難計画の策定、災害情報の活用方法などのソフト面の対策が重要です。

そしてその一部として、生活再建の基礎となる地震保険をはじめとする「経済的備え」を忘れてはなりません。

⑤　事前復興の前提となる住宅再建の資金確保

地域の復興を進めるためには地域の住民が、元の地域で生き続けることができるかどうかが大きなカギとなります。地域住民が戻ってきてこそ、地域を再興することができます。

したがって、地域の復興は個々人においての復興があってこそ成り立つのです。

地域の事前復興計画とともに、個々人の事前復興計画があって真の復興計画と言えます。その意味で「被災者が住宅を再建する力」となるものが地震保険であり、地震保険は復興の前提条件として、住民の地域への復興を後押しする制度とも言えます。

⑥　地域課題への対応力（活力を維持できる条件）

地域での住民の再起が図れることにより、過疎化の加速を防ぐ効果も期待され、さらにコミュニティが再構築されることにより地域力が向上し、孤独死問題も軽減されることになります。

なによりも、東日本大震災の被災者の中で地震保険金を受け取った方が「地震の際に入り込んだ真っ暗のトンネルの先に一条の光が見えた」と語っているように、一歩前へと歩みを踏み出す勇気が湧いてくることにより「自分たちではどうしようもないという諦め感」から立ち直る希望へと心を切り替えられる点を見逃してはならないのではないでしょうか。

ここに地域復興のカギがあります。

地震保険は地域の再生、コミュニティの維持、活力ある地域住民の結び付きの大前提となる、地域社会における個々の住民の再生に貢献できる制度です。

7　主な地震と地震保険金の支払状況

地震保険の役割は、前項のように考えられますが、地震保険制度がスタートしてから以後、何回もあった大地震に際して、実際の地震保険による保険金の支払いはどのようなものだったのでしょうか。

過去の主な支払状況は図表14のとおりです。最も支払額が大きかったのは2011年の東日本大震災の1兆3,113億円ですが[10)]、2番目に大きかったのは、最近起こったばかりの「平成28年熊本地震」の3,773億円でした（2017年3月31日現在）。経済的損害としては東日本大震災に匹敵する規模だった阪神淡路大震災での地震保険金支払額は、783億円と東日本大震災の16分の1にすぎませんでした。

［図表14］地震保険金の支払状況

	地震名等	発生年月日	支払保険金※（億円）
1	平成23年東北地方太平洋沖地震 （東日本大震災）	2011年 3月11日	12,749 （13,113）
2	平成28年熊本地震	2015年 4月14日	3,773
3	平成7年兵庫県南部地震 （阪神淡路大震災）	1995年 1月17日	783
4	宮城県沖を震源とする地震	2011年 4月 7日	324
5	福岡県西方沖を震源とする保険	2005年 3月20日	170
6	平成13年芸予地震	2001年 3月24日	169

10）『日本の損害保険　ファクトブック2017』（日本損害保険協会、2017）81頁。3月11日東北地方太平洋沖地震、3月15日静岡県東部を震源とする地震、4月7日宮城県沖を震源とする地震および4月11日福島県浜通りを震源とする地震などを合計した金額が1兆3,113億円となる。

	地震名等	発生年月日	支払保険金※（億円）
7	平成16年新潟県中越地震	2004年10月23日	149
8	平成19年新潟県中越沖地震	2007年 7月16日	82
9	福岡県西方沖を震源とする地震	2005年 4月20日	64
10	平成15年十勝沖地震	2003年 9月26日	60
11	平成20年岩手・宮城内陸地震	2008年 6月14日	55
12	駿河湾を震源とする地震	2009年 8月11日	52
13	静岡県東部を震源とする地震	2011年 3月15日	46
14	岩手県沿岸北部を震源とする地震	2008年 7月24日	40
15	福島県浜通りを震源とする地震	2011年 4月11日	37
16	長野県中部を震源とする地震	2011年 6月30日	33
17	平成12年鳥取県西部地震	2000年10月 6日	29
18	平成19年能登半島地震	2007年 3月25日	27
19	淡路島付近を震源とする地震	2013年 4月13日	23
20	宮城県北部を震源とする地震	2003年 7月26日	22

※支払保険金は、1,000万円単位で四捨五入を行い算出。

（出典）日本地震再保険株式会社調べ（2017年3月31日時点）
平成28年熊本地震については、一般社団法人日本損害保険協会調べ（2017年3月31日時点）

8　地震保険の加入状況

(1)　世帯加入率

地震保険金の支払いは、地震の規模とともに、地震保険の加入状況に密接に関わります。そこで、地震保険の世帯加入率を確認します（図表15参照）。阪神大震災と東日本大震災当時の加入状況をみると、保険金支払額に保険の加入率が大きく関係することが確認できます。

東日本大震災が起こった2010年度（2011年3月末）の都道府県別地震保険加入率をみると、宮城県は33.6%、岩手県は13.2%、福島県は14.6%、茨城県は18.9%、千葉県は27.2%、東京都は30.5%でした。一方、阪神淡路大震災が起こった1994年度（1995年３月末）の兵庫県の加入率は4.8%と2010年度の宮城県と比べると７分の１にすぎませんでした。

阪神淡路大震災での反省から損保業界あげて地震保険の改善を図り、その普及に努めてきた結果が東日本大震災の時に現れたとも言えますが、まだまだ十分な水準に達したわけではありません。

［図表15］世帯加入率　（%）

都道府県	1994年度※1	1995年度	2000年度	2005年度	2010年度※2	2011年度	2012年度	2013年度	2014年度	2015年度※3	2016年度
北海道	7.4	10.7	15.8	18.0	19.7	20.8	21.6	22.1	22.5	22.8	23.4
青森	6.5	8.0	10.7	12.3	15.3	16.9	18.1	18.6	19.2	19.7	20.3
岩手	4.1	5.0	7.5	9.6	13.2	16.3	18.4	19.2	20.5	21.7	22.7
宮城	7.7	9.8	15.8	25.9	33.6	43.5	48.5	50.4	50.8	51.5	51.8
秋田	4.3	5.8	8.5	9.3	12.9	15.3	16.9	18.0	19.2	20.2	21.0
山形	3.2	4.4	6.5	8.7	13.0	15.8	17.3	18.2	19.3	20.1	21.0
福島	6.0	7.2	10.2	12.1	14.6	22.2	24.3	26.0	26.8	28.0	29.1
茨城	8.4	10.6	14.7	17.0	18.9	22.9	24.9	26.1	27.0	27.9	28.6
栃木	8.0	9.5	12.0	14.5	17.2	20.7	22.5	23.7	25.2	26.5	27.7
群馬	6.2	7.4	8.5	10.0	12.8	15.4	16.7	17.6	19.0	20.3	21.6
埼玉	11.5	14.4	18.6	21.1	24.0	26.6	28.1	29.0	30.0	30.6	31.4
千葉	13.1	16.3	21.1	25.0	27.2	29.7	30.9	31.6	32.4	32.9	33.4
東京	17.9	20.7	24.9	27.9	30.5	33.2	34.1	34.9	35.6	36.1	36.7
神奈川	16.4	20.3	23.2	26.6	28.9	31.3	32.3	33.1	33.8	34.4	35.1
新潟	5.9	8.0	11.1	13.2	16.8	18.0	19.1	19.5	20.1	20.6	21.2
富山	3.6	5.2	7.2	9.2	14.7	16.8	17.9	18.6	19.5	20.3	21.4
石川	5.0	7.2	10.0	12.5	19.9	21.7	22.5	22.8	23.5	24.0	24.9
福井	6.0	7.3	10.0	12.3	18.7	20.8	21.8	22.9	24.2	25.4	26.7
山梨	9.7	11.5	15.7	20.9	24.1	26.2	27.0	27.7	29.0	30.2	31.6
長野	3.3	4.3	6.2	8.9	12.9	15.2	16.1	16.8	17.9	19.3	20.7
岐阜	8.5	10.0	15.5	20.7	27.8	30.0	30.5	31.3	32.5	33.6	34.6
静岡	14.1	16.8	19.5	24.8	24.8	26.9	27.6	28.4	29.0	29.7	30.4
愛知	9.6	12.1	20.8	30.5	35.3	37.1	37.3	37.9	38.7	39.4	40.3

都道府県	1994年度※1	1995年度	2000年度	2005年度	2010年度※2	2011年度	2012年度	2013年度	2014年度	2015年度※3	2016年度
三重	5.4	6.9	11.2	20.3	24.1	25.8	25.6	26.0	26.6	27.2	27.9
滋賀	3.5	5.4	8.9	12.8	20.5	22.3	23.3	24.2	25.3	26.4	27.5
京都	5.1	7.4	11.1	14.9	21.3	23.5	24.7	25.8	27.1	28.2	29.3
大阪	8.5	12.1	15.8	20.7	25.3	27.3	28.0	29.0	30.0	30.7	31.5
兵庫	4.8	8.4	12.3	15.2	19.3	21.2	22.2	23.3	24.5	25.6	26.7
奈良	5.4	7.9	13.0	16.9	22.3	24.0	25.1	26.1	27.1	27.8	28.7
和歌山	5.3	7.4	10.0	17.4	20.0	21.6	22.5	23.2	23.9	24.5	25.3
鳥取	7.3	8.7	12.8	14.2	17.7	19.3	20.1	20.9	21.9	23.0	24.5
島根	2.8	3.9	7.1	9.4	11.7	12.7	13.4	13.9	14.6	15.3	16.2
岡山	3.0	4.5	8.5	13.7	16.6	18.0	18.8	19.5	20.5	21.5	22.7
広島	6.0	9.0	15.5	21.7	24.9	26.0	26.5	27.1	28.0	28.7	29.4
山口	3.2	4.9	9.2	13.8	18.2	19.6	20.5	21.2	22.4	23.3	24.6
徳島	4.9	6.6	10.5	17.5	22.9	24.3	25.2	25.9	26.9	27.8	28.7
香川	4.6	6.8	12.0	19.4	24.4	26.2	27.1	28.0	29.0	30.0	31.3
愛媛	3.0	4.6	9.8	15.9	19.1	20.2	21.0	21.7	22.7	23.4	24.4
高知	7.9	9.4	13.8	19.4	21.5	22.4	23.2	23.8	24.6	25.2	26.0
福岡	4.7	8.0	15.0	20.5	27.3	29.3	30.2	31.0	32.0	32.8	34.2
佐賀	1.5	2.6	5.0	9.2	14.3	15.7	16.6	17.3	18.2	19.2	21.3
長崎	3.5	4.4	5.9	7.2	11.0	12.2	12.9	13.2	13.6	13.9	15.4
熊本	5.8	8.1	15.5	19.1	23.2	25.2	26.5	27.3	28.5	29.8	35.6
大分	4.9	6.5	10.6	13.6	17.6	19.1	20.1	20.9	22.1	23.1	24.6
宮崎	6.2	8.8	14.7	16.8	19.8	20.9	21.8	22.5	23.5	24.5	25.8
鹿児島	5.0	7.4	14.9	17.4	20.9	22.1	23.0	23.6	24.1	24.7	25.9
沖縄	0.9	2.0	6.6	7.7	10.6	12.2	13.0	13.4	14.0	14.3	14.8
全国	9.0	11.6	16.0	20.1	23.7	26.0	27.1	27.9	28.8	29.5	30.5

※1　1995.1.17 阪神大震災

※2　2011.3.11 東日本大震災

※3　2016.4.14 熊本地震

（出典）損害保険料率算出機構（2012年以前の世帯加入率は、当該年度末の地震保険契約件数を当該年度末の住民基本台帳に基づく世帯数で除した数値。2013年度以降の世帯加入率は、当該年度12月末の地震保険契約件数を当該年度1月1日時点の住民基本台帳に基づく世帯数で除した数値）

(2)　火災保険付帯率

地震保険の普及は、元となる火災保険の加入率とその火災保険での地震保険付帯率の双方が上がることによって達成されます。

図表16は、地震保険の「都道府県別火災保険付帯率[11]」です。東日本大震災が起こった2010年度の全国平均付帯率は48.1％でしたが、5年後の2015年度は、60.2％と12.1ポイント上昇していました。熊本県では震災のあった2015年度に63.8％と全国平均を上回る付帯率となっていましたが、地震保険の世帯加入率は29.8％でした。

［図表16］火災保険付帯率　（％）

都道府県	2005年度	2010年度※1	2011年度	2012年度	2013年度	2014年度	2015年度※2	2016年度
北海道	38.6	44.9	48.1	49.7	50.5	50.8	51.0	52.4
青森	33.8	48.5	55.0	57.7	59.4	60.8	61.8	62.9
岩手	31.3	44.6	56.7	61.4	64.0	65.3	66.8	67.9
宮城	54.7	67.8	81.1	83.5	85.2	85.3	86.2	86.4
秋田	32.3	51.4	59.8	63.2	65.7	67.3	68.5	69.5
山形	27.1	43.2	52.1	56.1	57.3	59.1	60.9	62.5
福島	31.2	40.1	58.1	64.8	67.0	68.7	70.5	72.2
茨城	36.8	41.6	52.5	57.4	59.9	60.3	60.5	61.9
栃木	33.3	40.2	50.4	55.4	58.0	60.5	62.2	64.2
群馬	24.8	35.0	43.7	47.8	50.1	52.6	54.7	56.6
埼玉	39.9	45.3	51.2	55.2	57.2	58.3	58.9	60.4
千葉	41.7	45.0	50.5	53.7	55.1	55.8	56.9	58.7
東京	40.8	45.5	50.7	53.9	55.1	56.0	56.8	58.1
神奈川	45.0	48.3	53.0	55.6	56.5	57.4	58.2	59.3
新潟	37.8	50.1	54.4	57.6	59.6	61.3	62.4	64.0
富山	21.7	38.7	44.7	47.5	48.9	50.3	51.2	54.1
石川	24.1	43.1	48.4	50.8	51.5	52.1	53.4	56.2
福井	26.3	43.3	48.8	52.1	54.5	56.4	58.0	59.7

11)「付帯率」は、当該年度中に契約された火災保険契約（住宅物件）に地震保険契約が付帯されている割合。

都道府県	2005年度	2010年度※1	2011年度	2012年度	2013年度	2014年度	2015年度※2	2016年度
山梨	46.9	52.5	58.5	61.6	63.3	65.8	67.7	69.8
長野	22.1	35.8	44.3	47.0	49.3	51.7	54.4	56.7
岐阜	48.8	62.0	66.9	68.8	70.7	72.3	73.1	74.6
静岡	47.4	51.6	57.4	59.5	60.8	61.8	62.7	64.4
愛知	60.4	64.6	68.3	69.5	70.5	71.2	71.1	72.9
三重	49.6	56.7	60.8	62.4	64.0	64.0	64.8	66.2
滋賀	27.9	42.7	47.8	50.3	52.7	54.3	55.6	57.5
京都	27.1	39.7	44.3	47.7	50.3	51.9	53.2	55.7
大阪	38.0	47.2	51.7	53.9	56.0	56.9	57.5	59.0
兵庫	30.7	41.0	45.9	48.4	51.6	53.1	54.3	56.2
奈良	35.5	49.3	54.3	58.0	60.0	61.1	61.7	63.8
和歌山	43.0	48.1	53.0	55.5	56.8	58.1	59.3	61.0
鳥取	38.8	49.6	55.1	57.8	60.4	62.3	64.2	66.8
島根	31.3	41.7	48.6	52.3	53.7	54.9	55.5	57.8
岡山	32.4	40.2	45.2	47.7	49.7	52.1	53.6	56.8
広島	47.9	55.6	59.7	61.6	62.9	64.7	65.7	67.0
山口	34.6	45.4	50.2	51.9	53.8	55.8	57.6	60.1
徳島	46.1	62.0	66.5	59.5	71.0	71.7	72.4	73.8
香川	40.2	52.3	57.7	60.4	63.0	64.4	66.3	68.8
愛媛	42.9	51.3	55.7	58.6	61.2	62.5	63.9	66.0
高知	66.5	75.9	79.5	81.7	83.3	83.3	84.2	84.8
福岡	40.2	53.5	57.7	59.8	61.3	62.8	64.0	67.2
佐賀	25.7	35.8	40.1	41.5	42.5	43.3	44.7	50.1
長崎	19.8	31.8	36.1	37.7	38.3	38.5	39.2	45.0
熊本	40.0	50.4	56.1	58.9	60.7	62.0	63.8	74.3
大分	35.9	48.0	54.3	57.2	59.9	61.4	62.9	65.9
宮崎	53.2	64.0	68.3	71.0	72.8	74.6	76.3	79.0
鹿児島	52.3	63.7	67.5	69.3	70.8	71.5	73.0	76.3
沖縄	34.8	45.0	60.3	50.9	51.5	51.5	51.5	54.2
全国	40.3	48.1	53.7	56.5	58.1	59.3	60.2	62.1

※1　2011.3.11 東日本大震災

※2　2016.4.14 熊本地震

（出典）損害保険料率算出機構

9　地震リスクと保険

第２章で家計地震保険の内容を解説する前に、損害保険制度全体として、地震リスクをどのように取り扱っているのか概観しておきます。

地震リスクに対する経済的備えとして、損害保険はどのようなスタンスで臨んでいるでしょうか。

(1)　地震リスクは免責が原則

まず、初めに指摘しなければならないのは、地震リスクについては、火災保険をはじめ多くの保険で免責となっていることです。

> ●地震（噴火・津波）を普通保険や特約で免責としている主な保険
>
> 火災保険、動産総合保険、自動車保険（賠償保険、車両保険、搭乗者傷害保険）、傷害保険、国内旅行傷害保険、機械保険、賠償責任保険など
>
> ※海外旅行傷害保険、外航貨物海上保険など、補償対象となっている保険もある。その他、地震リスクをカバーする特約が用意されている。

(2)　地震リスクが免責となっている理由

地震リスクが免責となっている理由は、損害保険の原則である「大数の法則」を適用することが困難であり、「収支相当の原則」のもとで、料率を算出することがきわめて困難であると考えられているからです。したがって、地震リスクは民間の損害保険になじまないものというのが基本的なスタンスです。大数の法則の適用が困難である具体的理由は以下のとおりです。

①　損害をもたらす地震の発生頻度が低い（次頁図表17参照）

②　災害の規模の大小のばらつきがきわめて大きい（ある単年度内に被害を伴う地震の発生回数を予測することは困難）

③　一度大地震が発生すると被害が広範囲・巨額な損害をもたらす恐れがある

④　「逆選択」の恐れがある

- 地域的逆選択

　地震リスクの高い地域にのみ契約が集中する恐れがある

- 期間的逆選択

　地震の発生の可能性が高まった時期、大地震が発生した後などに契約が集中する恐れがある

⑶　地震火災費用保険金

　地震等に伴う火災によって建物や家財が焼失した場合、火災保険では補償されません。

　しかし、火災保険の損害保険金としてではなく、損害が発生した場合の費用保険金として一定の補償が行われています。これは、災害からの復旧に必要となる臨時の費用の一部に備えるための費用保険金です。

［図表17］最近約500年に発生した被害地震の発生頻度分布（年間被害地震発生回数別の度数分布）

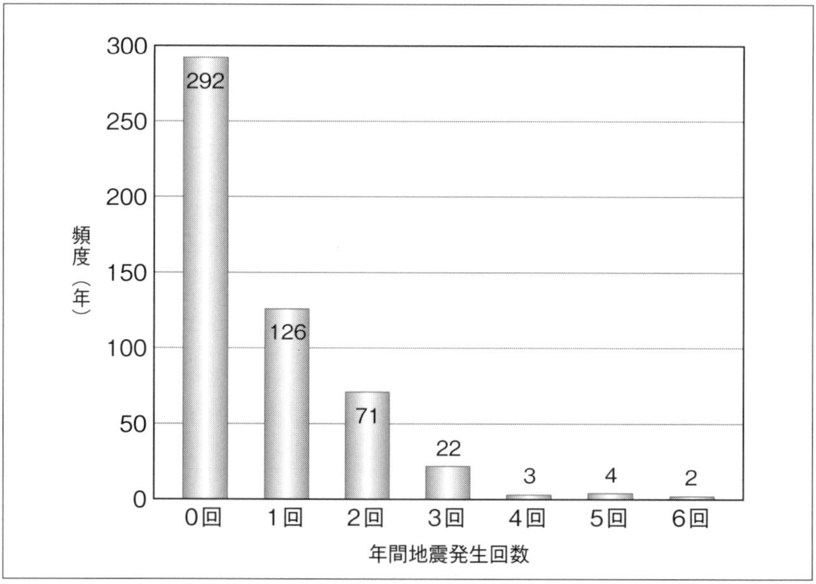

（出典）国立天文台「理科年表平成26年度」

具体的には、地震等によって発生した火災によって建物が「半焼」以上となった場合[12]に、「地震火災費用保険金」として一定の保険金[13]が支払われます。当然、地震等による建物の倒壊など、火災が生じていない損害は補償の対象外となります（図表18参照）。

なお、地震保険の契約者が地震等により上記の焼損を生じた場合は、地震保険金と合わせ地震火災費用保険金が補償されます（図表19参照）。

[図表18] 地震火災費用保険金の一例

保険の目的	被害状況	備　考
建物	当該建物が半焼以上	半焼とは、主要構造部の火災による損害額が保険金額の20%以上、または建物の焼失部分の床面積が延床面積の20%以上
家財	収容建物が半焼以上、または家財が全焼	全焼とは家財の火災による損害額が保険価額の80%以上
設備・什器等、商品・製品等	収容建物が半焼以上	

[図表19] 地震保険と地震火災費用保険（例）との比較

	地震保険	地震火災費用保険金の一例
対象となる保険の目的	①居住の用に供する建物 ②家財（生活用動産）	住宅火災・普通火災（一般・工場）の適用物件のうち下記のもの ①建物 ②屋外設備装置 ③収容動産（家財、設備、商品等） ※住宅総合保険・店舗総合保険を付保した場合も含まれる。普通火災（倉庫）では対象とならない。

12）家財が保険の対象となっているときは、その家財を収容している建物が半焼以上となった場合、または家財が全焼となった場合。

13）保険金額の5%、1回の事故につき300万円限度。

	地震保険	地震火災費用保険金の一例
対象となる損害	地震・噴火またはこれらによる津波を直接または間接の原因とする火災、損壊、埋没または流失による損害	地震・噴火・津波を直接または間接の原因とする火災による損害
保険金を支払う場合	①建物　全損／大半損／小半損／一部損 ②家財　全損／大半損／小半損／一部損	①建物　半焼以上 ②動産　収容建物が半焼以上または家財が全焼となった場合
保険金の支払額	①建物 全損　地震保険金額の100％ 大半損　同　60％ 小半損　同　30％ 一部損　同　5％ ②家財 全損　地震保険金額の100％ 大半損　同　60％ 小半損　同　30％ 一部損　同　5％ ※建物5,000万円、家財1,000万円限度	火災保険金額×5％ （1構内300万円限度） ただし、普通火災（工場）では1構内限度額が2,000万円である。

(4)　住宅以外の地震カバーの例

①　事務所建物・工場など（企業向けの地震カバー）の例

火災保険では対象外の地震リスクを特約で補償しています。ただし、保険会社の引受けは再保険との関係で限定的となっています。

ア　企業向けの火災保険に地震危険担保特約を付帯

普通火災保険契約のカバーを拡張して、普通保険約款では免責となっている地震による火災の損害および地震による損壊・埋没を補償します。

イ　地震デリバティブ

大地震が発生した場合に建物等財物の損害や収入減少を補償するもので、一定規模以上の大地震が発生した場合、損害調査等の手続なしで、事前に取り決めた金額が支払われます。

たとえば、M7.1 以上の地震を補償するものであれば、M7.0 の地震で被害が生じても補償されませんが、被害の有無にかかわらず M7.1 以上であれば補償されます。

②　自動車の損害

自動車の損害は車両保険では補償されません。

東日本大震災では津波による車両損害が多数発生しました。これらの損害は、一部特約により補償されるものがありましたが、きわめて限定的な取扱いでした。

震災後、各社では中古車等の購入により被災後の生活に役立てることを目的として、多くの会社で、たとえば「保険金額を 50 万円程度」に限定した車両損害を補償する商品を開発しています。

③　けがや死亡（人体）による損害

生命保険、医療保険では、補償対象となっています。傷害保険は原則対象外ですが、団体契約を中心に特約によって補償対象としている例があります。

④　船や貨物の損害

ア　船　　舶

地震を補償する保険と対象外とする保険があります。

イ　貨　　物

輸出入貨物は補償対象[14]となっていますが、国内輸送の貨物は補償対象外となっています。

14）貿易条件による危険負担の分岐によって、補償の有無が異なる。

Column　CIF条件

1995年の阪神淡路大震災では神戸港で輸出予定の貨物が損害を受けました。

貨物保険はICC（Institute Cargo Clauses）（A）（B）が一般的に使用されますが、この約款では地震損害はカバーされることとなっています。

貿易条件がFOB（Free On Board）またはC&F（Cost and Freight）で輸出予定だった貨物の地震損害はカバーされませんでした。

FOB／C&Fの危険負担は船積後であり、港頭倉庫にある貨物の危険に移転が済んでいなかったためです。

輸出業者である日本企業が日本国内のリスクに対応するために「輸出FOB保険」を付けていた場合も考えられますが、輸出FOB保険は国内の運送保険であるため地震リスクは免責となっています。

貿易条件がCIF（Cost Insurance and Freight）で輸出予定だった貨物の地震損害はカバーされました。

CIF条件は船積前の国内輸送の段階から外航貨物保険が付保されていますので地震損害もカバーされます。輸出業者（日本企業）が船積みまでの期間を自分のために付けた保険であり、船積後は輸入業者に裏書譲渡されることとなっています。

⑤　漁船損害等補償法

船体、機関、船員、捜索費用、賠償保険などの損害を、漁船組合が保険者となった「漁船保険」により補償します（漁船損害等補償法２条）。国と漁船保険中央会が再保険を受け、バックアップしています。

⑥　原子力損害賠償法

原子力損害の賠償に関する法律（以下、「原子力損害賠償法」）によって原子力事業者は、事実上、（原子力）賠償責任保険契約を義務付けられています（同法８条）。原子力賠償責任保険は、民間損害保険会社の共同組織である日本原子力保険プールが保険者となっています。

ただし、地震・噴火・津波は民間保険の対象外となっているため、地震等による損害の場合は、国と事業者で協議して賠償に当たることになっています。

⑦　共　　済

ア　建物更生共済（建更）：JA 共済

- 主契約で地震リスクを補償
- 長期契約の満期返戻共済金付きの共済
- 対象は住宅・家財に限らず、事務用建物、什器・備品なども対象
- 地震等については損害額の 50% が限度で、5% 未満は不担保
- 地震保険のような損害区分はない
- 政府の再保険はない

イ　自然災害共済：全労済

- 火災共済にセットで契約する
- 対象は住宅・家財
- 共済金は全壊、半壊、一部壊の 3 区分で、最高 1,800 万円が限度。また、損害額が 100 万円以下は原則不担保
- 政府の再保険はない

第２章
地震保険制度の成立

地震保険を巡る歴史の外観については、すでに第一編で紹介したところではありますが、本章では、地震保険制度の成立の経緯を含め、もう少し詳しく解説を加えたいと思います。

1　地震保険成立に至る経緯

現行の地震保険は、1964年6月の新潟地震を契機として、1966年6月に創設されました。

新潟地震当時は、地震災害を補償する保険制度がありませんでしたが、それ以前は地震災害を補償する保険制度はなかったのかと言えば、決してそうではありません。1890年に公布された旧商法では666条で震災に対する補償内容が記されていました。

しかし、保険会社としては、リスクの特性から地震リスクを保険約款において免責としていました。その後、関東大震災を経験し、地震保険の必要性が検討されましたが、創設には至りませんでした。関東大震災当時、火災保険では震災リスクは補償されていなかったわけですが、これが政治問題化し、結局、政府からの借入金により保険会社は「見舞金」という形で、保険金の支払いをせざるを得ない結果となりました。その借入金の返済のため保険会社は長期間にわたって苦慮することとなりました。

その後、戦時下という特殊な環境下ではありますが、1944年4月に施行された「戦時特殊損害保険法」により「地震（津波を含む）、噴火またはこれらに関連のある事故による火災、損壊、流失、埋没」が補償されることとなりました。

ところが、1944年12月7日の東海地震により、施行後1年8か月の収支は、収入保険料1億6,700万円、支払保険金2億3,900万円となり、収支の悪化から1945年12月28日に廃止となりました。

戦後、地震リスクに対する補償制度の必要性から検討が重ねられましたが、結局、1964年の新潟地震当時の大蔵大臣からの要請により、地震保険が制度として創設されることとなりました。

一連の経緯を時系列的に示したのが、次の図表１です。

［図表１］地震保険制度の創設

1878年	家屋総括保険論 バウル・マイエット（東京医学校ドイツ語教師）による国営強制保険制度の提唱。5災（地震・火災・暴風・洪水・戦乱）による家屋損害の補償 ※1891年マイエットによる「災害救済論」を提唱 濃尾大地震に遭遇し再度提唱した	1882年1月25日参事院において廃案 ※保険は民営
1890年 4月26日 公布	旧商法666条 「雷電ノ危険若クハ機関ノ破裂、火薬若クハ機関ニ原因スル破裂ノ危険其ノ他類似ノ危険及ビ震災ノ危険ハ、同時ニ火災ノオコリタルト否トヲ問ハズ、之ヲ火災ノ危険ト同視ス。但シ他ノ契約アルトキハ此ノ限リニアラズ」	法律上は地震災害を補償する内容だったが、保険会社は保険約款において免責とした
1891年 4月1日	会社法・手形法、破産法のみ施行	
1898年 7月1日	保険契約法、保険監督法を含め旧商法全面施行	
1899年 6月16日	新商法施行　「震災」の文字削除	
1923年	関東大震災 ※地震保険制度が社会的関心事となる	

1933年	商工省保険部「地震保険制度要綱」作成 ①　民営保険会社と火災保険契約を締結する者は同時に政府と地震保険契約を締結することが強制されている国営の地震保険（地震保険のみの引受けも行う）であり、地震保険契約の締結および保険料収受に関する事務を火災保険会社に委託し、手数料を交付する。 ②　てん補する損害は、地震に伴う火災、流失、倒壊により、動産・不動産の被った損害であって、保険金額は3,000円限度とする。 ③　政府は地震特別会計を設け、収支残を積立金とし、その積立金で支払いに不足する場合は2,000円を限度として政府借入れを行い、なお不足する場合は支払保険金を削除する。	民間の保険会社が火災保険への強制付保に反対し、法案提出に至らず
1944年 2月15日 公布 1944年 4月19日 施行	戦時特殊損害保険法 ①　単独地震保険契約と火災保険自動付帯契約の２本建てとし、元受は民営保険会社が行う。 ②　保険事故は、地震（津波を含む）、噴火またはこれらに関連のある事故による火災、損壊、流失、埋没とする。 ③　地震保険の目的は、自動付帯契約については火災保険の目的となる物件すべてであり、単独契約の場合は、建物および付属設備、工作物、一定の場所にある動産のほか、運送品、汽車、電車、自動車、地上にある航空機、船舶等とする。 ④　保険金額の限度は、保険の目的が住家または家財であるときに限り、１戸または	民心の安定、治安維持を目的

	1世帯5万円とし、1回の保険事故が30円未満の場合は免責とする。 ※当初は政府の無制限損失補償であったが、後に損害保険中央会（政府出資法人）が全額受再保険し、政府がこれに対して損失補償を行うこととした。なお、20万円以上の企業物件で特に必要ある場合は強制付保する。	
1945年 12月28日 廃止	1944年12月7日の東海地震により、1年8か月の収支は、 収入保険料　1億6,700万円 支払保険金　2億3,900万円	
1948年	福井地震 大蔵省において「地震保険法案」立案 ①　地震保険基金という法律に基づく政府出資法人（基本金50億円。当初現金5億円、国債25億円払込み）が、独立採算制により、地震保険事業および地震災害予防事業を行うこととし、地震保険基金が、保険会社を代理人として地震保険契約の引受けを行う。 ②　てん補する損害は、地震（地震による津波を含む）もしくは噴火またはこれらに関連ある事故による火災、損壊、埋没、流失等による動産、不動産の被った損害とする。 ③　任意保険と付帯保険の2本建てであり、付帯保険は住家（住居および物品の販売、製造その他住居以外の用途に供せられるものを含む）または家財につき、民営の火災保険契約が成立し、その保険金額が住家1戸につき100万円または家財1世	予算上の問題から閣議決定に至らず

	帯につき50万円を超えないときは、地震保険基金と当該火災保険契約者との間に地震保険契約が成立されたものとされ、その保険金額は当該火災保険金額の20％とする。 ④　保険の目的は建物およびその付属設備、工作物・一定の場所にある動産・車両等とし、その他大蔵大臣が必要と認める物件を追加指定できる。ただし、同一物件、につき1回の保険事故によっててん補すべき損害の額が一定額を超えるときは、地震保険審議会の承認を要する。 ⑤　地震保険基金のてん補すべき損害の額が責任準備金、支払備金、積立金（剰余金の全額を積み立てる）の合計額を超える場合には、その超える部分につき政府は未払込みの出資をするものとし、責任準備金、支払備金、積立金および基本金に相当する金額の合計額を超える場合には保険金の削減をなしうる。	
1952年 7月	日本損害保険協会「地震風水害保険特別委員会」試案 ①　対象物件は住宅および家財とする。 ②　保険事故は、地震による火災、倒壊、破損、埋没（地震津波および噴火を除く）とする。 ③　引受方式は火災保険に対する任意付帯とする。 ④　元受責任は6分の1とし、6分の5を政府に出再する。 ⑤　保険金支払いに際しては、一定金額（3万円まで）の損害額控除条項を設ける。	政府再保険のめどが立たず実現せず

1956年 以降	主として企業物件を対象とした地震危険担保特約が火災保険契約の拡張担保方式として実施 ・1962年11月6日保険審議会「わが国損害保険会社の国際競争力強化のための体質改善策の審議」 ・1964年4月1日IMF8条国に移行 ・1964年4月28日OECD加盟 自由化の波が押し寄せる	1953年に至り、外資導入物件である石油物件についての保険契約者からの強い要望があって検討・実施
1963年 1月	日本損害保険協会理事会において地震保険制度創設の可能性について企画委員会へ検討指示	
1964年 4月	企画委員会案 ①　住宅総合保険に地震保険を5%自動付帯 ②　定額任意付帯	
1964年 6月16日	新潟地震	
1964年 6月19日	保険業法改正法案付帯決議 「わが国のような地震国において、地震に伴う火災損害について保険金支払ができないのは保険制度上の問題である。差し当たり、今回の地震災害に対しては損保各社よりなんらかの措置を講ぜしめるよう指導を行い、さらに既に実施している原子力保険の制度も勘案し、速やかに地震保険等の制度の確立を根本的に検討し、天災国ともいうべきわが国の損害保険制度の一層の整備充実をはかるべきである。」	
1964年 7月9日	日本損害保険協会理事会　地震保険の創設決議 「地震保険特別委員会」を設置	

1965年 4月23日	保険審議会は、機構部会よりの検討結果を審議・採択し、同日中に田中大蔵大臣に答申	
1966年 5月17日	損害保険料率算定会より大蔵大臣に認可申請	
1966年 5月30日	全損害保険会社の代表者会議で承認	
1966年 6月1日	正式認可、地震保険の販売開始 日本地震保険再保険株式会社創設	

2　地震保険制度検討上課題とされた諸問題と審議内容

現行の地震保険を検討するに際して、特に問題とされたのは、大別して、大数の法則に乗りにくいことと、損害の規模の異常性・巨大性ということでした。検討の中で、これらの問題は、以下のように整理して対応することになりました。

(1)　大数の法則に乗りにくい

第1章で示したとおり、日本全体として大きな被害を出した地震災害が生ずる年がある一方、地震による被害がまったくない年が続く場合もあり、地震の発生確率を算出することは困難です。そのため、第1章9「地震のリスクと保険」で示したとおり損害保険の原則である「大数の法則」を適用することは困難であり、「収支相当の原則」のもとで、料率を算出することがきわめて困難であると考えられています。

しかし、地震災害を数百年あるいはそれ以上に長期の問題として考えるならば、地震による被害額は火災のそれと比べてそれほど大きなものではなく、巨大な震災を除外して考えるならば民営保険でも十分処理することができるとも考えられます。ただし、このように長期間をベースとして収支を考えた場合、現実的には民間の保険ベースでは不可能な制度となります。

そこで、民間の保険制度として対応するため保険審議会において種々の検討が行われ、次の方策が考えられました。

問題点１	地震が頻度、損害の規模などにおいて大数の法則に乗りにくい
審議内容	
次の方途を考えることにより保険制度に組み入れることも可能と考えられる。 ①　通常の企業ベースを超えた長い期間を基として保険収支を考えうる国がこれに関与する ②　逆選択を防止する ③　１地震による損害の過大な集積を避ける	

①　国の関与する方法

国が適正な料金を取って再保険する方式[1)]を採用することとしました。

また、民間保険会社にとって保有限度が明確で、不測の損害が生じることがない「超過損害額再保険方式」[2)]が適当であるとしました。

②　逆選択の防止

既存の家計保険のうち、総合保険に自動付帯させる方式[3)]が採用されました。

1）国の関与方法として検討された方式としては、「国が再保険する」、「国が保険会社に融資する」、「国が保険会社に対して損失補償する」、「半官半民の特殊法人が地震保険を行う」、「一定額までは保険会社が損害をてん補し、これを超える損害については何らかの形で国が援助する」等が考えられた。

2）再保険方式としては「比例再保険方式」、「超過損害額再保険方式」があるが、比例再保険では小損害であってもすべて政府が支払いをしなければならない点が煩瑣である等から、上記のとおり超過損害額再保険方式を採用した。

3）普通保険、総合保険すべてに自動付帯させない理由

- 一般契約者の自由を奪い、相当の保険料を追加負担させることは好ましくない
- 契約者が普遍的であればあるほど１危険による損害の集積が多額となり、付保条件・支払条件に問題を生ずる
- 保険の総合化が世界の大勢となっている

③　過大な集積防止

保険の対象物件として「専用住宅」と「併用住宅」[4] の「建物」と「家財」とし、「全損」のみ担保としました[5]。

⑵　異常性・巨大性

過去最大規模の損害を生じた地震災害は関東大震災でした。地震の規模はM7.9と東日本大震災のM9.0と比べれば小規模ではありましたが、被害の程度は、図表２のとおり過去最大規模でした。

このように、地震による損害は、時に異常･巨大なものになることがあり、民間の保険会社では到底補償できるものではありません。

しかし、地震保険制度の創設の目的は地震災害に対して、国民生活の安定に資することにあるとの観点から、保険審議会において個々の保険金額・支払保険金に限度を設け、さらに損害の過大な集積を避け、損害査定の困難性を克服するために全損のみを補償とすることで、地震保険制度創設の可能性を検討しました。

［図表2］関東大震災の被害程度

死者・行方不明者	142,807 人
全壊家屋	128,266 棟
焼失家屋	447,128 棟
半壊家屋	126,233 棟

4）「専用住宅」と「併用住宅」とした理由

- 工場、倉庫などの企業物件が一応火災保険の拡張担保特約により地震危険が担保されること
- 地震保険制度創設の目的が「地震災害に備えての国民一般の生活安定に資する」との観点から、住宅建物・家財とすることが当然と考えられること

5）「全損」のみ担保とした理由

- 損害査定の困難性
- 小損害不担保の見地

問題点２	地震災害は、時に異常・巨大なものとなる
審議内容	
①　全損のみ担保とした（前記参照） ②　付帯された総合保険の契約金額全額を支払うことは国の財政力をもってしても不可能と考えられるので、個々の保険金額および支払保険金総額に限度額を設ける	

第３章
家計地震保険

1　地震保険の概要

地震保険は1966年に施行された「地震保険法」に基づき運営されています。そのため、損害保険会社等[1)]が負う地震保険責任を政府が再保険することにより、地震保険の普及を図ることとしています。地震保険法において地震保険は地震・噴火・津波による「被災者の生活の安定に寄与する」（同法１条）ことを目的としています。

地震保険の目的から、実際の損害額全額を補償するものではなく、以下のような補償内容の取扱いとされています。なお、地震保険の制度はわが国独自の保険制度であり、東日本大震災における日本の保険業界の対応は海外からも注目を浴びました[2)]。

(1)　補償される損害

「地震若しくは噴火又はこれらによる津波（以下「地震等」という。）を直接又は間接の原因とする火災、損壊、埋没又は流失」（地震保険法２条２項２号）によって、保険の対象について生じた損害が対象です。

火災保険では「地震等による火災によって生じた損害」、「火災が地震等によって延焼、拡大したことにより生じた損害」はいずれも補償の対象とはなりません。これらの損害を補償するためには地震保険が必要となります。

(2)　保険の対象

「居住の用に供する建物又は生活用動産のみ」（家財）（地震保険法２条２項

1）現在は損害保険会社の火災保険等のみに原則自動付帯されており、各種火災共済には付帯されていない。全共連、全労済の自然災害共済は地震保険とは異なり各共済団体が独自に再保険（再共済）を手配している。

2）一部の国においては地震リスクを補償する制度も存在している。海外の地震リスクを補償する制度は資料編資料６「諸外国の地震保険制度」を参照されたい。

1号）が対象です。

ただし、以下のものは対象外となります。

工場、事務所専用の建物など住居として使用されない建物、1個または1組の価額が30万円を超える貴金属・宝石・骨とう、通貨、有価証券（小切手、株券、商品券等)、預貯金証書、印紙、切手、自動車　等

(3) 保険期間

短期、1年または長期（2年～5年)。

(4) 保険金額

火災保険の保険金額の30％～50％の範囲内で地震保険の保険金額を契約者が設定します。

ただし、建物は5,000万円[3]、家財は1,000万円が限度です。

[図表1] 損害の程度と保険金支払額（割合）

損害の対象	損害の程度※	保険金支払額
建物・家財	全　損	保険金額の100％（時価が限度）
	大半損	保険金額の60％（時価の60％が限度）
	小半損	保険金額の30％（時価の30％が限度）
	一部損	保険金額の5％（時価の5％が限度）

※保険金が支払われない場合

- 地震発生後10日を経過した後に生じた損害
- 故意もしくは重大な過失または法令違反による事故
- 地震等の際の紛失・盗難の場合
- 戦争・内乱などによる損害
- 門、塀または垣のみの損害等、主要構造部に該当しない部分のみの損害故意

3）マンション等の区分所有建物の保険金額は、各区分所有者の専有部分と共有部分を合わせて、5,000万円が限度となる。賃貸マンションのオーナーがマンション1棟を契約する場合の限度は5,000万円×戸数（ただし時価が限度）となる。

(5) 保険金の支払い

地震保険では、保険の対象である建物または家財が全損・大半損[4]・小半損・一部損となったときに図表1のとおり、保険金が支払われます（損害の認定基準については、後記3(2)「損害の認定基準」参照）。

(6) 保険金総支払限度額

1回の地震等につき支払われる保険金の総支払限度額は、11兆3,000億円です（2018年3月3日現在）。

支払うべき保険金の総額が総支払限度額を超過する場合は、法律により各契約の保険金を削減することができることとなっています。

(7) 保険料率

地震保険料率は「損害保険料率算出団体に関する法律」に基づき、損害保険料率算出機構が算出しており、将来の保険金の支払いに充てられる「純保険料率」と保険会社の経費等に充てられる部分である「付加保険料率」から構成されています（図表2参照）。

「純保険料率」は、政府の機関である地震調査研究推進本部が「確率論的地震動予測地図」を作成する際に使われた、今後被害をもたらす可能性があるとして想定したすべての地震を対象に、仮に現在の状況下で発生した場合に、地震保険で支払われる保険金がどのくらいになるかを個々の地震の被害予測シミュレーションにより予測し、これから1年間当たりの予想支払保険

[図表2] 地震保険料率

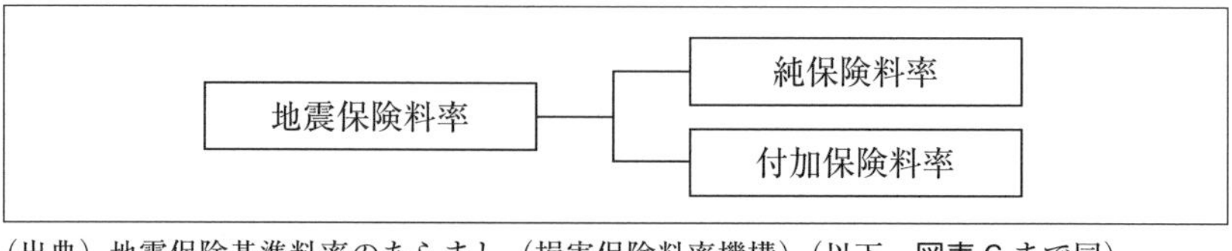

（出典）地震保険基準料率のあらまし（損害保険料率機構）（以下、図表6まで同）

4）2017年1月1日契約始期分より半損が大半損・小半損と区分が変更となった。

金を求めることで算出しています（図表３参照）。

「付加保険料率」は、社費と代理店手数料から構成されており、社費は営業費と損害調査費から構成されています（図表４参照）。

[図表 3] 純保険料率の計算

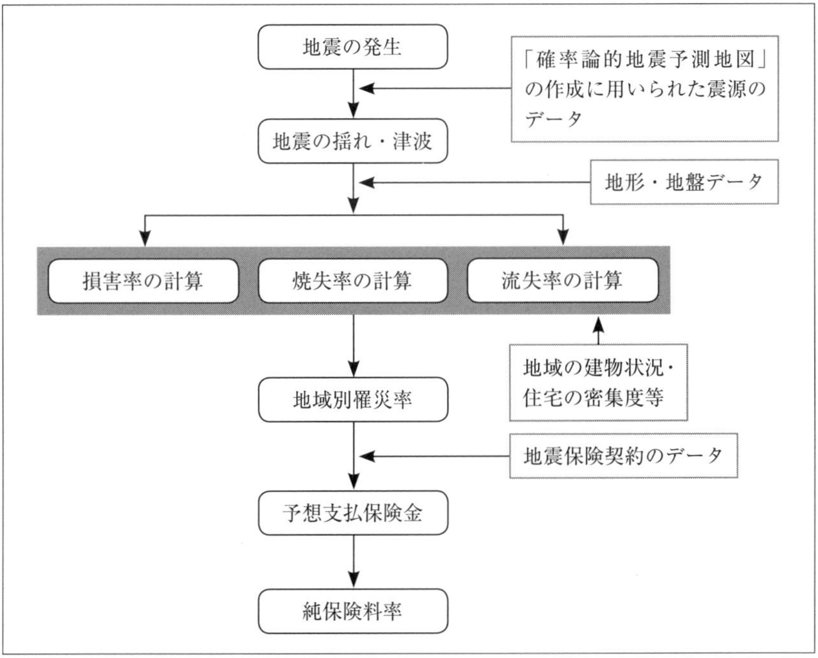

[図表 4] 付加保険料率

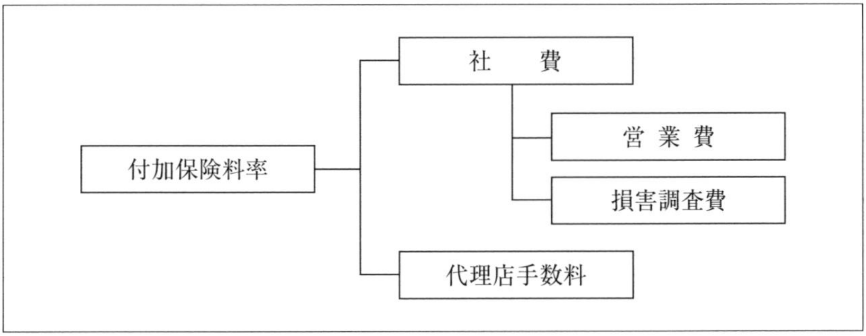

地震保険は公共性が高く、政府が再保険を引き受けていることから、利潤が織り込まれておらず、また、火災保険に付帯して加入する方式により、営業費を可能な限り低くしています。

実際に適用される保険料率は、保険の対象である建物および家財を収容する建物の構造別、所在地別に定めている基本料率に、耐震性能に応じた割引率を乗じることにより計算します。

(8)　基本料率（建物・家財）

東日本大震災を受けて、地震保険の料率は見直されることになり、2014年7月に15.5%アップ、さらに保険始期が2017年1月1日以降の地震保険について19.0%のアップが行われることになりました。ただし、19.0%のアップに関しては、激変緩和のために時期を3段階に分け、まずは5.1%のアップから実施されています。引上率・引下率は、都道府県や建物の構造ごとに異なります（最大引上率は＋14.7%、最大引下率は－15.3%）（図表5参照）。

地震保険の保険料率は、将来的な地震発生に伴う損害の危険（地震リスク）に基づき算出されています。

今回の改定を行うことになった主な理由は3つあります。

①　震源モデルの見直しをはじめとした各種基礎データの更新など[5)]

②　「地震保険に関する法律施行令」改正による損害区分の細分化により損害区分が3区分から4区分となった

③　財務省「地震保険制度に関するプロジェクトチーム・フォローアップ会合」での議論の取りまとめ（2015年6月24日）

5）政府の地震調査研究推進本部が作成する「確率論的地震動予測地図」は2012年12月と2014年12月の2回にわたって大きく見直された。具体的には、震源データの追加・更新、地震の規模（最大マグニチュードの上昇）、地盤データ（揺れやすさの再評価）などに基づく震源モデルの見直しである。

[図表5] 保険料　　保険金額1,000万円当たり保険期間1年（単位）

都道府県	イ構造※1			
	保険料		改定額	改定率※3
	改定前※2	改定後		
岩手、秋田、山形、栃木、群馬、富山、石川、福井、長野、滋賀、鳥取、島根、岡山、広島、山口、福岡、佐賀、長崎、熊本、鹿児島	6,500円	6,800円	+ 300円	+ 4.6%
福島	6,500円	7,400円	+ 900円	+ 13.8%
北海道、青森、新潟、岐阜、京都、兵庫、奈良	8,400円	8,100円	▲300円	▲3.6%
宮城、山梨、香川、大分、宮崎、沖縄	8,400円	9,500円	+ 1,100円	+ 13.1%
愛媛	11,800円	12,000円	+ 200円	+ 1.7%
大阪	13,600円	13,200円	▲400円	▲2.9%
茨城	11,800円	13,500円	+ 1,700円	+ 14.4%
徳島、高知	11,800円	13,500円	+ 1,700円	+ 14.4%
埼玉	13,600円	15,600円	+ 2,000円	+ 14.7%
愛知、三重、和歌山	20,200円	17,100円	▲3,100円	▲15.3%
千葉、東京、神奈川、静岡	20,200円	22,500円	+ 2,300円	+ 11.4%

都道府県	ロ 構 造※1			
	保 険 料		改 定 額	改 定 率※3
	改 定 前※2	改 定 後		
岩手、秋田、山形、栃木、群馬、富山、石川、福井、長野、滋賀、鳥取、島根、岡山、広島、山口、福岡、佐賀、長崎、熊本、鹿児島	10,600 円	11,400 円	＋ 800 円	＋ 7.5%
福島	13,000 円	14,900 円	＋ 1,900 円	＋ 14.6%
北海道、青森、新潟、岐阜、京都、兵庫、奈良	16,500 円	15,300 円	▲ 1,200 円	▲ 7.3%
宮城、山梨、香川、大分、宮崎、沖縄	16,500 円	18,400 円	＋ 1,900 円	＋ 11.5%
愛媛	24,400 円	23,800 円	▲ 600 円	▲ 2.5%
大阪	24,400 円	23,800 円	▲ 600 円	▲ 2.5%
茨城	24,400 円	27,900 円	＋ 3,500 円	＋ 14.3%
徳島、高知	27,900 円	31,900 円	＋ 4,000 円	＋ 14.3%
埼玉	24,400 円	27,900 円	＋ 3,500 円	＋ 14.3%
愛知、三重、和歌山	32,600 円	28,900 円	▲ 3,700 円	▲ 11.3%
千葉、東京、神奈川、静岡	32,600 円	36,300 円	＋ 3,700 円	＋ 11.3%

※ 1　地震保険の建物の構造区分は、【イ　構造】と【ロ　構造】の 2 つに区分される。これはセットで契約する火災保険の構造区分により区分される。

【イ 構造】

火災保険の構造区分が M·T 構造、A·B 構造または特 ·1·2 級構造の場合（主として鉄骨・コンクリート造の建物）

【ロ 構造】

火災保険の構造区分が H 構造、C·D 構造または 3·4 級構造の場合（主として木造の建物）

木造の建物であっても、建築基準法に定める耐火建築物・準耐火建築物、省令準耐火建物に該当するものは、イ構造になる。

※ 2　「改定前」の保険料例は、保険始期が 2014 年 7 月 1 日以降 2016 年 12 月 31 日以前の地震保険契約の場合。

※３　地震保険料率の改定に当たっては、震源モデルなどの更新により、地震保険の保険料は全国平均で大きく引上げが必要な状況であったが、契約者の負担を抑えるため、３段階に分けて保険料率を改定することとなっており、上記の改定はその１段階目となる（２段階目以降の改定スケジュール・改定率は、以後の各種基礎データの更新などを踏まえて決定される予定であり、本書作成の時点では決まっていない）。

⑼　割 引 率

以下の①〜④に該当する場合に、上記の基本料率が割り引かれます（所定の確認資料の提出が必要）。なお、重複適用はできません。

①　免震建築物割引

法律に基づき定められた免震建築物[6]である建物またはその建物に収容された家財

割引率：50％

②　耐震等級割引

法律に基づき定められた耐震等級に該当する建物またはその建物に収容された家財

割引率：	耐震等級３	50％
	耐震等級２	30％
	耐震等級１	10％

ア　免震建物・耐震等級割引の確認資料

登録住宅性能評価機関[7]が作成した資料において、対象建物の耐震等級、

6）「住宅の品質確保の促進等に関する法律」に基づく日本住宅性能表示基準に定められた表示事項により免震建築物であると評価された建築物を指す。

7）登録住宅性能評価機関により作成される書類と同一の書類を登録住宅性能評価機関以外のものが作成し交付することを認める旨、行政機関により公表されている場合は、そのものを含む。

または対象建物が免震建築物であることを証明した書類であれば、確認資料とすることができます（2016 年 12 月末までは「建設住宅性能評価書」などの特定の書類に限る）。また、「住宅性能証明書」等の耐震等級を１つに特定できない書類であっても、「設計内容証明書」などの登録住宅性能評価機関[8)]への届出書類で耐震等級が確認できる場合、その耐震等級を適用できます（2016 年 12 月末までは、耐震等級２または３であることが確認できるものの、耐震等級を１つに特定できない確認資料の場合、耐震等級２を適用）。

③　耐震診断割引

耐震診断または耐震改修の結果、法律の規定と同等の耐震性能を有すること[9)]が確認できた建物またはその建物に収容された家財

割引率：10%

④　建築年割引[10)]

1981 年 6 月以降に新築された建物またはその建物に収容された家財

割引率：10%

⑽　長期契約の料率

長期契約（2 年～ 5 年、長期保険保険料払込特約条項を付した契約）の保険料率は、基本料率と割引率から算出された料率に、以下（図表 6）の長期係数

［図表 6］ 長期契約の保険料率

期　間	2 年	3 年	4 年	5 年
係　数	1.90	2.75	3.60	4.45

8）前掲注 7）参照。

9）建築基準法に定める現行耐震基準に適合することを指す。

10）建築年割引の記載がある保険証券等を確認資料とする場合、2016 年 12 月末までは新築年月の記載を必要としていたが、この要件は廃止された。

を乗じたものとなります。

⑾　地震保険料控除制度

2007年１月に地震保険料控除が創設されました。

地震保険の払込保険料に応じて、一定の額（所得税は最高５万円、個人住民税は最高２万5,000円）がその年の契約者（保険料負担者）の課税所得から差し引かれ、税負担が軽減されます。

⑿　警戒宣言が発令されたとき

大規模地震対策特別措置法に基づく警戒宣言が発令されたときは、同法で指定する東海地震に係る地震防災対策強化地域内に所在する建物または家財について、地震保険（新規・増額）はお引き受けできません11)。

なお、中央防災会議の最終報告書の取りまとめの中で、東海地震に係る警戒宣言についての問題点の指摘があり、今後法律が変更される可能性があります。

2　保険責任と再保険の流れ

地震保険は、政府の超過損害額再保険制度を前提として成り立っており、地震保険法など所要の法令等の内容に合致したものとなっています。政府が地震保険の再保険契約を締結できる相手は、法律によって「保険会社等が地震保険契約によって負う保険責任を再保険する保険会社等」に限られているため、政府は個々の元受保険会社と直接に再保険契約を締結することはできず、現行では日本地震再保険株式会社（以下、日本地震再保険社）のみとなっています。被災された契約者に支払われる保険金は、最終的に政府、損害保険会社および日本地震再保険社が、１回の地震等ごとにそれぞれ決められた限度額の範囲内で負担します。

この保険金を分担する仕組みとして、わが国の地震保険制度では再保険方

11）前年同条件の更改契約を除く。

式が採用されており、日本地震再保険社は、官民間の再保険取引に関する業務を一元的に処理することで「官と民の架け橋」とも言うべき機能を果たしています。

(1) 保険責任の負担

1回の地震等により支払われる保険金の総額にはあらかじめ限度額が設けられています。これを総支払限度額といい、関東大震災規模の地震が再来した場合であっても保険金の支払いに支障が生じないように設定されています。2018年3月31日現在の総支払限度額は11兆3,000億円です（ここ数年地震保険の契約件数が増えているため、下記(4)のとおり見直しが行われる都度増額されています）。この総支払限度額の枠内での、政府、損害保険会社および日本地震再保険社それぞれの責任負担の方法と限度額の取決めを図示したものが「再保険スキーム」です（図表7参照）。

1回の地震等により支払われる保険金の額が1,153億円に達するまで（1stレイヤー）は民間（日本地震再保険社）が負担します。1,153億円を超え4,379億円に達するまで（2ndレイヤー）は政府・民間が50%ずつ負担します。4,379億円を超える部分（3rdレイヤー）については政府がその大半（約99.7%）を負担します。

2ndレイヤーと3rdレイヤーの民間部分は前段を損害保険会社、後段を日本地震再保険社に分けています。

損害保険会社が地震リスクを取り扱うことにより、他の保険種目（自動車保険、火災保険等）の契約者へ影響を及ぼさないよう、損害保険会社の責任負担額には1事業年度通算での限度額が設定されています。

このように1回の地震等による支払いが一定の額を超える場合に、その超過部分の責任を負担する方式を超過損害額再保険方式と言います。

(2) 再保険の流れ

政府、損害保険会社および日本地震再保険社が、それぞれ保険責任を公平

［図表7］再保険スキーム

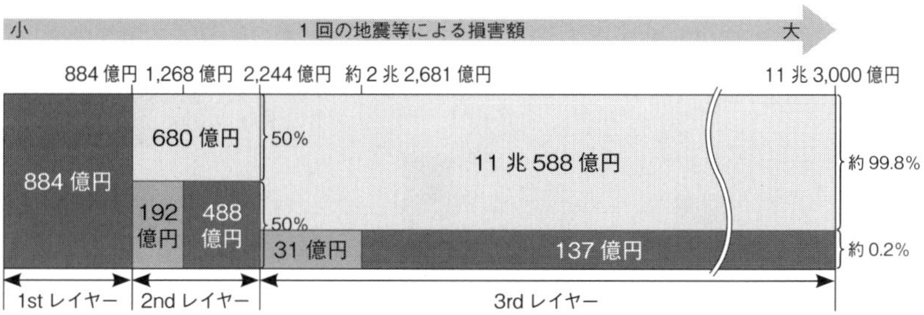

（責任限度額）		
	損害保険会社	223億円
	日本地震再保険社	1,509億円
	民間計	1,732億円
	政府	11兆1,268億円
	合計	13兆3,000億円

（出典）「地震保険と再保険のしくみ」2017ディスクロージャー誌（日本地震再保険社）

に負担するためには、損害保険会社が引き受けたリスクをいったん集約し、均等化したうえでそれぞれに配分する必要があります。また、保険責任を負担する対としてそれぞれ保険料（再・再々保険料）を受け取る必要があります。

このリスクの集約、均等化、配分および保険料（再・再々保険料）の授受を行うために、日本地震再保険社を中核にして再保険取引を行っています（次頁図表8参照）。

損害保険会社が引き受けた地震保険の契約は、いったんすべて日本地震再保険社に出再（再保険）され、リスクを均等化しています。その後、日本地震再保険社が保有するリスクを除き、政府および損害保険会社に対し、それぞれが負担するリスクの度合いに応じて、再度出再（再々保険）しています。

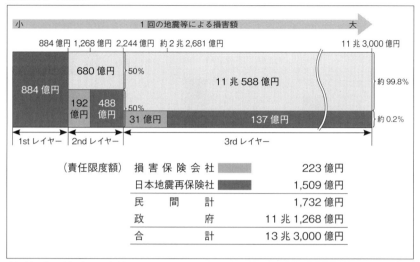

［図表8］再保険の流れ

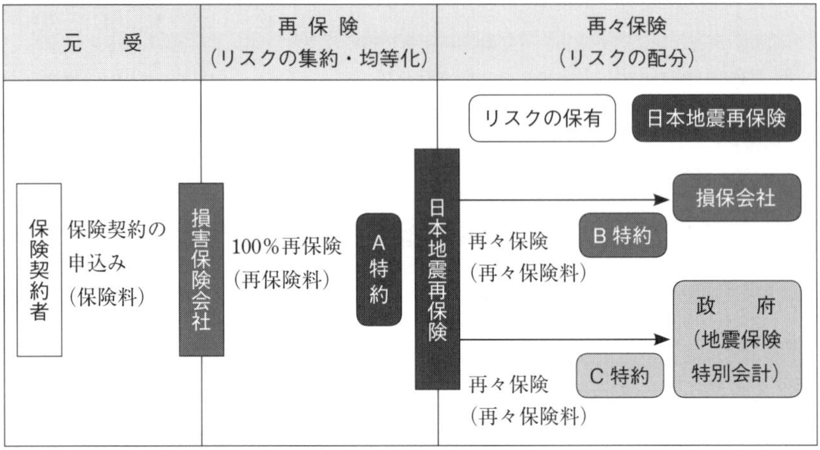

A特約 ：地震保険再保険特約（A） 損害保険会社⇔日本地震再保険	B特約 ：地震保険再保険特約（B） 日本地震再保険⇔損害保険会社	C特約 ：地震保険再保険特約（C） 日本地震再保険⇔政府
損害保険会社は地震保険法に基づいて引き受けた地震保険契約の保険責任の全額を漏れなく日本地震再保険社に再保険し、日本地震再保険社は、異議なくこれを引き受けることが定められています。したがって、損害保険会社は引き受けた地震保険契約を選択して再保険することはできず、また日本地震再保険社は地震保険法に基づく契約であれば、損害保険会社が引き	A特約によって引き受けた保険責任のうちの一定部分を、損害保険会社に再々保険することが定められています。各損害保険会社の引受割合は、地震保険の危険準備金残高等に応じて決められています。	日本地震再保険社は、地震保険法に基づいて政府と地震保険超過損害額再保険契約を締結しています。A特約によって引き受けた保険責任のうちの一定部分を地震保険法等にしたがい政府に再々保険しています。なお、政府の再保険責任の限度額は、毎年度、国会の議決を経て決められています。

受けた保険責任の再保険を拒否することはできません。		

（出典）日本地震再保険社ホームページより抜粋

［図表９］再保険の割合　（2018年３月31日現在）

	日本地震再保険	損害保険会社	政　府
再保険割合	約20%	約2%	約78%

（出典）「地震保険と再保険のしくみ」2017ディスクロージャー誌（日本地震再保険社）

(3)　再保険の割合

前記のとおり、地震保険は損害保険会社、地震保険再保険社、政府の３者によって責任を分担しています。日本地震再保険社に集約した地震保険契約は、日本地震再保険社での保有、元請け損害保険会社への再々保険、政府への再々保険という手順を踏まえ、最終的に支払限度額総額での分担割合は図表９のとおりとなります。

なお、政府の超過損害額再保険制度をとっているため各レイヤーでの責任分担額は異なります。

(4)　再保険金の流れ

地震等により損害が生じた場合、まず損害保険会社が契約者等に保険金を支払います。

その後、日本地震再保険社は損害保険会社からその支払った保険金の全額の請求を受け、A特約の再保険金として支払います。日本地震再保険社は、A再保険金の累計が1stレイヤー（現行スキームでは884億円）を超えた場合に、再保険スキームに従い政府および損害保険会社に再々保険金の請求を行います（次頁図表10参照）。

[図表10] 再保険金の流れ

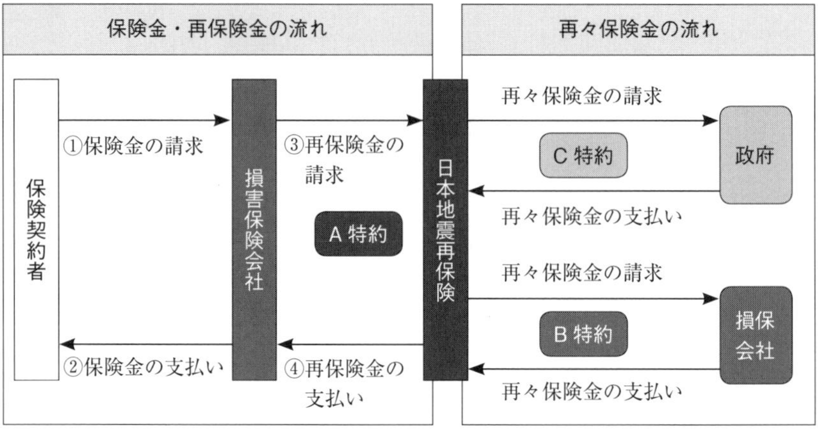

(出典)「地震保険と再保険のしくみ」2017 ディスクロージャー誌（日本地震再保険社）

巨大地震等の発生時には、契約者と直接保険契約を結んでいる損害保険会社は一時に多額の資金を準備しなくてはならなくなります。そのため、損害保険会社が契約者に実際に保険金を支払う前に、発生した地震による損害額の大まかな見込みのもとで保険金支払いに必要となる資金を事前に供給することができる概算払制度が設けられています。

3　地震保険制度の改定

地震保険は創設以来、各地に発生した地震への対応において問題点が指摘されてきました。たとえば、1978 年 6 月 12 日に発生した宮城県沖地震の際、当時補償内容が全損のみでした。そのため家屋の倒壊や破損が 176,113 戸に上ったにもかかわらず、最終的な支払いはわずかに 5 件、617 万円に留まり、地震保険に対する批判が一気に高まりました。

そして保険審議会等の答申も踏まえ、半損も補償対象とされるように改定されました。

その後も主に

①　てん補すべき損害

②　保険金の支払い（契約金額の制限）

③　引受方法

④　保険料率

⑤　保険会社の責任限度額のあり方

などの改定の必要性が検討されてきました。

さらに

⑥　契約者に対する契約内容の徹底

⑦　公正な第三者を含めた苦情処理機関の設置

⑧　大規模地震対策特別法に基づく警戒宣言発令との関係

など、周辺の制度整備も図られてきました。

現在の内容は、被災者の生活の安定に寄与するうえで必要な改定を踏まえて、改定されています。

詳しくは資料編資料４「地震保険創設時と現行制度の比較」を参照ください。

4　損害の認定

⑴　損害調査方法

地震保険は、原則、全件、立会調査を行い、有無責判断・損害程度の認定および支払保険金の算出を行います。

なお、立会調査以外の方法として、業界の大規模地震等対策本部で実施する共同調査や保険会社が任意で実施する損害状況申告方式があります。

①　立会調査

立会調査とは、社外調査機関または社員が、実際に保険の対象を確認し、有無責判断・損害程度を認定する方法です。

②　共同調査

共同調査とは、業界として地震保険の損害調査を効率的に実施するため大規模地震等行動体制の場合に、大規模地震等対策本部（以下、対策本部）が必要と認めた地域において実施するものです。

具体的には、航空写真等や現場踏査による調査を行って、損害程度を同じくする物件が集中する地域（一括認定地域）を認定し、対策本部では、一括認定地域の被害程度を決定し、調査結果を各社に連絡します。調査結果の連絡を受けた各保険会社は、当該地域内に所在する自社契約物件について立会調査を省略して損害認定ができる方法です。

なお、事故受付から保険金支払いに至るまでの具体的手続は各保険会社が行います。

③　損害状況申告方式に基づく損害調査

損害状況申告方式に基づく損害調査とは、保険会社の定める所定の書式で、お客様から申告された損害状況に基づき損害調査を行い、大半損までの損害認定を行うものです。なお、本方式は、大規模地震等行動体制の場合に、立会調査を行う人員が不足し、迅速な保険金支払いに支障を来たすおそれがあるときにオプションとして限定的に実施するものです。

(2)　損害の認定基準（平成29年1月現在）

全損、大半損、小半損、一部損の認定は、「地震保険損害認定基準[12]」に従って、次のとおり行います[13]。

①　建物の「全損」「大半損」「小半損」「一部損」

損害の程度	認定の基準（①②または③）		
	① 主要構造部※1（軸組、基礎、屋根、外壁等）の損害額	② 焼失または流失した床面積	③ 床上浸水
全　損	建物の時価の50%以上	建物の床面積の70%以上	—

12) 国が定める「災害に係る住家の被害認定基準運用指針」とは異なる。
13) 以下の記載はすべて、損保協会「ご契約のしおり　地震保険」より引用。

大半損	建物の時価の 40％以上 50％未満	建物の床面積の 50％以上 70％未満	—
小半損	建物の時価の 20％以上 40％未満	建物の床面積の 20％以上 50％未満	—
一部損	建物の時価の 3％以上 20％未満	—	建物が床上浸水または地盤面から 45cm を超える浸水を受け損害が生じた場合で、当該建物が全損・大半損・小半損・一部損に至らないとき

※１　地震保険でいう「主要構造部」とは、建築基準法施行令第１条第３号に掲げる構造耐力上主要な部分をいい、損害調査においては、建物の機能を確保する部位で、損害が外観上発生することが多い箇所を着目点としています。

※２　地震等を原因とする地すべりその他の災害による現実かつ急迫した危険が生じたため、建物全体が居住不能（一時的な場合を除きます。）となったときは、全損とみなします。

【建物の主要構造部の損害額に基づく損害程度の認定方法】

(1) 建物部位の損害程度に着目した損害の認定基準

①木造建物

在来軸組工法の場合は「軸組（小屋組、内壁を含みます。）、基礎、屋根、外壁」、枠組壁工法の場合は「外壁、内壁（床組を含みます。）基礎、屋根」に着目して被害程度を調査し、工法ごとの損害認定基準表（在来軸組工法：表１－１、枠組工法：表１－２を参照願います。）から損害割合を求め、それらを合算し、全損、大半損、小半損、一部損の認定を行います。より詳細な調査を要する場合には、第二次査定を実施することがあります。

②非木造建物

建物全体の沈下または傾斜の程度を調査し、沈下・傾斜による損害認定基準表（鉄筋コンクリート造：表２－１、鉄骨造：表２－３を参照願います。）

から沈下・傾斜の損害割合を求めます。この損害割合が50%以上の場合は、その建物を全損と認定します。

沈下、傾斜がない場合や沈下・傾斜の損害割合が50%に達しない場合には、構造ごとに定めた着目点の被害程度を調査し、部分的被害による損害認定基準表（鉄筋コンクリート造：表２－２、鉄骨造：表２－４を参照願います。）から部分的被害の損害割合を求めます。沈下・傾斜による損害割合と部分的被害の損害割合を合算し、全損、大半損、小半損、一部損の認定を行います。

(2) 津波による損害の認定基準

木造建物（在来軸組工法、枠組壁工法）、共同住宅を除く鉄骨造建物（鉄骨系プレハブ造建物等の戸建住宅）の場合、津波による「浸水の高さ」に着目して被害程度を調査し、津波による損害の認定基準（表３を参照願います。）を基に全損、大半損、小半損、一部損の認定を行います。

(3)「地震等」を原因とする地盤液状化による損害の認定基準

木造建物（在来軸組工法、枠組壁工法）、共同住宅を除く鉄骨造建物（鉄骨系プレハブ造建物等の戸建住宅）の場合、地盤液状化による建物の「傾斜」または「最大沈下量」に着目して被害程度を調査し、地盤液状化による損害の認定基準（表４を参照願います。）を基に全損、大半損、小半損、一部損の認定を行います。

②　家財の「全損」「大半損」「小半損」「一部損」

損害の程度	認定の基準
全　損	家財の損害額が家財の時価の80%以上
大半損	家財の損害額が家財の時価の60%以上80%未満
小半損	家財の損害額が家財の時価の30%以上60%未満
一部損	家財の損害額が家財の時価の10%以上30%未満

【家財の損害程度の認定方法】

個々の家財の損傷状況によらず、家財を大きく５つ（①食器陶器類②電気器具類③家具類④身回品その他⑤衣類寝具類）に分類し、その中で一般的に所有されていると考えられる品目の損傷状況から、家財全体の損害割合を算出し、全損・大半損・小半損・一部損の認定を行います。
※区分所有建物（分譲マンション等）の損害割合の取り扱い
①建物：1棟建物全体で損害認定し、専有部分の損害が1棟建物全体より大きい場合には、個別に認定します。
②家財：家財全体についてこれを収容する各専有部分ごとに行います。

《地震保険損害認定基準表（抜粋）》

（表1－1）木造建物 在来軸組工法損害認定基準表

被害の程度（物理的損傷割合）			損害割合（%）			物理的損傷割合の求め方
			平屋建	2階建	3階建	
主要構造部	軸組	①3%以下	7	8	8	$\frac{\text{損傷柱本数}}{\text{全柱本数}}$
		②～⑧　略	12～41	13～45	14～46	
		⑨40%を超える場合	全損とします			
	基礎	①5%以下	3	2	3	$\frac{\text{損傷布コンクリート長さ}}{\text{外周布コンクリート長さ}}$
		②～⑤　略	5～11	4～11	5～12	
		⑥50%を超える場合	全損とします			
	屋根	①10%以下	2	1	1	$\frac{\text{屋根の葺替え面積}}{\text{全屋根面積}}$
		②～④　略	4～8	2～4	1～3	
		⑤50%を超える場合	10	5	3	
	外壁	①10%以下	2	2	2	$\frac{\text{損傷外壁面積}}{\text{全外壁面積}}$
		②～⑤　略	3～10	5～15	5～15	
		⑥70%を超える場合	13	20	20	

※建物の基礎全体が1/20（約3°）以上傾斜している場合は、建物全損と認定します。
※傾斜が1/20（約3°）以上ある柱の本数が建物全体の柱の本数の40%を超える場合は、建物全損と認定します。
※沈下している柱の本数が建物全体の柱の本数の40%を超える場合は、建物全損と認定します。

（表１－２）枠組壁工法損害認定基準表

被害の程度（物理的損傷割合）			損害割合（%）	物理的損傷割合の求め方
主要構造部	外壁	① 3%以下	2	1階の損傷外壁水平長さ / 1階の外周延べ長さ
		②～⑥　略	4 ～ 39	
		⑦ 25%を超える場合	全損	
	内壁	① 3%以下	3	1階の入隅損傷箇所合計× 0.5 / 1階の入隅全箇所数
		②～④　略	5 ～ 35	
		⑤ 15%を超える場合	全損	
	基礎	① 3%以下	1	損傷布コンクリート長さ / 外周布コンクリート長さ
		②～⑦　略	2 ～ 10	
		⑧ 35%を超える場合	全損	
	屋根	① 3%以下	1	屋根の葺替え面積 / 全屋根面積
		②～⑧　略	2 ～ 9	
		⑨ 55%を超える場合	10	

※建物の基礎全体が1/20（約3°）以上傾斜している場合は、建物全損と認定します。

（表２－１）非木造建物　鉄筋コンクリート造　沈下・傾斜による損害認定基準表

建物全体の被害	被　害　の　程　度		損害割合（%）
	最大沈下量（沈下とは、建物が地表面より沈み込むもの。）	① 5cmを超え、10cm以下	3
		②～⑩　略	5 ～ 45
		⑪ 100cmを超える場合	全　損
	傾　　斜（傾斜とは、沈下を伴う傾斜。）	① 0.2/100(約0.1°)を超え、0.3/100（約0.2°）以下	3
		②～⑦　略	5 ～ 40
		⑧ 2.1/100（約1.2°）を超える場合	全　損

（表２－２）非木造建物 鉄筋コンクリート造 部分的被害による損害認定基準表

	被害の程度	被害の程度 （物理的損傷割合）	損害割合（%）
Ⅰ	近寄らないと見えにくい程度のひび割れがある	① 10%以下	0.5
		②～⑤　略	1 ～ 4
		⑥ 50%を超える場合	5
Ⅱ	肉眼ではっきり見える程度のひび割れがある	① 5%以下	0.5
		②～⑩　略	1 ～ 11
		⑪ 50%を超える場合	13
Ⅲ	部分的にコンクリートが潰れたり、鉄筋、接合鉄筋・接合鋼板が見える程度のひび割れがある	① 3%以下	2
		②～⑪　略	3 ～ 25
		⑫ 50%を超える場合	30
Ⅳ	大きなひび割れやコンクリートの潰れが広い範囲に生じ、手で突くとコンクリートが落下し、鉄筋・接合鉄筋・接合鋼板が部分的または全部見えるような破壊がある 鉄筋の曲り、破断、脱落、座屈がある	① 3%以下	3
		②～⑪　略	5 ～ 45
		⑫ 50%を超える場合	全　損

※すべての構造について損傷の最も大きい階に着目します。（ただし、最上階は除く。）

※壁式構造、壁式プレキャスト構造、中高層壁式ラーメン構造については、建物の長辺方向、短辺方向のうち損傷の大きい方向がわかる場合には、損傷の大きい方向に着目し、物理的損傷割合の調査を行います。

※ラーメン構造、壁式構造、壁式プレキャスト構造、中高層壁式ラーメン構造についてそれぞれ以下の着目点における物理的損傷割合を調査し、認定基準表から損害割合を求め、最も大きいものを部分的被害の損害割合とします。それに建物の沈下・傾斜による損害割合を加えて建物全体の損害割合を求め、損害認定を行います。

ラーメン構造：柱（柱はり接合部を含む）、はり

壁式構造：外部耐力壁、外部壁ばり

壁式プレキャスト構造：外部耐力壁、外部壁ばり、プレキャスト鉛直接合部、プレキャスト水平接合部

中高層壁式ラーメン構造：長辺方向は、柱（柱はり接合部を含む）、はり、短辺方向は外部耐力壁、外部壁ばり

（表２－３）非木造建物　鉄骨造　沈下・傾斜による損害認定基準表

	被害の程度		損害割合（%）
建物全体の被害	最大沈下量 （沈下とは、建物が地表面より沈み込むもの。）	① 10cm を超え、15cm 以下	3
		②～⑤　略	10 ～ 40
		⑥ 40cm を超える場合	全　損
	傾　　斜 （傾斜とは、沈下を伴う傾斜。）	① 0.4/100(約 0.2°) を超え、0.5/100（約 0.3°）以下	3
		②～⑤　略	10 ～ 40
		⑥ 3.0/100（約 1.7°）を超える場合	全　損

（表２－４）非木造建物　鉄骨造　部分的被害による損害認定基準表

	被害の程度	被害の程度 （物理的損傷割合）	損害割合（%）
Ⅰ	建具に建付不良がみられる 外壁および目地にわずかなひび割れ、かすかな不陸がある	① 10%以下	1
		②～④　略	2 ～ 4
		⑤ 50%を超える場合	5
Ⅱ	建具に開閉困難がみられる 外壁の目地ずれ、ひび割れがある	① 5%以下	1
		②～⑨　略	2 ～ 12
		⑩ 50%を超える場合	15
Ⅲ	建具の開閉不能、全面破壊がある 外壁に大きなひび割れや剥離、浮きだし、目地や隅角部に破壊がある	① 3%以下	2
		②～⑩　略	3 ～ 23
		⑪ 50%を超える場合	25
Ⅳ	外壁の面外への著しいはらみ出し、剥落、破壊、崩落がある	① 3%以下	3
		②～⑨　略	5 ～ 45
		⑩ 50%を超える場合	全　損

※建物のすべての階に着目します。

※開口部（窓・出入口）および外壁の物理的損傷割合を調査し、損害認定基準表から損害割合を求め、最も大きい損害割合を部分的被害の損害割合とします。それに建物の沈下・

傾斜による損害割合を加えて建物全体の損害割合を求め、損害認定を行います。

※ピロティ方式の建物の場合、ピロティ部分には、開口部（窓･出入口）、外壁がないので、ピロティの柱に着目します。柱の傾斜を調査し、その最大傾斜から「沈下・傾斜による損害認定基準表」により損害割合を算出したうえ、建物延床面積に対するピロティ部分の床面積の割合を乗じ、ピロティ部分の損害割合を求めます。ピロティ部分以外については、建物の開口部（窓・出入口）および外壁のうちいずれか大きい損害割合に建物延床面積に対するピロティ部分以外の床面積の割合を乗じ、ピロティ部分以外の損害割合を算出します。ピロティ部分の損害割合とピロティ部分以外の損害割合を合算し、部分的被害の損害割合を求めます。それに建物全体の沈下または傾斜による損害割合を加えて建物全体の損害割合を求め、損害認定を行います。

（表３）木造建物（在来軸組工法、枠組壁工法）、共同住宅を除く鉄骨造建物（鉄骨系プレハブ造建物等の戸建住宅）津波による損害の認定基準

損害の程度	津波による損害	
全　損	下記以外	180cm 以上の床上浸水を被った場合または地盤面から225cm 以上の浸水を被った場合
	平屋建て	100cm 以上の床上浸水を被った場合または地盤面から145cm 以上の浸水を被った場合
大半損	下記以外	115cm 以上 180cm 未満の床上浸水を被った場合または地盤面より 160cm 以上 225cm 未満の浸水を被った場合
	平屋建て	75cm 以上 100cm 未満の床上浸水を被った場合または地盤面より 80cm 以上 145cm 未満の浸水を被った場合
小半損	下記以外	115cm 未満の床上浸水を被った場合または地盤面より45cm を超えて 160cm 未満の浸水を被った場合
	平屋建て	75cm 未満の床上浸水を被った場合または地盤面より45cm を超えて 80cm 未満の浸水を被った場合
一部損	基礎の高さ以上の浸水を被った場合で全損、大半損または小半損に至らないとき	

※津波以外による損害には適用されません。

※主要構造部に大きな損傷が生じている場合には、①「(1) 建物部位の被害程度に着目した損害の認定基準」での損害認定も行い、「損害の程度」の高い方を採用します。なお、両基準の調査結果を合算した認定は行いません。

（表4）木造建物（在来軸組工法、枠組壁工法）、共同住宅を除く鉄骨造建物（鉄骨系プレハブ造建物等の戸建住宅）「地震等」を原因とする地盤液状化による損害の認定基準

損害の程度	「地震等」を原因とする地盤液状化による損害	
	傾　斜	最大沈下量
全　損	1.7/100（約1°）を超える場合	30cmを超える場合
大半損	1.4/100（約0.8°）を超え、 1.7/100（約1°）以下の場合	20cmを超え、30cm以下の場合
小半損	0.9/100（約0.5°）を超え、 1.4/100（約0.8°）以下の場合	15cmを超え、20cm以下の場合
一部損	0.4/100（約0.2°）を超え、 0.9/100（約0.5°）以下の場合	10cmを超え、15cm以下の場合

※「地震等」を原因とする地盤液状化以外による損害には適用されません。

※主要構造部に大きな損傷が生じている場合には、①「(1) 建物部位の被害程度に着目した損害の認定基準」での損害認定も行い、「損害の程度」の高い方を採用します。なお、両基準の調査結果を合算した認定は行いません。

※「地震等」を原因とする地盤液状化による損害については、傾斜・最大沈下量のいずれか高い方の「損害の程度」を採用します。

第４章
東日本大震災における対応

東日本大震災時に地震保険現地対策本部事務局長であった経験を踏まえ、震災当時の対応実務について、地震保険を中心に、主として地震保険現地対策本部の対応と感想を参考までに記載します。あくまでも代表的な対応例ですが、今後、震災処理体制を確立するうえで参考に供してください。

今後の震災対応は、災害の規模、形態（地震・噴火・津波等）、被災者数など震災ごとに異なりますので、震災の都度、業界および保険会社の方針に則り取り組むこととなりますが、過去の巨大災害時の対応実務の一例として参考になるものと思われます。いざ震災が発生すると当然のこととして認識していたことも忘却する恐れがあります。事前に対応策をまとめておくことも重要です。

1　東日本大震災における対応の実務例

(1)　地震の概要確認

①　災害情報の収集

損害処理体制の確立等の観点から地震の概要、被害全体の状況等災害情報の収集をしました。災害情報の収集に当たっては県等の自治体、マスコミ、警察・消防等から可能な限り詳しく時々刻々変化する情報の収集に努めました。

なお、情報収集を容易にするためにマスコミや行政機関とは平時から関係性を強化しておく必要があります。

②　道路状況等の確認

被災現場への交通手段の確保の観点から、道路状況の確認、公共交通機関の運行状況等の情報収集を行いました。震災直後は道路状況の確認ができませんでしたが、継続的に情報収集に努めることにより被災地への調査ルートなどを確保することができました。

(2) 損害処理基本方針の確認

損害処理に当たっては被災者の立場に立って迅速・公平に処理することを大前提とし、スムーズな損害処理を遂行するために損害処理の基本方針の確認が重要となりました。東日本大震災では、中央対策本部から「迅速な保険金支払い」と「消費者への情報提供」を最重要課題とする方針が示されたことにより、業界として認識を一にして迅速な支払いに当たることができました。

(3) 損害調査書等の確保

地震保険の損害調査に当たっては「地震保険損害調査書」が不可欠です。個社で保管している損害調査書には限りがあるとともに、損保協会事務局で保管している損害調査書にも限りがありました。損保協会支部事務局から事務局保管の損害調査書を緊急に配布したものの、震災直後は各社としても車両の手配も困難で、人海戦術で台車を押しながらの引渡し作業となりました。損害調査の当初は入手した、限られた損害調査書で対応するしかありませんでした。

(4) 業界の損害処理体制の確認

業界としての損害処理体制が、大規模地震損害処理体制となるのか中規模損害処理体制となるのかにより、損害処理の運営に大きな違いが生じます。それは、損害処理体制により、損保業界としての対策本部、対策会議等の主体が、震災の現地となるのか中央（東京）となるのかによって、対策本部の運営要員として各社から社員の派遣が必要となるかどうかなど業務遂行上大きな違いが生じるためです。地震の状況に応じて要員数は変動する可能性があります。それぞれの地方自治体が作成している「地域防災計画」、協会支部が作成している「地震保険損害処理地域計画」を参考に事前の体制整備が必要と考えられます。

東日本大震災は業界として初めて大規模地震損害処理体制を実施し、協会東北支部に地震保険現地対策本部が設置されました。現地対策本部会議は、業界としての対応状況の確認や現地における要望などを取りまとめる重要な会議となりました。

(5)　アットリスクの確認

東日本大震災は地震保険史上過去に例を見ない巨大損害をもたらしたことから、地震保険金総支払限度額を超える可能性がありました。場合によっては支払保険金の回収といったことも理論上生じかねないため、損害処理業務の遂行を円滑に行うためにアットリスクを確認しました。幸い総支払限度額内であることが確認され、円滑な保険金支払いに臨むことができました。

(6)　地震保険の迅速な保険金支払いに向けた取組みの代表例

①　緊急通行車両確認標章の確保

一般車両は被災現場に入れないとともに、ガソリンの供給を受けることも困難でした。そのため速やかな現地調査の実施、ガソリンの確保のために「緊急通行車両」の指定が不可欠となりました。個社で警察対応を行いましたが、東日本大震災においては岩手県、宮城県、福島県と被災県が複数あったことから各社の総意として損保協会本部より警察庁に対して「緊急車両の指定」を要望し、通行指定を受けることができました。

警察当局としては当初難色を示しましたが、金融庁長官から損保業界に対して「速やかな保険金支払い」の指示文書が発信されたこともあり、最終的に警察当局が認めてくれることとなりました。この「緊急通行車両の指定」は地震保険金の速やかな支払いに関して大いに役立つこととなりました。

②　航空写真や衛星写真を用いた全損地域の一括認定

東日本大震災の被災地域はあまりにも広大であり、調査を要する物件も膨大な数に上りました。そのため十分な調査要員数を確保することに困難を極め、大量の物件を陸上から調査するには限界がありました。

そこで、業界で航空写真や衛星写真を用いて全損一括認定地域を認定する共同調査を実施することになりました。

東日本大震災は津波による被害が甚大であったことから、岩手県･宮城県･福島県の沿岸部を中心に航空機での撮影を計画しましたが、天候の関係や福島第一原発の影響による航空規制のため、衛星写真を用いて認定を行いました。共同調査による全損一括認定地域の指定により認定地域のすべての物件の現地調査を省略することができました。

③　津波損害の現場踏査の実施と全損一括地域の範囲拡大

上記②の写真判定では、津波によって屋根以外は流されているような建物でも、上空からは家屋が建っているように見えます。すなわち航空写真や衛星写真では、屋根が残っている限り家屋の損傷の実態は判定できません。

周辺の建物がすべて津波によって流失していても１軒だけ屋根が残っている場合、その建物が所在する地域一帯を一括認定することはできないことになります。そうした建物は、特に全損一括認定地域の周辺に多く見受けられました。こうした損害が発生している地域を効率的に調査し、全損一括認定地域を拡大するため業界共同で津波の浸水深さの調査をしました。

なお、この全損認定一括地域周辺の共同調査は、下記⑺①の「津波による浸水損害への認定基準の明確化」があって初めて可能となったものです。

④　各保険会社間の連携による調査の実施

岩手県の山間部等契約が散在する地域で個別罹災物件を調査することが非効率である地域の契約について、個社として個々に調査するのではなく、損害保険登録鑑定人などに各社共同で損害調査を委託することによって調査の効率化を図りました。

⑤　簡易な認定手法の導入

膨大な対象物件のうち比較的軽微な損害については、契約者の自己申告による損害状況申告方式が実施されました。しかし、損害状況申告方式では、結局保険会社による現地調査を要する再調査案件が多く、むしろ非効率となったとの反省もありました。

⑥　損害保険募集人によるサポート体制の導入

損害の規模が大きくなればなるほど損害保険登録鑑定人の不足が生じます。保険会社としては、損害保険登録鑑定人以外にも調査要員として全国から損害調査部門のみならず営業部門からも多くの応援要員を派遣しましたが、それでも損害調査に当たる人員は大幅に不足しました。

そのため各社から「損害保険募集人によるサポート」を認めてほしいとの要望が強く寄せられました。この要望が金融庁の現地視察に当たり現地の保険会社から金融庁に直接要望されたこともあり、東日本大震災では「募集人によるサポート体制」が認められることとなりました。

(7)　東日本大震災の被害の特徴――被害の大きさを踏まえた取組みの代表例

①　津波による浸水損害への認定基準の明確化

地震保険における浸水損害については、床上浸水または地盤面から45cmを超える浸水の場合に一部損として認定していました。これは河川のダムや堤防の決壊に伴う洪水を想定したものでしたが、津波での浸水は水圧が高く、海水による塩分やヘドロ、油など建物へのダメージがきわめて高く、現場調査の調査員からは、とても一部損というような状況ではないとの悲鳴にも似た声が多く寄せられました。

そこで、中央対策本部に現地の実態を報告した結果、中央対策本部で検討が行われ、財務省・金融庁との協議を経て、木造建物（在来軸組工法等、枠組壁工法）と鉄骨造建物（共同住宅を除く）について津波浸水深さに着目した認定基準を明確化しました。

② 液状化による認定基準の明確化

今回の震災によって、広範囲に地盤の液状化現象が発生し、多くの建物に被害が発生し、地盤液状化に伴う建物損害への対応が求められたことから、中央対策本部で検討が行われ、財務省・金融庁との協議を経て、木造建物（在来軸組工法等、枠組壁工法）と鉄骨造建物（共同住宅を除く）について液状化特有の損害である建物の沈下・傾斜に着目した液状化専用の認定基準を明確化しました。

③ 福島原発警戒区域等の住民への特別な措置の実施

警戒区域の住民は、建物の所在地以外の地域に避難しており、建物の所在地への立入りは禁止されていました。したがって、調査員による現場調査もできない状況でした。これらの住民からは、「損保業界もわれわれを差別するのか」との強い不満となって現れました。

そこで、行政が指定する一時帰宅の時期にあわせ、住民自身が建物・家財の損害程度を確認して保険会社に申告することで、保険金を支払う措置を実施しました。この特別措置の周知のため、各避難所を訪問してお知らせしました。

④ 保険会社への提出書類の簡素化

保険金の請求には加入が確認できる保険証券や建物所有の証明書が必要ですが、震災で紛失している人が多く、本人であることを確認できればこれらの書類の提出を不要とする措置を講じました。

⑤ 各種保険の猶予措置の実施

保険の契約手続のできない被災者の状況を勘案して、契約者からの申し出に基づいて加入している損害保険の継続手続や、契約期間中の保険料の払込みについて、一定期間猶予する対応を行いました。

⑥　各種保険の適正な契約管理（失効・解約）

損害保険は保険の対象となる財物の消滅や人が死亡した場合には契約が失効したり解約したりする事務処理が行われます。東日本大震災では建物・自動車が滅失した場合や被保険者が死亡した場合に、火災保険、自動車保険、傷害保険等を失効または解約の取扱いにするとともに、すでに払い込まれている保険料のうち震災発生日以降の保険期間に対応する保険料（未経過保険料）を返還する対応をしました。

なお、自動車保険については、解約するときに「中断」の手続をとることで、新たな自動車保険を契約する際に従前の等級（割引率）を継承することが可能になりました。

(8)　被災者への情報提供・相談対応

①　新聞等のマスメディアを使った情報提供

震災発生直後から新聞を使い被災者へのお見舞い、保険会社の相談窓口（電話番号）の周知を実施しました。新聞による情報提供については、避難所に避難している被災者にはなかなか情報が届かないという問題指摘もあり、ラジオ CM、テレビ CM を継続的に実施しました。

また、自治体・マスコミ等による被災者への情報提供コーナーなどを活用しての情報提供にも努めました。

②　保険会社の相談窓口（電話番号）を記載した「ポスター」の掲出

被災地域の自治体や消費者行政機関にポスター（約8万枚作成）の掲出をお願いしました。震災当初は行政等経由での掲出は困難であったことから、保険会社が分担して避難所を訪問しポスターの掲出に当たりました。

③　自然災害等損害保険契約照会センターの設置

地震保険等をどこの保険会社と契約しているかわからないという照会も多く、現地の保険会社受付窓口の段階で、自社の契約でない場合も他社の契約が想定される場合、想定される他社の照会先を教える等の対応を行いました。最終的に損保協会の中に「地震保険契約会社照会センター」を設置し、地震保険の契約会社が不明な契約者の対応に当たることとなりました。

④　地震保険の概要・各種特別措置等を周知するチラシ・請求勧奨チラシの配布

被災地域の自治体や消費者行政機関に協力をお願いし、避難所への各種チラシの配布を行いました。損保協会職員も避難所を巡回して趣旨説明と各種チラシを配布し周知に努めました。

特に、被災者の中には「私より被害の大きい方が多いのでそちらを優先してください」と請求をためらう人も多くいましたので、請求漏れのないように徹底しました（図表１参照）。

［図表１］巡回地震相談訪問先

県　名	市町村名	訪問数
宮城県	石巻市	8
	気仙沼市	6
	仙台市	4
計		18
岩手県	宮古市	4
	釜石市	4
	大船渡市	4
	陸前高田市	6
計		18
福島県	会津美里町	1
	郡山市	1
	いわき市	1
計		3
合　計		39

⑤　巡回相談の実施

宮城・岩手・福島の各県損害保険代理業協会会員の協力のもと、損保協会職員で大規模避難所を中心として巡回相談に当たりました。訪問先については、行政、訪問先の避難所の管理者に事前に了解を得ることに大変苦労しました。訪問先の被災者は、泣きつかんばかりで、自宅の被災状況を伝える方も多く、行政と連携して、各種相談と合同で実施することが重要であると痛感しました（図表２参照）。

個々の保険会社においても、保険金請求の有無にかかわらず、被災地域の契約者に対して立会調査を行った（立会ローラー）会社や、電話・案内書な

［図表２］チラシ配布訪問先（ポスターの掲出のない避難所ではポスターを掲出）

県名	市町村名	訪問数	県名	市町村名	訪問数	県名	市町村名	訪問数
宮城県	岩沼市	3	岩手県	雫石市	5	福島県	郡山市	4
	旦理町	5		岩泉町	4		いわき市	7
	名取市	9		宮古市	16		南相馬市	1
	泉区	1		大船渡市	3		飯舘村	1
	南三陸町	3		大槌町	6		川俣町	1
	石巻市	34		山田町	14		浪江町	1
	七ヶ浜町	2		陸前高田市	20		富岡町	1
	宮城野区	6		釜石市	21		川内村	1
	気仙沼市	21		北上市	7		田村市	1
	東松島市	2		盛岡市	8		広野町	1
	若林区	10		花巻市	7		大熊町	1
	太白区	2					楢葉町	6
	女川町	4					葛尾町	1
	多賀城市	2					双葉町	1
	青葉区	3						
		107			111			28
合計　246								

どにより、保険金請求の漏れがないように案内をした会社もありました。また、一定期間経過後の事故受付・保険金支払状況等を踏まえ、損害発生の可能性が高い地域に保険の対象が所在するお客様に対して保険会社から損害有無の確認を文書で依頼したり、さらに広い地域を対象に契約更改の案内、地震保険料控除証明書（ハガキ）等でも損害が発生していれば事故連絡を行うように案内し、早期の保険金支払い、保険金の請求漏れの発生防止を図った例がありました。

(9)　マンション等の共同住宅共用部分の損害調査結果の情報共有

地震保険の対象がマンション等区分所有建物の場合、専有部分の損害認定は当該部分を含む建物全体の認定によることとなっており、まずは共用部分の認定に従うことになります。ただし、専有部分の損害程度が共用部分の損害程度より高い場合には、専有部分の損害認定結果によることとしています。そこで、マンション等共同住宅の共用部分の調査結果情報を共有することで、専有部分の損害調査の効率化を図ることができます。

被災物件も多く、共同住宅の専有部分の契約もいろいろな保険会社に契約されていることから、専有部分の調査を円滑に行うために、共用部分の調査結果情報を損保協会に情報を集約したうえ共有を図り、迅速な保険金支払いの確保に努めました。

2　東日本大震災における被災者等の主な質問と回答例

ここに示すのは、東日本大震災において被災者等から寄せられた疑問・質問の代表例とそれに対する基本的な考え方（回答例）です。今後の震災対応に当たっては、業界や保険会社等の方針を確認のうえ、参考として使用してください。

ちなみに回答例はすべて当時のものです。

(1) 保険金の請求

震災発生後、主に初期体制における被災契約者からの照会に対する回答内容（概要）例を示します。下記回答例を参考として、個社の方針に基づき加筆・訂正して使用してください。

Q1	地震保険金の請求には罹災証明書が必要ですか？

A

地震保険金の請求には罹災証明書は必要ありません。地震保険の損害認定は保険会社の社員または保険会社が派遣する鑑定人等による調査に基づいて保険会社が損害認定します。

※一部契約者の誤認により、行政当局から罹災証明書発行事務が混乱するとの苦情があり、再度周知徹底した経緯があります。

Q2	保険会社の調査の前に取り片付けをしてもいいですか？

A

損害調査をスムーズに行うためにできる限り現状を保存願いたいですが、損傷した建物や家財をそのままにしておくことが危険である場合や生活の再開に支障を来たす状況であれば、修理や取り片付けもやむを得ません。

その場合、調査員に損傷状況が説明できるように次のとおり対応願います。

- 損傷状況を写真やビデオに撮影する
- 損傷を生じた部材や家財を可能な限り保存する

写真等を撮らずに取り片付けてしまった場合は、調査員にその旨伝えていただくとともに被害状況を詳しくお知らせいただきます。

Q3	保険証券を紛失しましたが、保険金請求はできますか？

A

免許証・保険証などで保険会社が本人確認できれば保険証券を紛失した場合も保険金請求はできます。

確認書類がない場合でも、

- 保険契約者氏名
- 保険の対象（建物）の所在地

・電話番号

などで本人確認をする場合もあります。

なお、保険会社が不明な場合については、損保協会に地震保険契約会社照会センターを設置する場合は、同センターに照会することで地震保険契約の有無等について照会対応することとなります。

Q4	保険金請求書類が揃えられないのですが、保険金請求は可能ですか？

A

地震保険金の支払いを迅速に行うため、書類の省略・代用など可能な範囲で柔軟な対応を行うことがあります。

※具体的には保険会社の対応方針によりますので、個社の対応方針を確認してください。

Q5	保険金の請求には修理業者の修理見積書が必要ですか？

A

地震保険金の請求には修理見積書は必要ありません。地震保険の損害認定は保険会社が派遣する鑑定人等による調査に基づいて損害認定します。

(2) 補償内容

Q6	連続する地震により被害を受けた場合は、それぞれ保険金を支払ってもらえますか？

A

72時間以内に発生した2以上の地震等は、一括して1回の地震とみなします。震災後72時間を超えて発生した地震は別の地震と判断して、それぞれ個別の損害認定をします。

地震保険普通保険約款8条

この保険契約においては、72時間以内に生じた2以上の地震等は、これらを一括して1回の地震等とみなします。ただし、被災地域が全く重複しない場合には、おのおの別の地震等として取り扱います。

Q7	自動車が津波で流された、倒れた塀でけがをした場合は地震保険で補償されますか？

A

自動車の損害やけがは地震保険の補償対象ではありません。

Q8	地震によって火災が発生し自宅が類焼によって全焼しましたが、火災保険で補償されますか？

A

地震によって発生した火災による損害は火災保険の補償対象外（地震保険の補償対象）です。

ただし、地震等によって発生した火災によって建物・家財などに一定以上の損害が生じた場合は「地震火災費用保険金」として火災保険から一定の保険金が支払われる場合があります。

(3)　損害認定

Q9	隣接する住宅と同じような損害なのに自家と損害認定が違うのはおかしいのではないでしょうか？

A

一見して同程度の被害状況であっても、主要構造部の損傷状況に応じて損害認定に差異が生じることも考えられます。

※納得できず、再調査を求められた場合は、再調査を実施します。

Q10	建物の「応急危険度判定」、「災害の被害認定基準（罹災証明書）」の損害程度と「地震保険の損害認定」が異なっていますが、同じ損害の判定で異なるのはおかしいのではないでしょうか？

A

「応急危険度判定」、「災害の被害認定基準（罹災証明書）」と「地震保険の損害認定」は次のとおり、その目的が異なっています。

●応急危険度判定

二次災害を防ぐため建物の使用に当たっての安全性を応急的に判断（「危険（立

入禁止)」、「要注意（立入注意)」、「調査済（立入可能)」の３段階で表示）するもの

●災害の被害認定基準（罹災証明書）等

関係省庁が被害状況を把握し災害に対応するためのもの

●地震保険の損害認定

地震等により被災した被保険者の生活の安定に寄与することを目的として、建物の主要構造部の損害程度を調査し、地震保険約款に基づいて損害程度を認定（全損、半損、一部損、無責）するもの

Q11　地震保険の損害調査では「主要構造部」に注目して実施するといいますが、建物の「主要構造部」とはどこをいうのですか？

A

地震保険でいう「主要構造部」とは、建築基準法施行令１条３号に掲げる「構造耐力上主要な部分※」をいい、損害調査においては建物の機能を確保する部位で、損害が外観上発生することが多い箇所を着目点としています。

構造耐力上主要な部分

基礎、基礎ぐい、壁、柱、小屋組、土台、斜材（筋かい、方づえ、火打材その他これらに類するものをいう。)、床版、屋根版又は横架材（はり、けたその他これらに類するものをいう。）で、建築物の自重若しくは積載荷重、積雪、風圧、土圧若しくは水圧又は地震その他の振動若しくは衝撃を支えるものをいう。なお、区分所有建物専有部分については、別途確認すること。

Q12　壁のクロスが一面に裂けている状態なのに軽度の損害認定となったことに納得できません。これはどういうことですか？

A

建物の損害認定は主要構造部の損害程度により損害認定を行うため、仮にクロスの部分だけの損害であれば支払対象となりません。

※クロスが大きく裂けているようであれば壁、柱などの主要構造部に被害が生じている可能性があるので、損害調査を検討します。

Q13　**建物の付属物（温水器・給湯器など）に損傷を受け使用不能となりましたが、損害認定には反映されないのですか？**

A

温水器・給湯器だけの損害であれば建物損害における主要構造部の損害には該当しないため保険金支払いの対象とはなりません。

※付属物が付属する建物の主要構造部に損害が生じている可能性があれば損害調査を検討します。

Q14　**建物の付属建物（門、ブロック塀など）に損傷を受けましたが、建物自体には損傷がなかった場合はどうなるのですか？**

A

門、塀、垣が保険の対象に含まれている場合、これらが付属する建物の損害認定に応じて保険金が支払われます。したがって、建物に損害が認められない場合は保険金支払いの対象とはなりません。

Q15　**家宝である大変高価な壺（骨董品）が割れてしまいました。地震保険で補償してもらえないのですか？**

A

家財の場合、その損害割合が家財全体の10％以上となった場合、保険金支払いの対象となります。ただし、1個または1組の価格が30万円を超える骨董品などは地震保険の対象とはなりません。

家財の損害認定は、個々の家財の損傷状況によらず、家財を大きく5つ（食器陶器類／電気器具類／家具類／身回品その他／衣類寝具類）に分類し、その中で一般的に所有されていると考えられる品目の損傷状況から、家財全体の損害割合を算出し、損害程度（全損・半損・一部損）を認定します。

3　今後の大震災における主な課題

(1)　自社の被災状況等の掌握

①　人的被害の確認

言うまでもなく、震災後、社員ならびに家族の人的被害の確認が最優先で行いました。震災後、通信システムがシャットダウンしたことから社員・家族の安否確認には相当な時間を要しました。震災後自宅に帰った社員との連絡に１週間以上要したり、震災直前に津波被災地へ出向いた社員との通信が断ったなど、協会の安否確認システム（仮称）は存在していたものの被災現地ではシステムが有効に機能しませんでした。

社内の安否確認システムだけでは通信システムのシャットダウン等により有効に機能しない場合もあるという前提で、第二次的に確認システムを構築する必要を感じます。

②　社屋、出先拠点の建物等の物的損害の確認

日本損害保険協会東北支部が入居するビルは損傷が激しくビル内への入室が禁止となりました。そのため仮事務所を設置する必要が生じました。

仮事務所の設置は可能でしたが、インターネット通信・社内システムを使用することができず事業継続が困難となり、結局は仮事務所の設置を断念しました。保険会社は当然何重ものシステムを構築しているものと思われますが、システム使用の可否は業務遂行上大きな問題となります。

⑵　地震保険損害調査書の保管・確保

地震保険の損害調査に当たっては地震保険損害調査書が必要不可欠ですが、上記に示したとおり震災当初は地震保険損害調査書の数が大幅に不足しました。

さらに、損保協会本部での増刷にも時間を要したため、地震保険損害調査書の保管・確保は震災対応における大きな課題の１つと考えられます。

⑶　損害認定・調査方法の整備

共同調査における全損地域の認定において、認定までに時間を要したこと、認定地域と隣接する地域において認定の違いに不満が生じたことなどを前例として、損害認定の正確さ・迅速性の精度を上げることは大きな課題と考え

られます。

また、今回の震災では連続して何度も大きな地震が発生し、被害の大きさから調査を完了する前に次の地震が発生したため損害の認定に不満が生じる結果となりました。より納得感のある認定方法を至急構築する必要があると考えられます。

⑷　調査要員の確保と質的向上

東日本大震災では、延べ１万人を超える調査要員を派遣したにもかかわらず、立会調査が遅い等の不満の声も上がりました。また、調査要員の業務知識の高低差を指摘する声もありました。大規模震災発生に備え要員体制の構築、教育体制の構築などが課題と考えられます。

なお、ここで苦言を呈しておかなければならないことがあります。それは、一部の心ない鑑定人が福島原発の避難指示等の周辺地域（避難地域ではない）への鑑定を拒否する事態が生じたことです。そのため、原発による避難地域以外についても、損害調査が滞ってしまい、被災者感情を逆なでするような対応との強い批判に結び付きました。今後同様な事態が生じないとも限りません。損保業界としての事前の対策が必要と考えられます。

⑸　代理店との連携体制

保険契約者の安否・被災状況を掌握し、地震保険の損害調査、保険金の支払業務などを円滑に行うためには、地域に根差した代理店との協働が不可欠であり、そのためにも代理店との連携は重要となりました。自ら被災しながらも、被災契約者の安否、被災状況を確認して避難所を回って情報収集した代理店の活躍は目を見張るものがありました。

大規模震災を想定して代理店との協働体制・教育体制について検討しておく必要性が考えられます。

(6)　巡回相談における行政との連携

巡回相談に当たっては、前記のとおり巡回先の承諾に苦労しました。

また、一部の地域においては財務局と合同で実施した避難所もありましたが、被災者側からすればワンストップでの相談会の開催を望まれます。財務省、各県等の行政と大規模震災を想定して事前の協定等を検討しておく必要があります。

資料編

資料 1
地震の歴史（都道府県別の主な地震災害）

主に人的被害を伴う主な地震・津波・噴火を抽出しました。

主な被害状況は、統計資料（参考資料）によって多少の違いがあります。

都道府県別に、それぞれの地域に影響を与えた主な地震の歴史を示しています。都道府県ごとに被害の実態は異なりますが、多くの地震が広範囲な地域に影響を及ぼしていることがわかります。

●参考資料
地震活動の特徴（地震調査推進本部）　http://www.jishin.go.jp/regional_seismicity/rs_hokkaido/#pref
『災害列島・危険情報地図』（成美堂出版、2012）
「平成23年（2011年）東北地方太平洋沖地震（東日本大震災）について（第157報）」消防庁災害対策本部（2018年3月7日）
「平成28年（2016年）熊本県熊本地方を震源とする地震に係る被害状況等について」内閣府防災情報のページ（2017年10月16日）
地震の歴史（Wikipedia）

【北 海 道】

Mw= モーメントマグニチュード（以下同）

発生年月	和暦	地震	地域	規模M	被害状況
1611年12月13日	慶長16	慶長三陸地震	三陸沿岸および北海道東岸	8.1	太平洋沿岸に津波。津波により死者多数
1640年7月31日	寛永17	北海道駒ヶ岳噴火津波			駒ヶ岳が大噴火。岩屑なだれが内浦湾に流入し、十勝から渡島にかけて津波発生。死者多数
1663年8月	寛文3	有珠山噴火			死者5人

1741年8月28日	寛保1	渡島大島噴火津波			寛保元年8月27日の大噴火により、8月28日山体崩壊に伴う岩屑なだれが大津波を生じさせ、対岸の渡島半島を襲い、死者1,467人～
1792年6月13日	寛政4		後志	7.1	津波により死者5人
1804～1817年	文化年間	樽前山噴火			死傷者多数
1822年3月	文政5	有珠山噴火			大火砕流で死傷者103人
1833年12月7日	天保4	庄内沖地震	羽前・羽後・越後・佐渡	7.5	津波被害が想定される
1834年2月9日	天保5	石狩地震	石狩	6.4	石狩川河口付近を中心に被害。住家全壊23棟
1843年4月25日	天保14	天保十勝地震	釧路・根室	7.5	釧路で4～5mの津波。釧路、根室で溺死46人、家屋破損76棟
1856年8月23日	安政3	安政八戸沖地震	日高・胆振・渡島・津軽・南部	7.5	北海道南岸一帯に津波。函館で浸水あり
1856年9月	安政3	駒ヶ岳噴火			火砕流が温泉を襲い死者19～27人
1894年3月22日	明治27	根室半島沖地震	根室南西沖	7.9	根室、釧路、厚岸に被害。死者1人、負傷者6人、住家全壊12棟
1896年6月15日	明治29	明治三陸地震津波		8.2	十勝～函館までの沿岸で津波により被害。死者6人、北海道から宮城にかけて家屋流失全半壊1万棟以上
1910年7～10月	明治43	有珠山噴火			明治新山出現。死者1人
1915年3月18日	大正4	十勝沖地震	広尾沖	7.0	帯広地方で被害。死者2人
1926年5月	昭和1	十勝岳噴火			大規模泥流が上富良野を襲う。死者・不明者144人

発生年月	和暦	地震	地域	規模M	被害状況
1929年6月	昭和4	駒ヶ岳噴火			焼失・損壊・埋没家屋1915棟余。死者2人
1933年3月3日	昭和8	昭和三陸地震		8.1	津波により被害。死者13人、負傷者54人、家屋倒壊48棟、同流失19棟
1938年5月29日	昭和13	屈斜路湖地震	屈斜路湖付近	6.1	死者1人、住家全半壊7棟
1940年8月2日	昭和15	積丹半島沖（神威岬沖）地震	神威岬沖	7.5	天塩、羽幌、苫前を中心に津波等により被害。死者10人、家屋流失20棟
1944～1945年	昭和19～20	有珠山噴火			昭和新山現出。死者1人
1952年3月4日	昭和27	昭和27年十勝沖地震		8.2	太平洋沿岸一帯に津波により被害。死者・行方不明者33人、住家全壊815棟、同流失91棟
1959年1月31日	昭和34		弟子屈付近（連発地震）	6.3	弟子屈、阿寒を中心に被害。住家全壊2棟（5時38分に6.3、7時17分に6.1の地震が連発した）
1960年5月23日	昭和35	チリ地震津波		Mw 9.5	霧津波により被害。死者・行方不明者15人、負傷者15人、住家全壊38棟、同流失158棟
1962年6月	昭和37	十勝岳噴火			噴石が硫黄鉱山を破壊。死者・不明者5人
1968年5月16日	昭和43	昭和43年十勝沖地震		7.9	南西部地域を中心に、津波により被害。死者2人、負傷者133人、住家全壊全焼27棟
1970年1月21日	昭和45		十勝支庁南部	6.7	日高支庁に被害。負傷者32人、住家全壊2棟
1973年6月17日	昭和48	根室半島沖地震		7.4	津波と強い揺れにより釧路・根室支庁に被害。負傷者28人、住家全壊2棟
1977年	昭和52	有珠山噴火			死者2人

1978 年	昭和 53	有珠山噴火			泥流で死者・不明者 3 人
1982 年 3 月 21 日	昭和 57	浦河沖地震		7.1	日高支庁沿岸を中心に、負傷者 167 人、住家全壊 13 棟
1983 年 5 月 26 日	昭和 58	日本海中部地震		7.7	渡島・檜山・奥尻に津波と強い揺れにより被害。死者 4 人、負傷者 24 人、住家全壊 9 棟
1993 年 1 月 15 日	平成 5	釧路沖地震		7.5	釧路支庁に被害。死者 2 人、負傷者 966 人、住家全壊 53 棟
1993 年 7 月 12 日	平成 5	北海道南西沖地震		7.8	奥尻島などを大津波が襲い、死者不明者 230 人、負傷者 323 人。全壊・流出家屋 601 棟。奥尻島の青苗地区は津波とその後の火災で壊滅状態
1994 年 10 月 4 日	平成 6	北海道東方沖地震		8.2	釧路・根室支庁に被害。負傷者 436 人、住家全壊 61 棟、死者・行方不明者北方領土で 11 人
2003 年 9 月 26 日	平成 15	平成 15 年十勝沖地震		8.0	最大震度 6 弱、死者・不明者 2 人、負傷者 849 人。津波警報が発表され 2 m を超える津波が来襲し 2 人が飲み込まれ、2 年後に 1 人が遺体で発見された。家屋全壊 116 棟
2004 年 11 月 29 日	平成 16		釧路沖	7.1	負傷者 52 人
2008 年 7 月 24 日	平成 20		岩手県中部〔岩手県沿岸北部〕	6.8	負傷者 1 人
2011 年 3 月 11 日	平成 23	東日本大震災		9.0	太平洋沿岸に津波来襲。死者 1 人、負傷者 3 人、建物半壊 4 棟

【青森県】

発生年月	和暦	地震	地域	規模M	被害状況
869年7月13日	貞観11	貞観地震	三陸沿岸	8.3	大津波発生。溺死者多数
1611年12月2日	慶長16	慶長三陸地震	三陸沿岸および北海道東岸	8.1	津波があり、伊達領で溺死者1,783人、南部、津軽で人馬の死3,000以上
1667年8月22日	寛文7		八戸地方	6.0～6.4	八戸地方で建物被害多数
1674年4月15日	延宝2		八戸地方	6.0	八戸地方で建物被害多数
1694年6月19日	元禄7	能代地震	能代付近	7.0	全体では、死者394人、負傷者198人、家屋倒壊1,273棟、家屋焼失859棟
1704年5月27日	宝永1		羽後・陸奥地方	7.0	能代で家屋倒壊435棟、同焼失758棟、能代～岩崎間で死者58人
1739年8月16日	元文4		陸奥地方	不明	八戸で家屋被害多数、青森でも蔵潰れ
1741年8月28日	寛保1	渡島大島噴火津波			津軽沿岸部で死者140人～
1755年3月29日	宝暦5		陸奥八戸地方	不明	八戸地方で被害。建物の破損多数
1763年1月29日	宝暦13	宝暦八戸沖地震	陸奥八戸	7.4	津波あり、家屋破損多数、河川の溢水により田畑の多数埋没
1763年3月11日	宝暦13	宝暦八戸沖地震の最大余震	陸奥八戸	7 1/4	建物倒壊
1763年3月15日	宝暦13	宝暦八戸沖地震の余震	陸奥八戸	7.0	八戸地方で津波等により被害。人馬流失多数

1766年3月8日	明和3	明和津軽地震	津軽	7 1/4	弘前領内で圧死者1,027人、焼死者308人、家屋倒壊6,940棟、同焼失252棟。屋根に積もった雪の重みも重なり家屋倒壊
1768年9月8日	明和5		陸奥八戸地方	不明	八戸に被害。家屋、塀などに被害多数
1769年7月12日	明和6		八戸地方	6.5	住家の被害多数、大橋落下
1793年2月8日	寛政4	鰺ヶ沢地震	西津軽	6.9～7.1	鰺ヶ沢、木造、金木で被害。死者12人、家屋全半壊425棟
1848年1月13日	弘化4		津軽地方	6.0	猿賀～黒石通りに特に強く、家屋倒壊あり
1856年8月23日	安政3	安政八戸沖地震	日高・胆振・渡島・津軽・南部	7.5	津波により湊村に被害。家屋浸水多数。八戸藩で死者5人、家屋全壊189棟、同流失33棟
1896年6月15日	明治29	明治三陸大津波		8.2	八戸で津波高3 m。死者343人、北海道から宮城にかけて家屋流失全半潰1万棟以上
1901年8月9日	明治34	青森県東方沖地震	八戸地方	7.2	八戸から青森にかけて津波を含めて被害。死傷者18人、住家全壊8棟
1933年3月3日	昭和8	昭和三陸地震		8.1	大津波により被害。死者・行方不明者30人、負傷者70人、家屋倒壊113棟、同流失151棟
1945年2月10日	昭和20		青森県東方沖	7.1	死者2人。家屋倒壊2棟
1960年5月23日	昭和35	チリ地震津波		Mw 9.5	八戸で津波高3 m超。死者不明者3人、負傷者3人、住家全半壊115棟、家屋流失8棟
1968年5月16日	昭和43	昭和43年十勝沖地震		7.9	死者47人、負傷者188人、住家全壊646棟

1983年5月26日	昭和58	日本海中部地震		7.7	日本海沿岸に津波。津波と地震動により被害。死者17人、負傷者25人、住家全壊447棟。旧車力村（つがる市）で14.9 mの津波
1993年7月12日	平成5	北海道南西沖地震		7.8	死者1人
1994年12月28日	平成6	三陸はるか沖地震		7.6	八戸で震度6。本震と余震を合わせ死者3人、負傷者783人、住家全壊72棟
1997年	平成9	八甲田山			火山性ガスで死者3人
2003年5月26日	平成15	宮城県沖地震		7.1	負傷者1人
2003年9月26日	平成15	平成15年 十勝沖地震		8.0	負傷者1人
2008年7月24日	平成20		岩手県沿岸北部	6.8	負傷者94人、家屋全壊1棟
2010年	平成22	八甲田山			火山性ガスで1人死亡
2011年3月11日	平成23	東日本大震災		9.0	八戸などで津波被害（2.7 m超）。死者3人、行方不明者1人、負傷者110人、建物全壊308棟、半壊701棟

【岩手県】

発生年月	和暦	地震	地域	規模M	被害状況
869年7月13日	貞観11	貞観地震	三陸沿岸	8.3	強い揺れと津波により被害。城郭の破壊あり、溺死者多数
1611年12月2日	慶長16	慶長三陸地震	三陸沿岸および北海道東岸	8.1	大津波発生。伊達領で溺死者1,783人、南部・津軽地方で人馬の死3,000以上

1677年4月13日	延宝5	延宝八戸沖地震	陸奥	7 1/4～7 1/2	強い揺れと津波により大槌浦、宮古浦、鍬ヶ崎浦等で被害
1678年10月2日	延宝6	宮城県北部沖の地震	陸奥・出羽	7.5	花巻地方に被害。城壁・石垣の多くが崩落
1717年5月13日	享保2	宮城県沖の地震	仙台・花巻	7.5	花巻地方に被害。家屋破損多数
1772年6月3日	安永1	陸前・陸中の地震	陸奥	6 3/4	盛岡、遠野、宮古、大槌、沢内に被害。落石や山崩れにより死者12人
1793年2月17日	寛政5	寛政宮城沖地震	陸奥・磐城	8.0～8.4	大槌・両石で死者9人、家屋全壊・同流失71棟などの被害
1823年9月29日	文政6		陸奥岩手山地方	5 3/4～6.0	山崩れあり、西根八ヶ村に被害、死者69人・不明4人、家屋全壊105棟など
1856年8月23日	安政3	安政八戸沖地震	日高・胆振・渡島・津軽・南部	7.5	強い揺れと津波により宮古村付近を中心に被害。南部藩で死者26人、家屋全壊100棟、同流失93棟
1896年6月15日	明治29	明治三陸大津波		8.2	綾里で遡上高38.2 m。死者18,158人
1896年8月31日	明治29	陸羽地震		7.2	和賀郡で最も大きな被害。死者4人、負傷者43人、家屋全壊110棟
1897年8月5日	明治30		仙台沖（三陸沖）	7.7	津波により三陸沿岸に小被害。津波の高さは盛町で3 m、釜石で1.2 m
1933年3月3日	昭和8	昭和三陸地震		8.1	大津波発生。死者不明者2,671人、負傷者823人、家屋倒壊1,121棟、同流失2,914棟
1960年5月23日	昭和35	チリ地震津波		Mw 9.5	大船渡市など沿岸部に大きな被害。死者不明者62人負傷者206人、住家全壊523棟、同流失656棟

1968年5月16日	昭和43	1968年 十勝沖地震		7.9	死者2人、負傷者4人、住家全壊2棟
1998年9月3日	平成10	岩手県内陸北部地震	岩手県内陸北部	6.1	負傷者9人
2003年5月26日	平成15	宮城県沖地震	宮城県沖	7.1	負傷者91人、住家全壊2棟
2003年9月26日	平成15	平成15年 十勝沖地震		8.0	負傷者1人
2005年8月16日	平成17	宮城県沖地震	宮城県沖	7.2	負傷者11人
2008年6月14日	平成20	岩手・宮城内陸地震		7.2	奥州市で震度6強。死者2人、負傷者37人、家屋全壊2棟
2008年7月24日	平成20		岩手県沿岸北部	6.8	負傷者90人
2011年3月11日	平成23	東日本大震災		9.0	大津波で沿岸部に壊滅的被害。死者不明者6,256人、負傷者211人、建物全壊19,508棟、建物半壊6,571棟

【秋田県】

発生年月	和暦	地震	地域	規模M	被害状況
830年2月3日	天長7	天長地震	出羽	7.0〜7.5	秋田の城郭や家屋の倒壊により、圧死者15人、負傷者100人以上
1644年10月18日	正保1	羽後本荘地震	出羽	6.5	本荘の城郭の大破や建物の倒壊による死者あり
1694年6月19日	元禄7	能代地震	能代付近	7.0	米代川下流で被害（全体では、死者394人、負傷者198人、家屋倒壊1,273棟、家屋焼失859棟）

1704年5月27日	宝永1		出羽・陸奥	7.0	全体で死者58人、住家倒壊435棟、住家焼失758棟
1801～1804年	享保1～文化1	鳥海山噴火			新山溶岩ドーム形成。噴石で8人死亡
1804年7月10日	文化1	象潟地震		7.0	由利郡で死者183人（全体で300人以上、倒壊家屋5,000棟以上）。地盤隆起で象潟が陸地化
1810年9月25日	文化7	男鹿地震	出羽	6.5	男鹿半島の東半分を中心に被害。死者57人、住家全壊1,003棟
1833年12月7日	天保4	庄内沖地震	出羽・越後・佐渡	7.7	能登半島・東北・北陸の日本海沿岸に津波。全体で死者40～130人、家屋全壊475棟
1894年10月22日	明治27	庄内地震		7.0	由利郡で家屋破損1,548棟
1896年8月31日	明治29	陸羽地震		7.2	横手盆地に甚大な被害。死者205人、負傷者736人、家屋全壊5,682棟、同焼失32棟
1914年3月15日	大正3	秋田仙北地震（強首地震）		7.1	横手盆地北部を中心に被害。死者94人、負傷者324人、住家全壊640棟
1914年3月28日	大正3		秋田県平鹿郡地方	6.1	沼館町に被害。家屋全壊数棟
1939年5月1日	昭和14	男鹿地震		6.8	男鹿半島を中心に被害。死者27人、負傷者52人、住家全壊479棟
1964年5月7日	昭和39		男鹿半島沖	6.9	住家全壊3棟。八郎潟の干拓堤防に被害
1964年6月16日	昭和39	新潟地震		7.5	死者4人、負傷者25人、住家全壊8棟。津波を伴う
1983年5月26日	昭和58	日本海中部地震		7.7	大津波（10m超）、大規模な液状化発生。死者83人、負傷者107人、建物全壊757棟、同流失52棟

1999年8月11日	平成8		秋田・山形・宮城県境	5.9	雄勝町で住家の一部破損9棟、農地・農業用施設3か所、国道の法面崩落・路肩陥没29か所などの被害
2003年5月26日	平成15	宮城県沖地震	宮城県沖	7.1	負傷者6人
2008年6月14日	平成20	岩手・宮城内陸地震		7.2	湯沢市で震度5強。行方不明者2人、負傷者21人
2008年7月24日	平成20		岩手県沿岸北部	6.8	負傷者4人
2011年3月11日	平成23	東日本大震災		9.0	負傷者11人

【宮城県】

発生年月	和暦	地震	地域	規模M	被害状況
869年7月13日	貞観11	貞観地震	三陸沿岸	8.3	大津波発生。多賀城下で死者1,000人
996年	長徳2				仙台・名取熊野堂津波
1394年	応永1	応永地震			仙台平野東部地方に津波被害
1611年12月2日	慶長16	慶長三陸地震	三陸沿岸および北海道東岸	8.1	大津波発生。伊達藩内で死者1,783人。南部・津軽で人馬の死3,000以上
1646年6月9日	正保3		陸奥・岩代・下野地方	6.5～6.7	仙台城・白石城で被害
1731年10月7日	享保16		宮城県南部	6.5	死者数人、家屋倒壊
1793年2月17日	寛政5	寛政宮城沖地震	陸奥・磐城	8.2	伊達藩内で死者12人、家屋損壊1,060棟以上
1835年7月20日	天保6	宮城県沖地震(仙台地震・天保大津波)	仙台	7.0（7.3説有）	死者多数、仙台城損壊

1861年10月21日	文久1	宮城県沖地震	陸奥・出羽・磐城	6.4	陸前の遠田・志田・登米・桃生の各郡で特に被害が多く、潰家・死傷があった
1896年6月15日	明治29	明治三陸大津波		8.2	岩手県に次ぐ大きな被害。死者3,452人
1897年2月20日	明治30	宮城県沖（仙台沖）地震	仙台沖	7.4	岩手・山形・宮城・福島で小規模の被害。一関で家屋損壊72棟など
1900年5月12日	明治33	宮城県北部地震	宮城県北部	7.0	遠田郡で大きな被害。死者13人、負傷者4人、家屋全壊44棟
1933年3月3日	昭和8	昭和三陸地震		8.1	大津波発生。死者不明者308人、負傷者145人、家屋倒壊528棟、同流失950棟
1936年11月3日	昭和11	宮城県沖（金華山沖）地震	宮城・福島	7.4	負傷者4人
1960年5月23日	昭和35	チリ地震津波		Mw 9.5	沿岸部で大きな被害。死者不明者54人、負傷者641人、建物全壊977棟、建物流失434棟
1962年4月30日	昭和37	宮城県北部地震		6.5	田尻町、南方村を中心に被害。死者3人、負傷者272人、住家全壊340棟
1978年6月12日	昭和53	宮城県沖地震		7.4	仙台市を中心に被害（液状化・ブロック塀倒壊など）。死者27人、負傷者1,273人、住家全壊1,180棟
2003年5月26日	平成15	宮城沖地震		7.1	負傷者64人
2003年7月26日	平成15	宮城県北部地震		6.4	負傷者675人、住家全壊1,276棟
2005年8月16日	平成17	宮城県沖地震		7.2	負傷者79人
2008年6月14日	平成20	岩手・宮城内陸地震		7.2	栗原市で震度6強。死者不明者18人、負傷者365人、家屋全壊28棟

2008年7月24日	平成20		岩手県沿岸北部	6.8	負傷者17人
2010年3月13日	平成22		福島県沖	5.7	負傷者1人
2011年3月11日	平成23	東日本大震災		9.0	大津波で沿岸部に壊滅的被害。死者不明者約11,789人、負傷者4,148人、建物全壊83,003棟、建物半壊155,130棟
2011年4月7日	平成23		宮城県沖	7.2	最大震度6強。死者4人。東北地方太平洋沖地震の余震
2016年11月22日	平成28		福島県沖	7.4	軽傷2人。仙台港で1.4mの津波（その後の調査で3mを超える津波跡を確認）

【山 形 県】

発生年月	和暦	地震	地域	規模M	被害状況
850年	嘉祥3	出羽地震	出羽	7程度	国府の城柵が壊れ、圧死者多数。最上川の岸が崩壊、海水は国府から4kmまで迫った
1804年7月10日	文化1	象潟地震		7.0	飽海、田川両郡で被害。全体で死者333人、倒壊家屋5,500棟余。酒田では津波で浸水家屋300棟余
1833年12月7日	天保4	庄内沖地震	出羽・越後・佐渡	7.7	北海道から能登に及ぶ津波発生。庄内で被害最大。死者44人
1894年10月22日	明治27	庄内地震		7.0	酒田は激震と火災で壊滅状態。死者726人、負傷者1,060人、住家全壊3,858棟、家屋焼失2,148棟

1964年6月16日	昭和39	新潟地震		7.5	庄内地方にも大きな被害。死者9人、負傷者91人、住家全壊486棟
2003年5月26日	平成15	宮城県沖地震		7.1	負傷者10人
2003年7月26日	平成15	宮城県北部地震		6.4	負傷者2人
2005年8月16日	平成17	宮城県沖地震		7.2	負傷者1人
2008年6月14日	平成20	岩手・宮城内陸地震		7.2	負傷者1人
2008年7月24日	平成20		岩手県沿岸北部	6.8	負傷者2人
2011年3月11日	平成23	東日本大震災		9.0	死者3人、負傷者45人、建物全壊45棟、建物半壊10棟

【福島県】

発生年月	和暦	地震	地域	規模M	被害状況
869年7月13日	貞観11	貞観地震	三陸沿岸	8.3	大津波発生。溺死者多数
1454年12月12日	享徳3	享徳地震	東北太平洋沿岸		会津で強震。東北太平洋沿岸に津波
1611年9月27日	慶長16	慶長会津地震	会津	6.9	会津地方で被害。山崩れ、人家倒壊2万超、死者3,700人、山崎新湖を生ずる
1611年12月2日	慶長16	慶長三陸地震	三陸沿岸および北海道東岸	8.1	大津波発生。相馬藩内で死者700人
1659年4月21日	万治2	田島地震	岩代・下野	6.75～7.0	会津・那須地方に被害。死者39人、住家倒壊409棟以上

1677年11月4日	延宝5	延宝房総沖地震	磐城・常陸・安房・上総・下総	8.0	大津波襲来。死者多数
1683年10月20日	天和3	日光地震	下野・岩代	7.0	南会津で山崩れにより、川を堰きとめる ※6月17日～10月20日の群発地震
1710年9月15日	宝永7		磐城地方	6.5	家屋倒壊9棟
1731年10月7日	享保16		岩代地方・宮城県南部	6.5	住家全壊300棟以上
1793年2月17日	寛政5	寛政宮城沖地震		8.2	沿岸部に津波。相馬などで死者11人
1821年12月13日	文政4		岩代地方	5.5～6.0	家屋倒壊130棟、死者あり
1888年7月15日	明治21	磐梯山大噴火			死者461人。大爆発し、山体が大きく崩壊。岩屑流が北麓の村を飲み込む
1893年5・6・11月	明治26	吾妻山噴火			火口調査の2人死亡
1900年7月	明治33	安達太良山噴火			火砕サージが硫黄鉱山を襲い死者72人
1938年11月5日	昭和13	福島県東方沖地震		7.5	最大震度5　死者1人、負傷者9人、住家全壊4棟
1960年5月23日	昭和35	チリ地震津波		Mw 9.5	死者4人、負傷者2人
1964年6月16日	昭和39	新潟地震		7.5	会津坂下町、喜多方市周辺の被害。負傷者12人、住家全壊8棟
1978年6月12日	昭和53	宮城県沖地震		7.4	中通り、浜通りの北部に被害。死者1人、負傷者41人、住家全壊3棟

2003年5月26日	平成15		宮城県沖	7.1	住家一部破損124棟、その他建物一部破損29棟
2004年10月23日	平成16	新潟県中越地震		6.4	住家一部破損1棟、道路14か所、学校1か所
2005年8月16日	平成17	宮城県沖地震		7.2	負傷者5人
2008年6月14日	平成20	岩手・宮城内陸地震		7.2	死者1人、負傷者2人
2008年7月24日	平成20		岩手県沿岸北部	6.8	死者1人
2011年3月11日	平成23	東日本大震災		9.0	大津波と福島第一原発事故で甚大な被害。死者不明者4,035人、負傷者182人、建物全壊15,224棟、建物半壊80,803棟
2016年11月22日	平成28		福島県沖	7.4	重軽傷者8人。津波発生

【茨 城 県】

発生年月	和　暦	地　震	地　域	規模M	被 害 状 況
818年8月頃	弘仁9	弘仁地震	関東諸国	7.5以上	相模、武蔵、下総、常陸、上野、下野などで被害。圧死者多数
869年7月13日	貞観11	貞観地震		8.3	常陸にも大津波襲来と推定
1677年11月4日	延宝5	延宝房総沖地震	磐城・常陸・安房・上総・下総	8.0	磐城から房総にかけて津波。水戸領内で溺死者36人、家屋全壊189棟
1855年11月11日	安政2	安政江戸地震		7.0～7.1	家屋全壊27棟
1895年1月18日	明治28		霞ヶ浦付近	7.2	鹿島、水戸、那珂、新治、行方などで被害。圧死者6人、負傷者34人、家屋全壊37棟

1923年9月1日	大正12	大正関東地震		7.9	県南部を中心に被害。死者・不明者5人、負傷者40人、住家全壊517棟
1960年5月23日	昭和35	チリ地震津波		Mw 9.5	
2005年2月16日	平成17		茨城県南部	5.3	負傷者7人
2008年5月8日	平成20		茨城県沖	7.0	負傷者1人
2011年3月11日	平成23	東日本大震災		9.0	大津波襲来。北茨城市などで死者・不明者67人。負傷者714人、建物全壊2,632棟、建物半壊24,999棟
2016年11月22日	平成28		福島県沖	7.4	

【栃木県】

発生年月	和暦	地震	地域	規模M	被害状況
818年8月頃	弘仁9	弘仁地震	関東諸国	7.5以上	相模、武蔵、下総、常陸、上野、下野などで被害。圧死者多数
1659年4月21日	万治2	岩代・下野地震	岩代・下野	6 3/4～7.0	塩原温泉が山崩れで壊滅。那須でも100棟余が倒壊。死者多数
1683年10月20日	天和3	日光地震		7.0	栃木県北部、日光付近で群発地震。山崩れで堰止湖（旧五十里湖）が出現。40年後決壊し死者約1,000人
1923年9月1日	大正12	大正関東地震		7.9	住宅全壊16棟
1949年12月26日	昭和24	今市地震		6.4	M6.2の地震の8分後にM6.4の直下型地震が発生。旧今市市で震度6相当の揺れ。死者10人、負傷者163人、住家全壊290棟

2011年3月11日	平成23	東日本大震災		9.0	土砂崩れなど。死者4人、負傷者133人、建物全壊261棟、建物半壊2,118棟

【群 馬 県】

発生年月	和 暦	地 震	地 域	規模M	被 害 状 況
818年8月頃	弘仁9	弘仁地震	関東諸国	7.5以上	武蔵、上野など関東諸国に被害。圧死者多数
1108年9月	天仁1	浅間山噴火			天仁噴火。大火砕流（追分火砕流）発生
1596年5月	慶長1	浅間山噴火			噴石で死者多数
1648年3月	慶安1	浅間山噴火			泥流が追分宿を襲撃
1721年6月	享保6	浅間山噴火			噴石で15人死亡
1783年5～8月	天明3	浅間山噴火			天明の大噴火。爆発による大規模な土石なだれが北麓の鎌原村を飲み込み、吾妻川を塞いだ後決壊し大洪水。大規模溶岩流（鬼押出し）も発生。死者1,151人
1897年7～8月	明治30	草津白根山噴火			硫黄採取所全壊。負傷者1人
1923年9月1日	大正12	大正関東地震		7.9	住家全壊107棟
1930年8月20日	昭和5	浅間山噴火			死者6人
1931年9月21日	昭和6	西埼玉地震		6.9	高崎、利根川流域に被害が多く、死者5人、負傷者55人
1932年10月	昭和7	草津白根山噴火			火口付近で死者2人、負傷者7人
1947年8月14日	昭和22	浅間山噴火			死者9人

1976年3月	昭和51	草津白根山噴火			滞留火山ガスで登山者3人死亡
2004年10月23日	平成16	新潟県中越地震		6.8	負傷者6人
2011年3月11日	平成23	東日本大震災		9.0	死者1人、負傷者40人、建物半壊7棟
2018年1月23日	平成30	草津白根山噴火	本白根山・鏡池付近		死者1人（訓練中の自衛官）、負傷者11人（訓練中の自衛官・スキー客）、スキーロッジ、ゴンドラに噴石

【千 葉 県】

発生年月	和 暦	地 震	地 域	規模M	被 害 状 況
818年8月頃	弘仁9	弘仁地震	関東諸国	7.5以上	相模、武蔵、下総、常陸、上野、下野などで被害。圧死者多数
1605年2月3日	慶長9	慶長地震		7.9	房総半島東海岸に大津波。45か村が流失。山崩れも発生。死者多数
1677年11月4日	延宝5	延宝房総沖地震	磐城・常陸・安房・上総・下総	8.0	房総沿岸に大津波。東浪見で死者97人、御宿で死者36人、など房総で溺死者246人余、家屋全壊223棟余
1703年12月31日	元禄16	元禄地震		7.9～8.2	震源は野島崎付近。房総沿岸に大津波。安房小湊で死者100人、御宿で死者20人余、など県南部を中心に死者6,534人、家屋全壊9,610棟
1801年5月27日	享和1	上総地震	上総	不明	久留里城内で塀などの破損が多く民家も多く倒れた
1854年12月23日	安政1	安政東海地震		8.4	安房地方、銚子で津波があり、名洗で漁船が転覆し、死者3人

1855年11月11日	安政2	安政江戸地震		6.9	下総地方を中心に、死者20人、家屋全壊82棟
1922年4月26日	大正11	浦賀水道地震	浦賀水道	6.8	住家全壊8棟
1923年9月1日	大正12	大正関東地震		7.9	山崩れ、液状化、津波被害など。死者不明者1,342人、住家全壊31,186棟、住家焼失647棟、住家流出埋没71棟
1960年5月23日	昭和35	チリ地震津波		Mw 9.5	死者1人
1987年12月17日	昭和62	千葉県東方沖地震	千葉県東方沖	6.7	山武郡、長生郡、市原市を中心に被害。死者2人、負傷者144人、住家全壊16棟
2005年2月16日	平成17		茨城県南部	5.4	負傷者7人
2005年7月23日	平成17	千葉県北西部地震	千葉県北西部	6.0	負傷者8人
2008年5月8日	平成20		茨城県沖	7.0	負傷者2人
2008年7月24日	平成20		岩手県沿岸北部	6.8	負傷者1人
2011年3月11日	平成23	東日本大震災		9.0	房総半島沿岸に津波。旭市を中心に大きな被害。死者22人、行方不明2人、負傷者261人、建物全壊801棟、建物半壊10,152棟
2016年11月22日	平成28		福島県沖	7.4	重軽傷者5人

【埼 玉 県】

発生年月	和　暦	地　　震	地　　域	規模M	被　害　状　況
818年7月	弘仁9	弘仁地震	関東諸国	7.5以上	武蔵、相模、上野など関東諸国で被害、圧死者多数

878年11月1日	元慶2	相模・武蔵地震	関東諸国	7.4	相模・武蔵で甚大な被害。圧死者多数
1649年7月30日	慶安2	慶安武蔵地震	武蔵・下野	7.0 ±1/4	川越城下の家屋700棟損壊。全体の死者50人超
1855年11月11日	安政2	安政江戸地震		6.9	荒川、利根川流域を中心に被害。死者3人、負傷者1,724人、家屋全壊27棟。幸手付近で家屋3,243棟が全壊同様となる被害があり、そのほとんどは液状化によると思われる
1923年9月1日	大正12	大正関東地震		7.9	南部を中心に大きな被害。死者・行方不明者411人、住家全壊9,268棟
1931年9月21日	昭和6	西埼玉地震		6.9	荒川・利根川沿いの沖積地で大きな被害。死者11人、負傷者114人、住家全壊63棟
2004年10月23日	平成16	新潟県中越地震		6.8	負傷者1人
2005年2月16日	平成17		茨城県南部	5.4	負傷者6人
2005年7月23日	平成17	千葉県北西部地震	千葉県北西部	6.0	負傷者9人
2005年8月16日	平成17	宮城県沖地震	宮城県沖	7.2	負傷者4人、住家全壊1棟
2008年5月8日	平成20		茨城県沖	7.0	負傷者1人
2011年3月11日	平成23	東日本大震災		9.0	久喜市などで大規模な液状化。死者1人、負傷者104人、建物全壊24棟、建物半壊199棟

【東 京 都】

発生年月	和　暦	地　震	地　域	規模M	被　害　状　況
818年	弘仁9	弘仁地震	関東諸国	7.5 以上	武蔵をはじめ関東諸国で被害。圧死者多数

878年11月1日	元慶2	相模・武蔵地震	関東諸国	7.4	相模・武蔵で甚大な被害。圧死者多数
1605年2月3日	慶長9	慶長地震		7.9	伊豆諸島に大津波。八丈島で死者57人
1615年6月26日	元和1		相模・江戸	6 1/4 ～3/4	家屋倒壊多く、死傷者多数
1647年6月16日	正保4	丹沢地震	武蔵・相模	6.5	江戸城の石垣、大名屋敷など破損。死者少なからず
1649年7月30日	慶安2	慶安江戸地震	武蔵・下野	7.0	江戸城の石垣損壊。家屋倒壊。死者多数
1703年12月31日	元禄16	元禄地震		7.9～8.2	江戸本所一体で大きな被害。死者340人、家屋全壊22棟。津波により、伊豆大島岡田で死者56人、家屋流出58棟、波浮池が決壊して海とつながる。八丈島死者1人、新島死者1人
1782年8月23日	天明2	天明小田原地震	相模・武蔵・甲斐	7.0	小田原付近の地震。江戸でも、家屋全壊あり、死者が生じた
1785年4～5月	天明5	青ヶ島・丸山噴火			島民327人のうち130～140人が死亡
1812年12月7日	文化9	文化神奈川地震	武蔵・相模	6 1/4	品川で家屋倒壊し、死者多数
1855年11月11日	安政2	安政江戸地震		7.0～7.1	深川など下町で甚大な被害。死者4,000人超。全壊家屋14,346棟
1874年7月	明治7	三宅島・雄山噴火			家屋45棟が溶岩に飲まれる。死者1人
1894年6月20日	明治27	明治東京地震	東京湾北部	7.0	煉瓦建築物に大被害。液状化も発生。東京湾岸を中心に被害。死者24人、負傷者157人、家屋全壊22棟
1895年1月18日	明治28		霞ヶ浦付近	7.2	下町で被害。死者1人、負傷者31人、家屋全壊4棟

1902年	明治35	鳥島・硫黄山噴火			島民125人全員が死亡
1923年9月1日	大正12	大正関東地震		7.9	揺れと火災で下町を中心に壊滅的被害。死者・行方不明者70,387人、住家全壊20,179棟、住家焼失377,907棟
1924年1月15日	大正13	丹沢地震	丹沢山塊	7.3	関東大震災の余震。死者6人、負傷者116人、住家・非住家全壊25棟
1936年12月27日	昭和11		新島近海	6.3	新島で死者2人、負傷者70人、家屋全壊38棟。式根島で死者1人、家屋全壊1棟
1940年7～8月	昭和15	三宅島・雄山噴火			溶岩流が集落を襲う。死者11人
1957年10月	昭和32	大島・三原山噴火			噴石で観光客1人死亡、53人負傷
1957年11月11日	昭和32		新島近海	6.0	式根島で石造家屋全壊2棟
1967年4月6日	昭和42		神津島近海	5.3	式根島で住家全壊7棟、神津島で負傷者3人
1968年2月25日	昭和43		新島近海	5.0	式根島で住家全壊2棟
1983年10月	昭和58	三宅島・雄山噴火			阿古集落が溶岩で埋没
1986年11～12月	昭和61	大島・三原山噴火			溶岩流が元町集落に迫る。全島民避難
2000年7～9月	平成12	三宅島・雄山噴火	三宅島・神津島・新島近海	最大6.5	7月30日最大6.5を記録。山頂部が陥没し、カルデラ形成。全島民避難。死者1人、負傷者15人、住家全壊15棟
2005年2月16日	平成17		茨城県南部	5.3	負傷者5人
2005年7月23日	平成17	千葉県北西部地震	千葉県北西部	6.0	負傷者12人
2008年5月8日	平成20		茨城県沖	7.0	負傷者2人
2009年8月11日	平成21		駿河湾	6.5	負傷者1人

2009年8月13日	平成21		八丈島東方沖	6.6	住家全壊1棟
2011年3月11日	平成23	東日本大震災		9.0	ホールの天井崩落など。死者8人、負傷者119人、建物全壊20棟、建物半壊223棟
2016年11月22日	平成28		福島県沖	7.4	軽傷者2人

【神奈川県】

発生年月	和　暦	地　　震	地　　域	規模M	被　害　状　況
818年	弘仁9	弘仁地震	関東諸国	7.5以上	関東諸国で被害
878年11月1日	元慶2	相模・武蔵地震	関東諸国	7.4	相模・武蔵で甚大な被害。相模国分寺が地震後の火災で焼失。圧死者多数
1241年5月15日	仁治2		鎌倉	7.0	津波を伴い由比ヶ浜大鳥居内拝殿流失
1257年10月9日	正嘉1	正嘉地震	関東南部	7.0～7.5	鎌倉で山崩れ、社寺・家屋倒壊などの被害
1293年5月27日	永仁1	鎌倉地震	鎌倉	7.0	建長寺など多数の寺社が倒壊。死者23,000人余
1498年9月20日	明応7	明応地震	東海道全般	8.2～8.4	大津波襲来。鎌倉大仏まで押し寄せたとの記録もある。鎌倉で溺死者200人
1605年2月3日	慶長10	慶長地震		7.9	
1633年3月1日	寛永10	寛永小田原地震	相模・駿河・伊豆	7.0	小田原で家屋倒壊多数。小田原市内で死者150人、家屋全壊多数。箱根でも死者あり
1648年6月13日	慶安1		相模・江戸	7.0程度	小田原城破損、箱根で落石、死者1人

1649年9月1日	慶安2		川崎・江戸（武蔵）	6.4	川崎で民家140～150棟などが倒壊。付近の村でも家屋倒壊あり。死傷者多数
1697年11月25日	元禄10		相模・武蔵	6.5	鎌倉で家屋全壊有
1703年12月31日	元禄16	元禄地震		7.9～8.2	沿岸部を中心に甚大な被害。小田原領内で、死者2,291人、家屋全壊8,007棟。津波による被害もあり
1782年8月23日	天明2	天明小田原地震	相模・武蔵・甲斐	7.0	箱根、小田原で被害が大きく、住家約800棟破損。箱根山や大山で山崩れ
1812年12月7日	文化9	文化神奈川地震	武蔵・相模	6 1/4	横浜で、家屋全壊22棟。付近でも死者、家屋全壊あり
1853年3月11日	嘉永6	嘉永小田原地震	小田原付近	6.7	小田原を中心に被害。死者24人、負傷者13人、家屋全壊1,088棟
1855年11月11日	安政2	安政江戸地震		7.0～7.1	神奈川宿などで大きな被害。死者37人、負傷者75人、家屋全壊64棟
1894年6月20日	明治27	明治東京地震	東京湾北部	7.0	横浜市、橘樹郡を中心に被害。死者7人、負傷者40人、建物全半壊40棟
1895年1月18日	明治28		霞ヶ付近	7.2	
1923年9月1日	大正12	大正関東地震		7.9	震源は県西部。揺れ・津波・火災で甚大な被害。死者・行方不明者33,067人、住家全壊62,887棟、住家焼失68,569棟、住家流出埋没136棟
1924年1月15日	大正13	丹沢地震	丹沢山塊	7.3	関東大震災の余震。県中・南部で大きな被害。死者13人、負傷者466人、住家全壊561棟

1930年11月26日	昭和5	北伊豆地震		7.3	県西部で家屋倒壊などの被害。死者13人、負傷者6人、住家全壊88棟
2005年2月16日	平成17		茨城県南部	5.3	負傷者1人
2005年7月23日	平成17	千葉県北西部地震	千葉県北西部	6.0	負傷者9人
2009年8月11日	平成21		駿河湾	6.5	負傷者4人
2011年3月11日	平成23	東日本大震災		9.0	死者6人、負傷者137人、建物半壊41棟

【新潟県】

発生年月	和暦	地震	地域	規模M	被害状況
863年7月10日	貞観5	越中・越後地震	越中・越後	不明	越中・越後で大きな被害。死者多数
1502年1月28日	文亀1	越後地震	越後南西部	6.5～7.0	越後の国府（現・直江津）で家屋の倒壊ならびに死者多数
1666年2月1日	寛文5	寛文高田地震	越後西部	6.75	高田城下で家屋倒壊・火災。死者1,500人
1670年6月22日	寛文10	越後村上地震	越後中南蒲原郡	6.75	上川4万石で、死者13人、家屋全壊503棟
1729年8月1日	享保14		能登・佐渡	6.6～7.0	佐渡で死者、家屋倒壊あり
1751年5月21日	宝暦1	宝暦高田地震	越後・越中	7.0～7.4	大規模地滑り「名立崩れ」発生。高田城破損、全体で死者2,000人、高田領の死者1,128人、家屋全壊および焼失6,088棟
1762年10月31日	宝暦12	佐渡島北方沖地震	佐渡	7.0	石垣、家屋が破損、死者があり。鵜島村で津波により家屋流出26棟

1802年12月9日	享和2	佐渡小木地震	佐渡	6.5～7.0	佐渡南部の小木を中心に被害。死者19人、全壊家屋1,150棟、同焼失328棟
1828年12月18日	文政11	三条地震	越後	6.9	三条・見附・今町・与板などで被害。死者1,400人、家屋倒壊9,800棟、同焼失1,200棟
1833年12月7日	天保4	庄内沖地震	羽前・羽後・越後・佐渡	7.7	死者5人（能登半島・東北・北陸の日本海沿岸に津波。全体で死者40～130人）
1847年5月8日	弘化4	善光寺地震	信濃・越後など	7.4	全体で死者1万～1万3,000人、全壊家屋34,000棟
1847年5月13日	弘化4		頸城郡	6.5	善光寺地震と区別がつかない、高田平野東縁断層を震源とする善光寺地震の誘発地震
1961年2月2日	昭和36	長岡地震	長岡付近	5.2	死者5人、住家全壊220棟
1964年6月16日	昭和39	新潟地震		7.5	震源は粟島南方沖。大規模な液状化と史上最大規模の石油コンビナート火災が発生。新潟市内で地盤の流動、不同沈下による震害が著しかった。死者13人、負傷者315人、住家全壊1,448棟、同全焼290棟
1974年	昭和49	新潟焼山噴火			水蒸気爆発。登山者3人死亡
1995年4月1日	平成7		北蒲原郡南部	5.6	負傷者82人、家屋全壊55棟
2004年10月23日	平成16	新潟県中越地震		6.8	直下型の地震。震度計で初めて震度7を観測（川口町）。山崩れ・崖崩れが多発。死者68人、負傷者4,795人、家屋全壊3,175棟
2007年3月25日	平成19	能登半島地震		6.9	負傷者4人
2007年7月16日	平成19	潟県中越沖地震		6.8	柏崎市などで震度6強。柏崎刈羽原子力発電所で火災が発生し、少量の放射能漏れ。死者15人、負傷者2,315人、家屋全壊1,319棟

2010年5月1日	平成22		中越地方	4.9	負傷者1人
2011年3月11日	平成23	東日本大震災		9.0	負傷者3人
2014年11月22日	平成26	長野県神城断層地震	長野県北部	6.7	住家半壊1棟

【長野県】

発生年月	和暦	地震	地域	規模M	被害状況
762年6月9日	天平宝字6		美濃・飛騨・信濃地方	不明	不明（糸魚川静岡構造線断層帯系で発生した可能性がある）
841年	承和8		信濃地方	6.5以上	家屋倒壊あり
863年7月10日	貞観5		越中・越後	不明	山崩れ、谷埋まり、民家破壊し、圧死者多数、直江津付近の数個の小島潰滅
1627年10月22日	寛永4	松代地震	松代	6.0	死者あり、家屋倒壊80棟
1703年12月31日	元禄16	元禄地震		7.9～8.2	伊那で家屋倒壊あり。松代で家屋全壊2棟
1707年10月28日	宝永4	宝永地震		8.6	諏訪と南北安曇郡に被害。死者2人、家屋全壊567棟
1714年4月28日	正徳4	正徳小谷地震	信濃北西部	6.25	姫川沿いの谷に被害。全体で死者56人、負傷者37人、住家全壊194棟
1718年8月22日	享保3	遠山谷の地震	信濃・三河	7.0	飯田領内死者12人、家屋全壊350棟余。天竜川沿山崩が多発し、森平山が崩れ、遠山川を堰き止めた

発生年月	和暦	地震	地域	規模M	被害状況
1725年8月14日	享保10		高遠・諏訪	6.0～6.5	高遠城の石垣、塀、土居夥しく崩れる。諏訪では郷村36か村で死者4人、負傷者8人、家屋全壊347棟
1751年5月21日	寛政4・宝暦1	宝暦高田地震	越後・越中	7.0～7.4	信濃北部でも大きな被害。松代藩内で死者12人、家屋倒壊44棟
1791年7月23日	寛政3		松本地方	6.75	松本城の塀など崩れる。住家損壊495棟
1847年5月8日	弘化4	善光寺地震		7.4	善光寺御開帳の時期に発生し、参詣者が多数犠牲に。山崩れにより犀川の河道閉塞と閉塞部の決壊により洪水。松代領で死者2,695人、負傷者2,289人、家屋全壊9,550棟。飯山領では死者586人、全壊家屋1,977棟。善光寺領では死者2,486人、家屋全壊2,285棟、同焼失2,094棟
1853年1月26日	嘉永5		信濃北部	6.5	水内、更級郡で住家倒壊23棟
1854年12月23日	安政1	安政東海地震		8.4	松本で死者5人、家屋倒壊52棟、同焼失51棟。松代藩で死者5人、負傷者29人、家屋倒壊152棟。飯田、諏訪等でも家屋倒壊あり
1858年4月23日	安政5		信濃北西部	5.7	大町付近を中心に被害。家屋全壊71棟
1918年11月11日	大正7	大町地震		6.5	2回の地震（M6.1、M6.5）があった、姫川沿いの地域で住居全壊6棟
1923年9月1日	大正12	大正関東地震		7.9	住家全壊13棟
1941年7月15日	昭和16	長沼地震	長野市付近	6.1	長野市郊外で局所的に強い揺れ。死者5人、負傷者18人、住家全壊29棟。千曲川沿いで噴砂現象

1943年10月13日	昭和18		長野県北部（古間村付近）	5.9	野尻湖付近。死者1人、負傷者14棟、住家全壊14棟
1944年12月7日	昭和19	東南海地震		7.9	住家全壊13棟。諏訪では軟弱地盤の被害が大きかった
1946年12月21日	昭和21	南海地震		8.0	住家全壊2棟
1965年8月3日	昭和40	松代群発地震	松代地方	6.4	1965～1967年有感地震6万回超、負傷者15人、住家全壊10棟、山崩れ60か所
1984年9月14日	昭和59	長野県西部地震	長野県西部	6.8	御岳山の山崩れにより、王滝村で被害。死者・行方不明者29人、負傷者10人、建物全壊13棟、同流失10棟
1995年2月11日	平成7	焼岳噴火			山頂の南東約3kmの国道工事現場付近で水蒸気爆発。死者4人
2004年10月23日	平成16	新潟県中越地震		6.8	負傷者3人
2007年7月16日	平成19	新潟県中越沖地震		6.8	負傷者29人
2011年3月11日	平成23	東日本大震災		9.0	負傷者1人
2011年3月12日	平成23	長野県北部地震	長野県北部	6.7	栄村で震度6強。死者3人、負傷者12人、住家全壊34棟、住家半壊169棟
2011年6月30日	平成23		長野県中部	5.4	死者1人、負傷者17人、住家半壊24棟
2014年11月22日	平成26		長野県北部	6.7	負傷者46人、住家全壊77棟、住家半壊136棟

【山梨県】

発生年月	和暦	地震	地域	規模M	被害状況
864年	貞観6	富士山噴火			貞観大噴火。北西斜面にできた割れ目から膨大な量の溶岩を噴出、せの海を埋めて西湖、精進湖に分断。溶岩流に飲まれた樹海が青木が原の樹海となる
1498年9月20日	明応7	明応地震	東海道全般	8.2～8.4	強い揺れで大きな被害。翌年まで余震続く。南海トラフの巨大地震
1703年12月31日	元禄16	元禄地震		7.9～8.2	郡内地方を中心に大きな被害。甲府領で死者83人、家屋全壊345棟
1707年10月28日	宝永4	宝永地震		8.6	甲斐で死者24人、負傷者62人、家屋倒壊7,651棟
1707年12月16日	宝永4	富士山噴火			宝永大噴火。爆発的噴火、火山灰は関東一円に降り積もった
1782年8月23日	天明2	天明小田原地震	相模・武蔵・甲斐	7.0	甲州都留郡長池村では家屋全壊30棟。裾野茶畑村で家屋全壊9棟
1854年12月23日	安政1	安政東海地震		8.4	甲府盆地に大きな被害。家屋の倒壊・焼失・死者多数。甲府で大火
1891年10月28日	明治24	濃尾地震		8.0	家屋全壊4棟（全体で死者・行方不明者7,273人）。根尾谷断層の発生
1923年9月1日	大正12	大正関東地震		7.9	甲府で震度6。死者・不明者22人、負傷者116人、住家全壊577棟

1924年1月15日	大正13	丹沢地震	丹沢山塊	7.3	甲府市で最大震度6。大正関東地震の余震と見られている。県東部で被害。負傷者30人、住家全壊2棟
1944年12月7日	昭和19	東南海地震		7.9	住家全壊13棟
2011年3月11日	平成23	東日本大震災		9.0	負傷者2人
2012年1月28日	平成24	富士山北東を震源とする地震		5.5	富士山北東約30km付近を震源とする地震が発生。その後数日間にわたり群発地震が続いた。富士山の火山活動との関連は不明

【富山県】

発生年月	和暦	地震	地域	規模M	被害状況
863年7月10日	貞観5		越中・越後地方	不明	越中で山崩れや家屋倒壊。死者多数
1586年1月18日	天正13	天正地震	畿内・東海・東山・北陸	7.8	高岡の木舟城が倒壊し、城主前田秀継圧死、圧死者多数（M 8.2とする説もある）
1833年12月7日	天保4	庄内沖地震		7.7	能登半島に津波襲来。富山・石川で死者多数
1858年4月9日	安政5	飛越地震（飛騨地震）	飛騨・越中・加賀・越前	7.0～7.1	立山の山体崩壊（鳶山崩れ）と堰止湖の決壊。常願寺川の上流が堰き止められ、後に決壊して、死者140人、家屋倒壊および同流失1,612棟、大山町で山崩れにより死者36人
1891年10月28日	明治24	濃尾地震		8.0	越中で家屋全壊2棟
1944年12月7日	昭和19	東南海地震		7.9	
2007年3月25日	平成19	能登半島地震		6.9	負傷者13人

2007年7月16日	平成19	新潟県中越沖地震		6.8	負傷者1人

【石川県】

発生年月	和暦	地震	地域	規模M	被害状況
1729年8月1日	享保14		能登・佐渡地方	6.6～7.0	珠洲郡、鳳至郡で死者5人、家屋全壊・同損壊791棟、輪島村で家屋全壊28棟。能登半島先端で被害が大きい
1799年6月29日	寛政11	金沢地震	加賀	6.0	金沢城下で家屋全壊26棟、能美・石川・河北郡で家屋全壊964棟、死者は全体で21人
1833年12月7日	天保4	庄内沖地震	羽前・羽後・越後・佐渡	7.7	能登半島に津波襲来。富山・石川で死者100人
1891年10月28日	明治24	濃尾地震		8.0	家屋全壊25棟
1892年12月9日	明治25		能登半島（石川・富山県）	6.4	羽咋郡高浜町・火打谷村で家屋破損あり。堀松村末吉で、死者1人、負傷者5人、家屋全壊2棟（11日にも同程度の地震あり）
1933年9月21日	昭和8		能登半島	6.0	死者3人、負傷者55人、住家全壊2棟
1944年12月7日	昭和19	東南海地震		7.9	住家全壊3棟
1948年6月28日	昭和23	福井地震		7.1	県南部でも大きな被害。死者41人、負傷者453人、家屋全壊802棟
1952年3月7日	昭和27	大聖寺沖地震		6.5	家屋倒壊・焼失などの被害。死者7人、負傷者8人
1961年8月19日	昭和36	北濃尾地震		7.0	土砂崩れや落石などの被害。死者4人、負傷者7人

2007年3月25日	平成19	能登半島沖地震		6.9	七尾・輪島などで震度6強。能登半島北西沖海底の活断層が震源。輪島市で大規模な土砂崩れ発生。死者1人、負傷者351人、家屋全壊684棟

【福 井 県】

発生年月	和　暦	地　震	地　域	規模M	被 害 状 況
1640年11月23日	寛永17	加賀大聖寺地震		6 1/4 ～3/4	越前、加賀の国境で家屋破損、死傷者多数
1662年6月16日	寛文2	近江・若狭地震		7.4	若狭・近江西部で甚大な被害。全体の死者700～900人
1854年12月23日	安政1	安政東海地震		8.4	福井で家屋の倒壊240棟。死者4人
1854年12月24日	安政1	安政南海地震		8.4	
1891年10月28日	明治24	濃尾地震		8.0	鯖江などで激しい揺れ。越前で死者12人、負傷者105人、家屋全壊1,090棟
1900年3月22日	明治33		福井県鯖江付近	5.8	負傷者6人、家屋全壊2棟
1948年6月28日	昭和23	福井地震		7.1	直下型地震。沖積平野で地盤の弱い福井平野で激しい揺れ。夕方であったため火災が発生し福井市内は壊滅状態に。死者3,728人、負傷者21,750人、家屋全壊35,382棟、同焼失3,851棟
1961年8月19日	昭和36	北濃尾地震		7.0	中部から近畿にかけて最大震度4。死者1人、負傷者15人、家屋全壊12棟

1963年3月27日	昭和38	越前岬沖地震		6.9	敦賀湾・若狭湾沿岸で被害。住家全壊2棟
2007年3月25日	平成19	能登半島沖地震		6.9	穴水町・輪島市・七尾市で最大震度6強。負傷者1人
2013年4月13日	平成25	淡路島付近の地震		6.3	負傷者1人

【岐 阜 県】

発生年月	和　暦	地　震	地　域	規模M	被　害　状　況
745年6月5日	天平17		美濃	7.9	美濃で正倉、仏寺、民家の傾倒多し
762年6月9日	天平宝字6		美濃・飛騨・信濃	不明	不明（糸魚川静岡構造線断層系で発生した可能性）
1586年1月18日	天正13	天正地震	畿内・東海・東山・北陸	7.8	白川郷で山津波。帰雲城（かえりくもじょう）が飲み込まれて、戦国大名の城主内ケ嶋氏滅亡。住家倒壊300棟余、圧死者多数。大垣で家屋倒壊多数
1662年6月16日	寛文2		山城・大和・河内・和泉・摂津・丹波・若狭・近江・美濃・伊勢・駿河・三河・三河信濃	7 1/4～7.6	美濃で家屋被害多数
1707年10月28日	宝永4	宝永地震		8.6	美濃で家屋倒壊400棟
1833年5月27日	天保4		美濃西部	6.25	大垣領で山崩れなどにより、死者11人、負傷者22人

1847年5月8日	弘化4	善光寺地震		7.4	道路崩壊や家屋倒壊があるが詳細不明。飛騨保木脇村で山崩れ、圧死者数十人、住家埋没2棟
1854年 12月23・24日	安政1	安政東海・南海地震		8.4	高須、大垣、加納、不破郡、土岐郡、恵那郡で家屋倒壊多数。両日の地震の被害は、美濃南部でひどく、美濃北部へ行くほど軽かった
1855年3月18日	安政2	飛騨地震	飛騨白川・金沢	6 3/4	保木脇で山崩れ、死者12人、家屋倒壊2棟
1858年4月9日	安政5	飛越地震	飛騨・越中・加賀・越前	7.0～7.1	飛騨北部・越中で被害大。飛騨で死者203人、負傷者45人、家屋全壊319棟
1891年10月28日	明治24	濃尾地震		8.0	激しい揺れで美濃地方に甚大な被害。日本で発生した直下型地震では最大級。震度7に相当する激烈な揺れに襲われた岐阜県南部などは壊滅的被害を受けた。死者4,889人、負傷者12,011人、住家全壊70,048棟、同全半焼30,994棟。飛騨、郡上、恵那郡ではほとんど被害なし（全体では死者7,273人、負傷者17,175人、家屋全壊142,177棟、家屋半壊80,324棟）
1909年8月14日	明治42	姉川地震（江濃地震）		6.8	県西部に被害。死者6人、負傷者141人、住家全壊6棟
1944年12月7日	昭和19	東南海地震		7.9	西南濃地方を中心に被害。死者・行方不明者16人、負傷者38人、住家全壊406棟
1946年12月21日	昭和21	南海地震		8.0	西南濃地方で被害。死者32人、負傷者46人、住家全壊340棟

1961年8月19日	昭和36	北美濃地震		7.0	御母衣第2発電所の建設現場で地滑り。石徹白、白鳥、御母衣等で被害。死者3人、負傷者15人
1995年	平成7	焼岳・水蒸気爆発			死者4人
2004年9月5日	平成16		紀伊半島南東沖	7.4	負傷者2人

【静岡県】

発生年月	和暦	地震	地域	規模M	被害状況
715年7月4日	霊亀1	遠江国地震		6.5～7.5	山崩れが天竜川を塞ぎ、数十日を経て決壊し、敷智、長下、石田の3郡住家170棟余没す
841年	承和8	伊豆地震		7.0	村々は大破。圧死傷者多数
878年11月1日	元慶2		相模・武蔵・関東諸国	7.4	相模、武蔵が特にひどく、圧死者多数。相模国分寺に被害
1096年12月17日	永長1	永長地震	畿内・東海道	8.0～8.5	大津波発生。駿河で社寺・家屋流失400棟余
1498年9月20日	明応7	明応地震	東海道全般	8.2～8.4	大津波で浜名湖が海とつながり（今切）、淡水湖が汽水湖に変わったとされる。駿河湾岸で死者約26,000人
1589年3月21日	天正17		駿河・遠江地方	6.7	駿河・遠江両国の住家破損多数
1605年2月3日	慶長10	慶長地震		7.9	大津波発生。浜名湖岸の橋本宿で100棟中80棟流失
1633年3月1日	寛永10	寛永小田原地震	相模・駿河・伊豆	7.0	三島で家崩れる。熱海に津波
1686年10月3日	貞享3		遠江・三河地方	7.0	新居の関所、番所、町家少々破損、死者あり

1703年12月31日	元禄16	元禄地震		7.9～8.2	伊豆東海岸に津波。死者は宇佐美で380人余、須玖美で163人、下田で27人。下田で家屋倒壊・流失332棟
1707年10月28日	宝永4	宝永地震		8.6	津波、液状化発生。下田で死者11人、家屋全壊・流失857棟等。大谷崩（山体崩壊の跡）が発生
1707年10月29日	宝永4	宝永地震の余震		7.0	宝永地震の16時間後、明朝に発生、東海道宿場町で家屋倒壊など被害。村山浅間神社および社領の家が残らず潰れ、村山で死者4人
1718年8月22日	享保3	遠山谷の地震（遠山地震）	信濃・三河地方	7.0	遠江北部、天竜川流域に被害。死者50人余
1782年8月23日	天明2	天明小田原地震	相模・武蔵・甲斐	7.0	伊豆田方郡で強い揺れ。伊豆北部に小被害の可能性あり
1854年12月23日	安政1	安政東海地震		8.4	沿岸一帯に津波。低地では液状化現象あり。特に掛川、袋井付近の被害大。また沿岸一帯に津波が来襲、下田で死者122人、家屋全壊・同流失840棟
1891年10月28日	明治24	濃尾地震		8.0	遠江で住家全壊32棟
1917年5月18日	大正6		静岡付近	6.3	死者2人、負傷者6人
1923年9月1日	大正12	大正関東地震		7.9	県東部に大きな被害。死者・行方不明者444人、住家全壊2,383棟、住家焼失5棟、住家流出埋没731棟
1924年1月15日	大正13	丹沢地震		7.3	駿東郡の被害。負傷者26人、住家・非住家全壊10棟

1930年11月26日	昭和5	北伊豆地震		7.3	伊豆半島北部に大きな被害。死者259人、負傷者566人、住家全壊2,077棟、同焼失75棟
1935年7月11日	昭和10	静岡地震	静岡市付近	6.4	静岡市の有度山一帯に被害集中。死者9人、負傷者299人、住家全壊363棟
1944年12月7日	昭和19	東南海地震		7.9	津波あり。死者・行方不明者295人、負傷者843人、住家全壊6,970棟
1965年4月20日	昭和40		静岡付近	6.1	清水市北部の平野で被害大。死者2人、負傷者4人
1974年5月9日	昭和49	伊豆半島沖地震		6.9	伊豆半島南端部に被害集中。震源は石廊崎沖。南伊豆町中木地区で山津波が集落を直撃し、27人が生き埋めになる。山崩れなどで死者30人、負傷者102人、家屋全壊134棟、焼失5棟。石廊崎付近から北西方向に延びる活断層・石廊崎断層が姿を現した
1978年1月14日	昭和53	伊豆半島近海地震	伊豆大島近海	7.0	持越鉱山の鉱滓堆積場の堰堤損壊。死者25人、負傷者211人、住家全壊96棟
2004年9月5日	平成16		紀伊半島南東沖	7.4	負傷者2人
2009年8月11日	平成21	静岡沖地震	駿河湾	6.5	死者1人、負傷者319人、住家半壊6棟
2009年12月	平成21		伊豆半島東方沖	最大5.1	負傷者7人
2011年3月11日	平成23	東日本大震災		9.0	負傷者2人
2011年3月15日	平成23		静岡県東部	6.4	富士宮市で震度6強。負傷者50人。東日本大震災の余震ではないと見られている

【愛 知 県】

発生年月	和　暦	地　震	地　域	規模M	被害状況
715年7月5日	霊亀1	遠江国地震	三河	6.5～7.0	正倉47棟が倒壊。天竜川が塞き止められ、数十日後に決壊して洪水（『続日本紀』）。民家陥没
1498年9月20日	明応7	明応地震		8.3	大津波発生。渥美半島を中心に多数の死者
1586年1月18日	天正13	天正地震	畿内・東海・東山・北陸	7.8	建物の倒壊多数。津波も発生か。死者約5,000人（M8.2との説あり）
1605年2月3日	慶長10	慶長地震		7.9	関東から九州までの太平洋岸に津波、紀伊・阿波・土佐などで大きな被害。死者1万～2万人。ほとんどが津波被害
1685年	貞享2		三河地方	不明	渥美郡で被害。家屋の倒壊あり、死者多数
1686年10月3日	貞享3		遠江・三河地方	7.0	遠江新居の関所、三河田原城に被害。死者あり
1707年10月28日	宝永4	宝永地震		8.6	渥美郡、吉田（現在の豊橋）で大被害。尾張領内の堤防被害、延長9,000m。三河・尾張で死者19人、負傷者4人、家屋全壊8,573棟
1718年8月22日	享保3	遠山谷の地震（遠山地震）	信濃・三河地方	7.0	全体で死者50人余
1854年12月23日	安政1	安政東海地震		8.4	津波発生。三河、尾張の死者約60人。流失家屋約3,000棟。
1854年12月24日	安政1	安政南海地震		8.4	東海地震と区別がつかず
1891年10月28日	明治24	濃尾地震		8.0	三河・尾張で死者2,339人、負傷者4,594人、家屋全壊68,899棟

1944年12月7日	昭和19	東南海地震		7.9	津波による被害が大。名古屋臨海部などで液状化発生。死者438人、負傷者1,148人、住家全壊6,411棟。戦時中の統制下で正確な被害状況不明
1945年1月13日	昭和20	三河地震		6.8	震源が浅く、地盤が弱い地域を襲ったため局地的に激しい揺れとなった。西尾、安城など西三河地方に被害が集中。死者2,306人、負傷者3,866人、住家全壊7,221棟。戦時中の統制下で正確な被害状況不明
1946年12月21日	昭和21	南海地震		8.0	死者10人、負傷者19人、住家全壊75棟
2004年9月5日	平成16	紀伊半島南東沖地震		7.4	負傷者7人
2009年8月11日	平成21		駿河湾	6.5	負傷者3人

【三重県】

発生年月	和暦	地震	地域	規模M	被害状況
684年11月29日	天武13	天武（白鳳）地震	土佐その他南海・東海・西海	8 1/4	南海トラフ沿いの巨大地震。諸国で家屋の倒壊、津波あり、死傷者多数
887年8月26日	仁和3	仁和地震	五畿・七道	8.0～8.5	南海トラフ沿いの巨大地震。京都で家屋倒壊多く、圧死者多数。沿岸部で津波による溺死者多数
1096年12月17日	永長1	永長地震	畿内・東海道	8.0～8.5	伊勢で津波被害あり。東海沖の巨大地震

1099年2月22日	康和1	康和地震	南海道・畿内	8.0～8.3	南海沖の巨大地震と考えられる。興福寺、摂津天王寺などで被害
1361年8月3日	正平16・康安1	正平地震	畿内・土佐・阿波	8 1/4～8.5	紀伊熊野社の社頭・仮殿など破壊。南海トラフ沿いの巨大地震
1498年9月20日	明応7	明応地震	東海道全般	8.3	津波発生。伊勢大湊で溺死者5,000人など多数
1605年2月3日	慶長9	慶長地震		7.9	伊勢の沿岸部で地震後、数町沖まで潮が引き、約2時間後に津波襲来。南海トラフ巨大地震
1707年10月28日	宝永4	宝永地震		8.6	南海トラフ巨大地震。尾張領内の堤防被害、延長9,000m。南海トラフ沿いの巨大地震。尾鷲付近で、死者1,070人以上、家屋流失1,510棟。その他県内で、死者57人、負傷者73人、家屋全壊2,333棟、同流失601棟
1854年7月9日	安政1	伊賀上野地震	伊賀・伊勢・大和周辺	7.25±0.25	直下型地震。伊賀上野付近で死者約600人、家屋全壊2,000棟余、周辺でも被害あり
1854年12月23日	安政1	安政東海地震		8.4	津で局地的に被害大。沿岸部に津波
1854年12月24日	安政1	安政南海地震		8.4	東海地震と区別がつかず
1891年10月28日	明治24	濃尾地震		8.0	北部を中心に被害。死者1人、負傷者17人、家屋全壊625棟
1899年3月7日	明治32	紀伊大和地震	紀伊半島南東部	7.0	南部を中心に被害。木ノ本・尾鷲で死者7人、負傷者62人、家屋全壊35棟
1944年12月7日	昭和19	東南海地震		7.9	震源が熊野灘沖で陸地から20 kmと近く震度5～6に見舞われた。津波は高い所で10 mを超えた。死者不明者406人、負傷者607人、住家全壊1,826棟、同流失2,238棟

1946年12月21日	昭和21	南海地震		8.0	震源は和歌山県岬沖南方約50km。津波4～6m。死者11人、負傷者35人、住家全壊65棟、同流失23棟
1952年7月18日	昭和27	吉野地震		6.7	全体で死者9人、負傷者136人、住家全壊20棟
1960年5月23日	昭和35	チリ地震津波		Mw 9.5	津波により被害。住家全壊2棟、同流失1棟
2004年9月5日	平成16		紀伊半島南東沖	7.4	負傷者8人
2011年3月11日	平成23	東日本大震災		9.0	負傷者1人

【滋賀県】

発生年月	和暦	地震	地域	規模M	被害状況
976年7月22日	貞元1		山城・近江地方	6.7以上	全体で死者50人以上、社寺等倒壊多数
1185年8月13日	文治1	文治地震	近江・山城・大和地方	7.4	死者多数。琵琶湖の湖水減少
1325年12月5日	正中2	正中地震	近江北部・若狭地方	6.5	琵琶湖北方で山崩れ。竹生島の一部が崩れる
1586年1月18日	天正13	天正地震	畿内・東海・東山・北陸諸道	7.8	近江長浜で被害（M 8.2との説もある）
1596年9月5日	慶長1	慶長伏見地震	畿内	7.5 ± 0.25	現在の栗太郡栗東町で、家屋全壊、死者多数

1662年6月16日	寛文2	寛文近江・若狭地震	山城・大和・河内・和泉・摂津・丹後・若狭・近江・美濃・伊勢・駿河・三河・信濃	7.25～7.6	比良岳付近を中心に被害。家屋全壊3,600棟以上。死者627人余（全体で800人以上）
1707年10月28日	宝永4	宝永地震		8.6	死者1人、家屋全壊80棟
1819年8月2日	文政2	文政近江地震	伊勢・美濃・近江	7.25±0.25	琵琶湖東岸を中心に、死者、家屋全壊多数
1830年8月19日	天保1	京都地震	京都および周辺	6.5	大津で死者1人、負傷者2人、家屋全壊6棟
1854年7月9日	安政1	伊賀上野地震	伊賀・伊勢・大和および周辺	7.25±0.25	木津川断層帯の地震。全体で死者約1,500人
1891年10月28日	明治24	濃尾地震		8.0	日本史上最大の内陸地殻内地震。死者6人、負傷者47人、家屋全壊404棟
1909年8月14日	明治42	江濃地震（姉川地震）		6.8	柳ケ瀬・関ヶ原断層帯の地震。琵琶湖東北岸付近を中心に被害。死者35人、負傷者643人、住家全壊972棟
1944年12月7日	昭和19	東南海地震		7.9	住家全壊7棟
1946年12月21日	昭和21	南海地震		8.0	死者3人、負傷者1人、住家全壊9棟
1952年7月18日	昭和27	吉野地震		6.7	死者1人、負傷者13人、住家全壊6棟
2004年9月5日	平成16		紀伊半島南東沖	7.4	負傷者1人

【和歌山県】

発生年月	和　暦	地　　震	地　　域	規模M	被　害　状　況
684年11月29日	天武13	天武（白鳳）地震	土佐その他南海・東海・西海	8 1/4	南海トラフの巨大地震。諸国で家屋の倒壊、津波あり、死傷者多数
887年8月26日	仁和3	仁和地震	五畿・七道	8.0～8.5	沿岸部で津波による溺死者多数。南海トラフの巨大地震
1096年12月17日	永長1	永長地震	畿内・東海道	8.0～8.5	伊勢・駿河で津波による大きな被害。東海沖の巨大地震
1099年2月22日	康和1	康和地震	南海道・畿内	8.0～8.3	1946年の南海地震とほぼ同じ地域で発生したと推定される南海沖の巨大地震。興福寺、摂津天王寺などで被害
1361年8月3日	正平16	正平地震	畿内・土佐・阿波	8.25～8.5	摂津・阿波・土佐で津波により大きな被害。死者多数。南海トラフの巨大地震
1498年9月20日	明応7	明応地震	東海道全般	8.3	伊勢・駿河などで津波の被害大。南海トラフの巨大地震
1605年2月3日	慶長9	慶長地震		7.9	南海トラフ沿いの巨大地震。津波により広村（現広川村）で家屋流失700棟。死者多数
1707年10月28日	宝永4	宝永地震		8.6	南海トラフ沿いの巨大地震。死者688人、負傷者222人、家屋全壊681棟、同流失1,896棟
1854年12月23日・24日	安政1	安政東海地震・南海地震		8.4	紀伊田辺領で、死者24人、住家倒壊255棟、同流失532棟、同焼失441棟。和歌山領で溺死者699人、家屋全壊約1万棟、同流失8,496棟、同焼失24棟。広村で、死者36人、住家全壊10棟、

					同流失125棟。沿岸の熊野以西では、津波により村の大半が流失した村が多かった
1944年12月7日	昭和19	東南海地震		7.9	強い揺れおよび津波により被害。死者51人、負傷者74人、住家全壊121棟、同流失153棟
1946年12月21日	昭和21	南海地震		8.0	強い揺れ、津波、地震後の火災による被害。死者・行方不明者269人、負傷者562人、住家全壊969棟、同流失325棟、同焼失2,399棟
1948年6月15日	昭和23		田辺市付近	6.7	死者1人、負傷者18人、家屋全壊4棟
1952年7月18日	昭和27	吉野地震		6.7	被害全体で、死者9人、負傷者136人、住家全壊20棟
2000年10月6日	平成12	鳥取県西部地震		7.3	負傷者1人
2004年9月5日	平成16		紀伊半島南東沖	7.4	負傷者1人

【奈良県】

発生年月	和暦	地震	地域	規模M	被害状況
416年8月23日	允恭5	允恭（いんぎょう）地震		不明	奈良県北部か大阪南部で地震があった旨、『日本書紀』に記録。記録に残る日本史上最初の地震
1185年8月13日	文治1	文治地震	近江・山城・大和	7.4	寺社家屋倒壊破損多く、死者多数
1361年8月3日	正平16	正平地震	畿内・土佐・阿波	8 1/4 ～8.5	摂津・阿波・土佐で津波により大きな被害。死者多数。南海トラフの巨大地震
1596年9月5日	慶長1	慶長伏見地震	畿内	7 1/2 ± 1/4	寺社倒壊など

1707年10月28日	宝永4	宝永地震		8.6	家屋倒壊約280棟。南海トラフの巨大地震
1854年7月9日	安政1	伊賀上野地震	伊賀・伊勢・大和および周辺	7 1/4 ± 1/4	奈良県の北部県境に隣接する木津川断層帯で発生したと推定される。家屋全壊700～800棟。奈良で死者280人
1891年10月28日	明治24	濃尾地震		8.0	死者1人、負傷者2人、家屋全壊16棟
1899年3月7日	明治32	紀伊大和地震	紀伊半島南東部	7.0	南部を中心に被害。家屋全壊あり
1936年2月21日	昭和11	河内大和地震		6.4	北西部を中心に被害。死者1人、負傷者7人、住家全壊2棟
1944年12月7日	昭和19	東南海地震		7.9	死者3人、負傷者17人、住家全壊89棟
1946年12月21日	昭和21	南海地震		8.0	負傷者13人、住家全壊37棟
1952年7月18日	昭和27	吉野地震		6.7	死者3人、負傷者6人
2004年9月5日	平成16		紀伊半島南東沖	7.4	負傷者3人
2018年6月18日	平成30	大阪北部地震		6.1	負傷者4人、住家一部損壊22棟

【大 阪 府】

発生年月	和　暦	地　　震	地　　域	規模M	被　害　状　況
887年8月26日	仁和3	仁和地震	五畿・七道	8.0～8.5	津波による死者多数。南海トラフの巨大地震
1361年8月3日	正平16	正平地震	畿内・土佐・阿波	8.25～8.5	摂津・阿波・土佐で津波により大きな被害。四天王寺倒壊により、圧死者5人
1510年9月21日	永正7		摂津・河内地方	6.5～7.0	死者多数。寺社倒壊。余震が2か月余続く

1596年9月5日	慶長1	慶長伏見地震	畿内	7.5±0.25	有馬－高槻断層の地震。堺で死者600人余
1662年6月16日	寛文2	寛文近江・若狭地震	山城・大和・河内・和泉・摂津・丹後・若狭・近江・美濃・伊勢・駿河・三河・信濃	7.25～7.6	大坂城、高槻城、岸和田城破損、大阪で若干の死者あり
1707年10月28日	宝永4	宝永地震		8.6	大阪で死者約750人、家屋全壊1,000棟余。他に津波による死者多数
1854年12月23日・24日	安政1	安政東海地震・南海地震		8.4	太平洋沖合の南海トラフ沿いで発生した南海地震での津波は大阪湾にも押し寄せ、木津川や安治川を逆流。避難のために人々が乗り込んだ船や橋などを破壊し、300人以上の死者を出した
1891年10月28日	明治24	濃尾地震		8.0	死者24人、負傷者94人、家屋全壊1,011棟
1899年3月7日	明治32	紀伊大和地震		7.0	木ノ本・尾鷲で死者7人、三重県を中心に近畿地方南部で被害
1927年3月7日	昭和2	北丹後地震		7.3	死者21人、負傷者126人、住家・非住家全壊127棟
1936年2月21日	昭和11	河内大和地震		6.4	死者8人、負傷者52人、住家全壊4棟
1944年12月7日	昭和19	東南海地震		7.9	死者14人、負傷者135人、住家全壊199棟
1946年12月21日	昭和21	南海地震		8.0	死者32人、負傷者46人、住家全壊234棟
1952年7月18日	昭和27	吉野地震		6.7	死者2人、負傷者75人、住家全壊9棟
1995年1月17日	平成7	阪神大震災		7.3	死傷者発生

2000年10月6日	平成12	鳥取県西部地震		7.3	負傷者4人
2004年9月5日	平成16		紀伊半島南東沖	7.4	負傷者10人
2011年3月11日	平成23	東日本大震災		9.0	負傷者1人
2013年4月13日	平成25		淡路島付近	6.3	負傷者5人
2016年10月21日	平成28	鳥取中部地震		6.6	負傷者1人
2018年6月18日	平成30	大阪北部地震		6.1	死者5人、負傷者349人、住家全壊3棟、半壊20棟、一部損壊11,876棟（全体で死者5人、負傷者422人、住家全壊3棟、半壊20棟、一部損壊12,727棟）

【京都府】

発生年月	和暦	地震	地域	規模M	被害状況
701年5月12日	大宝1	大宝地震	丹波国		京都府阿蘇海で大津波（伝承）
827年8月11日	天長4		京都地方	6.5～7.0	家屋全壊多数（類聚国史）
887年8月26日	仁和3	仁和地震	五畿・七道	8.0～8.5	家屋倒壊、圧死者多数。南海トラフの巨大地震
938年5月22日	天慶1		京都・紀伊地方	7.0	宮中で死者4人。家屋全壊多数
976年7月22日	天延4・貞元1	山城・近江地震		6.7以上	家屋全壊多数、死者50人以上。2か月に100回ほどの余震があり、地震により「天延」から「貞元」に改元された。
1185年8月13日	文治1	文治地震	近江・山城・大和	7.4	死者・家屋倒壊多数。法勝寺や宇治川の橋など損壊。余震が2か月ほど続く

1317 年 2 月 24 日	文保 1		京都地方	6.5 ～ 7.0	白河辺で、ことごとく住家全壊し、死者 5 人
1449 年 5 月 13 日	宝徳 1		山城・大和地方	5.75 ～ 6.5	洛中の堂塔などに被害多く、死者多数
1596 年 9 月 5 日	慶長 1	慶長伏見地震	畿内	7.5 ± 0.25	有馬－高槻断層帯の地震。三条から伏見の間で被害大。伏見城天守は大破し、崩れた石垣などで圧死者約 600 人
1662 年 6 月 16 日	寛文 2	寛文近江・若狭地震	山城・大和・河内・和泉・摂津・丹後・若狭・近江・美濃・伊勢・駿河・三河・信濃	7.25 ～ 7.6	全体で死者 200 人余、家屋倒壊 1,000 棟
1830 年 8 月 19 日	天保 1	京都地震	京都および周辺	6.5	死者 280 人、負傷者 1,300 人
1891 年 10 月 28 日	明治 24	濃尾地震		8.0	家屋全壊 13 棟
1925 年 5 月 23 日	大正 14	北但馬地震		6.8	北部（久美浜）で、死者 7 人、負傷者 30 人、住家全壊 20 棟
1927 年 3 月 7 日	昭和 2	北丹後地震		7.3	山田断層帯の地震。丹後半島の付け根部分で発生。北丹後一帯で甚大な被害が生じ、火災が被害を大きくした。死者 2,898 人、負傷者 7,595 人、住家全壊 4,899 棟、同焼失 2,019 棟
1936 年 2 月 21 日	昭和 11	河内大和地震		6.4	京都・大阪・奈良で最大震度 5
1952 年 7 月 18 日	昭和 27	吉野地震		6.7	死者 1 人、負傷者 20 人、住家全壊 5 棟
1995 年 1 月 17 日	平成 7	阪神大震災		7.3	死傷者発生

2004年9月5日	平成16		紀伊半島南東沖	7.4	負傷者1人
218年6月18日	平成30	大阪北部地震		6.1	負傷者22人、住家一部損壊827棟

【兵庫県】

発生年月	和暦	地震	地域	規模M	被害状況
868年8月3日	貞観10	播磨国地震	播磨・山城	7.1	播磨諸郡で家屋全壊多数
1596年9月5日	慶長1	慶長伏見地震	畿内	7.5±0.25	神戸・有馬・兵庫で家屋全壊多数
1707年10月28日	宝永4	宝永地震		8.6	家屋全壊23棟
1865年2月24日	慶応1		播磨・丹波	6.25	加古川上流で家屋破壊多数
1916年11月26日	大正5		神戸・明石付近	6.1	死者1人、負傷者5人、全壊家屋3棟
1925年5月23日	大正14	北但馬地震		6.8	城崎付近で発生。北部で被害。死者421人、負傷者804人、住家全壊1,275棟、同焼失2,180棟
1927年3月7日	昭和2	北丹後地震		7.3	北部で被害。死者6人、負傷者85人、住家・非住家全壊80棟、同焼失4,640棟
1944年12月7日	昭和19	東南海地震		7.9	負傷者2人、住家全壊3棟
1946年12月21日	昭和21	南海地震		8.0	死者50人、負傷者91人、住家全壊330棟
1952年7月18日	昭和27	吉野地震		6.7	死者1人、負傷者13人
1995年1月17日	平成7	阪神大震災		7.3	日本で「震度7」が適用された初めての地震。人口350万人が密集する淡路北部から神戸市および阪神地域の直下で発生した大規模地震。兵庫県の死者・不明者6,405人、負傷者40,092人、家屋全壊104,004棟

2000年10月6日	平成12	鳥取県西部地震		7.3	負傷者1人
2004年9月5日	平成16		紀伊半島南東沖	7.4	負傷者1人
2013年4月13日	平成25		淡路島付近	6.3	負傷者35人、住家全壊8棟
2016年10月21日	平成28	鳥取中部地震		6.6	負傷者3人
2018年6月18日	平成30	大阪北部地震		6.1	負傷者41人、住家一部損壊2棟

【広島県】

発生年月	和暦	地震	地域	規模M	被害状況
1649年3月17日	慶安2		安芸・伊予地方	7.0	松山城、宇和島城の石垣や塀が崩れる、広島では家屋全壊あり
1686年1月4日	貞享2		安芸・伊予地方	7.2	広島県中部で被害大。死者2人、家屋破損147棟。宮嶋、三原などで被害
1707年10月28日	宝永4	宝永地震		8.6	広島県内でも家屋倒壊や、津波による海岸近くの浸水被害が生じた
1854年12月23・24日	安政1	安政東海地震・安政南海地震		8.4	安政東海地震の32時間後に津波到来。2つの地震の被害や、津波被害と区別困難
1857年10月12日	安政4		伊予・安芸地方	7.3	今治で城内破損、郷町で死者1人、家屋倒壊3棟。宇和島・松山・広島等で被害。郡中で死者4人
1872年3月14日	明治5	浜田地震		7.1	負傷者3人、家屋全壊20棟
1905年6月2日	明治38	芸予地震		7.2	死者11人、負傷者160人、家屋（含非住家）全壊56棟
1946年12月21日	昭和21	南海地震		8.0	負傷者3人、住家全壊19棟

1949年7月12日	昭和24		安芸灘	6.2	県で死者2人。下松市で負傷者2人
2000年10月6日	平成12	鳥取県西部地震		7.3	負傷者3人
2001年3月24日	平成13	芸予地震		6.7	安芸灘を震源。広島県で震度6弱。広い範囲で斜面崩壊被害。死者1人、負傷者193人、家屋全壊65棟
2016年10月21日	平成28	鳥取中部地震		6.6	

【岡 山 県】

発生年月	和　暦	地　　震	地　　域	規模M	被　害　状　況
868年8月3日	貞観10	播磨国地震	播磨・山城	7.1	播磨諸郡の官舎・諸寺の堂塔ことごとく頽れ倒れた。山崎断層を震源とする地震（『日本三大實録』）
1707年10月28日	宝永4	宝永地震		8.6	住家全壊や液状化あり。津波で塩田などに被害
1710年10月3日	宝永7	因伯美地震	伯耆・美作地方	6.5	山崩れなど。美作で死者2人、住家倒壊200棟余
1711年3月19日	正徳1		伯耆・美作地方	6 1/4	大山で山崩れ、伯耆・美作で潰家、死者4人
1854年 12月23・24日	安政1	安政東海地震・ 安政南海地震		8.4	地震の32時間後に津波到来
1946年12月21日	昭和21	南海地震		8.0	県南部で被害が大。死者51人、負傷者187人、住家全壊478棟
2000年10月6日	平成12	鳥取県西部地震		7.3	負傷者18人、住家全壊7棟
2001年3月24日	平成13	芸予地震		6.7	安芸灘を震源、負傷者1人

2013年4月13日	平成25		淡路島付近	6.3	負傷者1人
2016年10月21日	平成28	鳥取中部地震		6.6	負傷者3人、住家被害14棟

【山口県】

発生年月	和暦	地震	地域	規模M	被害状況
1707年11月21日	宝永4		防長地方	5.5	死者3人、負傷者15人、上徳地村で潰家289棟
1793年1月13日	寛政4		長門・周防地方	6.25 ～6.5	防府で住家の損壊多数
1857年7月8日	安政4		萩地方	6.0	
1898年4月3日	明治31		見島地方	6.2	
2000年10月6日	平成12	鳥取県西部地震		7.3	負傷者1人
2001年3月24日	平成13	芸予地震		6.7	負傷者12人、家屋全壊3棟
2005年3月20日	平成17	福岡県西方沖地震		7.0	負傷者1人
2016年10月21日	平成28	鳥取中部地震※		6.6	負傷者3人、住宅被害19棟

【鳥取県】

発生年月	和暦	地震	地域	規模M	被害状況
1710年10月3日	宝永7	因伯美地震	伯耆・美作地方	6.5	河村、久米両郡（現東伯郡）で被害大。伯耆で死者75人、家屋倒壊1,092棟
1711年3月19日	正徳1		伯耆・美作地方	6.25 ～6.3	因幡、伯耆両国で死者4人、住家倒壊380棟
1854年12月24日	安政1	安政南海地震		8.4	南海沖の巨大地震。鳥取で家屋全壊10棟

1943年3月4日	昭和18		鳥取沖	6.2	両方で軽傷者11人、建物（含非住家、塀など）倒壊68棟
1943年3月5日	昭和18		鳥取沖	6.2	
1943年9月10日	昭和18	鳥取地震		7.2	鳥取市を中心に被害が大きく、死者1,083人、負傷者3,259人、家屋全壊7,485棟
1946年12月21日	昭和21	南海地震		8.0	死者2人、負傷者3人、住家全壊16棟
2000年10月6日	平成12	鳥取県西部地震		7.3	鳥取県6強。負傷者141人、住家全壊394棟
2016年10月21日	平成28	※鳥取中部地震		6.6	負傷者21人、住家被害8,899棟

※鳥取県中部を震源とする地震：隠れた断層の横ずれによって発生したとみられる。

【島根県】

発生年月	和暦	地震	地域	規模M	被害状況
880年11月23日	元慶4		出雲地方	7.0	神社、仏閣、家屋転倒す
1026年6月10日	万寿3	万寿地震	島根県益田市沖	7.5～7.8	石見国（島根県益田市）の日本海沖で巨大な地震津波が発生し、沿岸の各村落に襲来して未曾有の被害をもたらした（口碑）。死者1,000人以上と推定。益田川沿いにて同時期の津波堆積物と思われる層が確認されている
1676年7月12日	延宝4	津和野地震	石見地方	6.5	津和野城などに被害。死者7人、負傷者35人、住家倒壊133棟
1854年12月24日	安政1	安政南海地震		8.4	出雲大社などで150棟被害
1859年1月5日	安政5		石見地方	6.2	那賀郡、美濃郡で揺れが強く、波佐村、周布村、美濃村などで家屋倒壊56棟

1859年10月4日	安政5		石見地方	6.0～6.5	那賀郡で揺れが強く、周布村で家屋倒壊数棟
1872年3月14日	明治5	浜田地震		7.1	死者551人、負傷者582人、家屋全壊4,506棟、同焼失230棟。海岸で海水の変動あり
1946年12月21日	昭和21	南海地震		8.0	死者9人、負傷者16人、住家全壊71棟
2000年10月6日	平成12	鳥取県西部地震		7.3	負傷者11人、住家全壊34棟
2001年3月24日	平成13	芸予地震		6.7	負傷者3人
2016年10月21日	平成28		鳥取中部地震	6.6	

【香川県】

発生年月	和暦	地震	地域	規模M	被害状況
1596年9月5日	慶長1	慶長伏見地震	畿内	7.5±0.25	諸寺・民家の倒潰も多く、死者多数
1707年10月28日	宝永4	宝永地震		8.6	丸亀城破損。五剣山の一部崩落。2m程度の津波も押し寄せ被害あり。死者28人、家屋倒壊929棟
1854年12月24日	安政1	安政南海地震		8.4	家屋倒壊2,961棟。津波の高さは香西で30cm余だったが満潮と重なり浸水被害。死者5人、負傷者19人
1946年12月21日	昭和21	南海地震		8.0	住家全壊317棟、道路や橋の損壊、堤防決壊・亀裂による塩田の浸水被害、地盤沈下など。死者52人、負傷者273人
2000年10月6日	平成12	鳥取県西部地震		7.3	負傷者2人

【愛 媛 県】

発生年月	和暦	地震	地域	規模M	被害状況
1649年3月17日	慶安2	※2	安芸・伊予地方	7.0	宇和島、松山の城の石垣が崩れる
1686年1月4日	貞享3	※2	安芸・伊予地方	7.2	安芸では死者あり、家屋全壊多数。伊予でも被害が生じた
1707年10月28日	宝永4	※1宝永地震		8.6	死者12人、負傷者24人。城下の家々破損。宇和島などに津波。瀬戸内海沿岸部でも浸水被害など
1854年12月24日	安政1	※1安政南海地震		8.4	死者2人、家屋全半壊1,000棟以上
1854年12月26日	安政1	※2豊予海峡地震	伊予西部	7.4	伊予大洲、吉田で家屋倒壊（安政南海地震との被害の区分ができない）
1857年10月12日	安政4	※2	伊予・安芸地方	7.3	今治で城内破損、郷町で死者1人、家屋全壊3棟、宇和島・松山・広島などでも被害。郡中で死者4人
1905年6月2日	明治38	芸予地震		7.2～7.3	負傷者17人、家屋（含非住家）全壊8棟
1946年12月21日	昭和21	※1南海地震		8.0	死者26人、負傷者32人、住宅全壊155棟
1949年7月12日	昭和24		安芸灘	6.2	
1968年4月1日	昭和43	日向灘地震		7.5	豊後水道で発生。負傷者3人（高知・愛媛で被害多く、負傷者15人、住家全壊1棟、半壊2棟、道路損壊18か所など。小津波があった）
2001年3月24日	平成13	平成13年芸予地震		6.7	死者1人、負傷者75人、家屋全壊2棟

※1　南海トラフを震源とする地震。有史以来100～150年間隔で発生している。
※2　瀬戸内海西部や豊後水道付近で発生した地震。

【徳島県】

発生年月	和暦	地震	地域	規模M	被害状況
684年11月29日	天武13	白鳳地震	土佐その他南海・東海・西海	8.25	南海トラフ沿いの巨大地震。諸国で家屋の倒壊、津波あり、死傷者多数
887年8月26日	仁和3	仁和地震	五畿・七道	8.0～8.5	沿岸部で津波による溺死者多数。南海トラフ沿いの巨大地震
1099年2月22日	康和1	康和地震	南海道・畿内	8.0～8.3	津波があったらしい。南海沖の巨大地震と考えられる
1361年8月3日	正平16	正平地震	畿内・土佐・阿波	8.25～8.5	津波で阿波の雪(由岐)湊では、家屋流失1,700棟。死者60人余。南海トラフの巨大地震
1498年9月20日	明応7	明応地震	東海道全般	8.3	南海トラフ巨大地震と思われる
1596年9月5日	慶長1	慶長伏見地震	畿内	7.5±0.25	
1605年2月3日	慶長9	慶長地震		7.9	阿波の鞆浦（ともうら）で約30mの津波・死者100人余、宍喰で6m・死者1,500人余
1707年10月28日	宝永4	宝永地震		8.6	死者420人以上、家屋全壊・流失930棟以上
1789年5月11日	寛政1		阿波地方	7.0	土佐室津に津波、阿波富岡町で文珠院や町屋の土蔵に被害
1854年12月24日	安政1	安政南海地震		8.4	牟岐で死者20人、橘で家屋流失134棟など
1946年12月21日	昭和21	南海地震		8.0	死者不明者211人、負傷者665人、住家全壊・流失1,612棟
1995年1月17日	平成7	阪神淡路大震災		7.3	

2013年4月13日	平成25		淡路島付近	6.3	負傷者2人
2018年6月18日	平成30	大阪北部地震		6.1	負傷者1人

【高 知 県】

発生年月	和　暦	地　　震	地　　域	規模M	被　害　状　況
684年11月29日	天武13	白鳳地震	土佐その他南海・東海・西海	8.25	津波で土佐の船多数沈没。田苑50余万（約12km^2）沈下して海となる。南海トラフ巨大地震
887年8月26日	仁和3	仁和地震	五畿・七道	8.0～8.5	圧死者多数。沿岸部で津波による溺死者多数。南海トラフ巨大地震
1099年2月22日	康和1	康和地震	南海道・畿内	8.0～8.3	津波で土佐の田約1,000ha海に沈む。南海トラフ巨大地震
1361年8月3日	正平16	正平地震	畿内・土佐・阿波	8.25～8.5	津波で摂津・阿波・土佐に被害。南海トラフ沿いの巨大地震
1498年9月20日	明応7	明応地震	東海道全般	8.3	南海トラフ巨大地震
1605年2月3日	慶長9	慶長地震		7.9	土佐甲ノ浦・崎浜・室戸岬等で死者800人以上
1707年10月28日	宝永4	宝永地震		8.6	高知市東部で最大2mの沈下。主として津波により死者・不明者2,770人
1854年 12月23日・24日	安政1	安政東海地震 ・南海地震		8.4	両地震の被害は区別できないが、高知県内の被害はほとんど南海地震によると推定される。土佐領内では死者372人、負傷者180人、住家全壊3,032棟、同流失3,202棟、同焼失2,481棟
1946年12月21日	昭和21	南海地震		8.0	住家全壊･流失･焼失5,596棟。死者不明者679人、負傷者1,836人

1960年5月23日	昭和35	チリ地震津波		Mw 9.5	負傷者1人、建物全壊7棟
1968年4月1日	昭和43	日向灘地震		7.5	宿毛市、土佐清水市などで強い揺れと津波による被害。負傷者4人、住家全壊1棟（高知・愛媛で被害多く、住家全壊1棟、半壊2棟、道路損壊18か所など。小津波があった）
2001年3月24日	平成13	平成13年芸予地震		6.7	負傷者4人
2011年3月11日	平成23	東日本大震災		9.0	負傷者1人

【福岡県】

発生年月	和暦	地震	地域	規模M	被害状況
679年初頭	天武7	天武地震	筑紫	6.5～7.5	家屋倒壊多く、幅2丈、長さ3,000余丈の地割れが生じた
1707年10月28日	宝永4	宝永地震		8.6	南海トラフの巨大地震。筑後でも死者・家屋全壊があった
1848年1月10日	弘化4		筑後地方	5.9	柳川で家屋倒壊あり
1854年12月24日	安政1	安政南海地震		8.4	
1854年12月26日	安政1	豊予海峡地震	伊予西部	7.4	小倉で家屋倒壊有
1872年3月14日	明治5	浜田地震		7.1	久留米で液状化被害
1889年7月28日	明治22	熊本地震		6.3	柳川付近で家屋倒壊60棟余
1898年8月10日	明治31	糸島地震	福岡市付近	6.0	負傷者3人。糸島郡で全壊家屋7棟

2005年3月20日	平成17	福岡県西方沖地震		7.0	死者1人、負傷者1,186人、家屋全壊143棟。近年埋め立て造成された福岡市の博多湾沿岸部で液状化現象が広範囲に起きた
2016年 4月14日・16日	平成28	熊本地震		6.5～ 7.3	14日M6.5、16日M7.3、以降連続する地震。布田川・日奈久断層帯による地震。重軽傷17人、住家半壊4棟

【佐賀県】

発生年月	和暦	地震	地域	規模M	被害状況
679年初頭	天武7	天武地震	筑紫地方	6.5～ 7.5	家屋の倒壊多数
1703年6月22日	元禄16		小城地方	不明	小城古湯温泉の城山崩れ、温泉埋まる
1831年11月14日	天保2		肥前地方	6.1	肥前国地大いに震い、佐賀城石垣崩れ、領内潰家多し
1898年8月10日	明治31	糸島地震	福岡市付近	6.0	福岡県西部が震央
2005年3月20日	平成17	福岡県西方沖地震		7.0	負傷者15人
2016年 4月14日・16日	平成28	熊本地震		6.5～ 7.3	14日M6.5、16日M7.3、以降連続する地震。布田川・日奈久断層帯による地震。重軽傷者13人

【長崎県】

発生年月	和暦	地震	地域	規模M	被害状況
874年3月25日	貞観16	雲仙岳噴火			降灰により病死者多数

1700年4月15日	元禄13	壱岐・対馬地震	壱岐・対馬	7.0	壱岐対馬で石垣や墓石がことごとく崩れ、家屋全壊89棟
1707年10月28日	宝永4	宝永地震		8.6	津波により長崎県でも被害
1791年12月	寛政3	雲仙岳噴火			山体崩壊により小浜で死者2人
1792年5月21日	寛政4	島原大変・肥後迷惑		6.4	眉山の山体崩落により大津波（最大10m）。全体で死者15,000人
1854年 12月23・24日	安政1	安政東海地震・ 安政南海地震		8.4	安政東海地震の32時間後に発生。長崎にも被害
1922年12月8日	大正11	島原地震	千々石湾	6.9	死者26人、負傷者39人、住家全壊195棟
1991年6月3日	平成3	雲仙岳噴火			大規模な火砕流発生。死者不明者43人
1993年6月23日	平成5	雲仙岳噴火			火砕流により死者1人、家屋焼失多数 ※1990年11月17日、98年ぶりに噴火。翌年5月から火砕流・土石流が発生し、1994年までに死者不明者44人、家屋全壊・流出688棟。現在は白色の噴気がみられる程度
2005年3月20日	平成17	福岡県西方沖地震		7.0	負傷者2人、家屋全壊1棟

【熊 本 県】

発生年月	和 暦	地 震	地 域	規模M	被 害 状 況
1619年5月1日	元和5		肥後・八代地方	6.2	麦島城はじめ公私の家屋が破壊した
1625年7月21日	寛永2		熊本地方	5.0～6.0	熊本城の火薬庫爆発。死者約50人

1707年10月28日	宝永4	宝永地震		8.6	家屋倒壊470棟など
1723年12月19日	享保8		肥後・豊後・筑後地方	6.5	肥後で死者2人、負傷者25人、家屋倒壊980棟
1769年8月29日	明和6	明和地震	日向・豊後・肥後地方	7.75	延岡城・大分城で被害大。熊本領内でも、死者1人、家屋倒壊115棟
1792年5月21日	寛政4	島原大変肥後迷惑		6.4	噴火活動に伴う地震により眉山が崩壊し、津波発生。島原と合わせ死者15,000人以上
1816年7月	文化13	阿蘇山噴火			噴石により死者1人
1854年2月26日	安政1	阿蘇山噴火			噴火により参拝者3人死亡
1854年12月24日	安政1	安政南海地震		8.4	死者6人、家屋全壊907棟
1872年12月30日	明治5	阿蘇山噴火			噴火により硫黄採集者が数人死亡
1889年7月28日	明治22	熊本地震		6.3	熊本市付近で被害大。死者20人、負傷者54人、住家全壊239棟
1931年12月21日～26日	昭和6	大矢野島群発地震		5.5～5.9	12月21日M5.5、22日M5.6、26日M5.9
1932年12月17日～	昭和7	阿蘇山噴火			噴石により負傷者13人
1940年4月	昭和15	阿蘇山噴火			噴石により負傷者1人
1941年11月19日	昭和16	日向灘地震		7.2	死者2人、負傷者7人。建物全壊19棟
1946年12月21日	昭和21	南海地震		8.0	死者2人、負傷者1人。建物全壊6棟
1953年4月27日	昭和28	阿蘇山噴火			噴石が第一火口から約800mまで飛散。観光客死者6人、負傷者90余人

1958年6月24	昭和33	阿蘇山噴火			火砕サージが第一火口から約1.2kmまで到達。死者12人、負傷者28人
1968年2月21日	昭和43	えびの地震		6.1	死者3人
1975年1月23日	昭和50		阿蘇山北麓	6.1	一の宮町三野地区に被害集中。死者3人、負傷者10人、住家全壊16棟
1977年7月1日	昭和52	阿蘇山噴火			噴石が第一火口から約800mまで飛散
1979年9月6日	昭和54	阿蘇山噴火			噴石が第一火口から約1.2kmまで飛散。死者3人、重傷者2人、軽傷者9人
2016年4月14日・16日	平成28	熊本地震		6.5～7.3	14日M6.5、16日M7.3、以降連続する地震。布田川・日奈久断層帯による地震。死者246人、負傷者2,718人、住家全壊8,664棟、住家半壊34,335棟
2016年10月8日	平成28	阿蘇山噴火			噴火

【大分県】

発生年月	和暦	地震	地域	規模M	被害状況
679年初頭	天武7	天武地震	筑紫	6.5～7.5	家屋倒壊多数
1596年9月1日	慶長1	慶長豊後地震	別府湾	7.0±1/4	別府湾沿岸部で強い揺れ・津波により被害大
1703年12月31日	元禄16		由布院・庄内地方	6.5±1/4	大分領山奥22か村で死者1人、家屋全壊273棟。湯布院筋・大分領で住家全壊580棟
1707年10月28日	宝永4	宝永地震		8.6	県内の家屋倒壊250棟以上。津波が別府湾、臼杵湾、佐伯湾に来襲し流失家屋400棟以上

1769年8月29日	明和6	明和地震	日向・豊後・肥後	7 3/4	佐伯で家屋破損。臼杵で家屋全壊531棟。大分で家屋全壊271棟
1854年12月24日	安政1	安政南海地震		8.4	大分藩で死者18人家屋全壊4,546棟。臼杵藩で家屋全壊500棟
1854年12月26日	安政1	豊予海峡地震	伊予西部	7.4	鶴崎で家屋倒壊100棟
1857年10月12日	安政4		伊予・安芸地方	7.3	鶴崎で家屋倒壊3棟
1941年11月19日	昭和16		日向灘	7.2	負傷者6人、住家・非住家全壊8棟
1946年12月21日	昭和21	南海地震		8.0	津波あり。死者4人、負傷者10人、住家全壊36棟
1968年4月1日	昭和43	日向灘地震		7.5	負傷者1人
1975年4月21日	昭和50	大分県中部地震		6.4	一部の地下水、温泉に変化あり。負傷者22人、住家全壊58棟
2001年3月24日	平成13	芸予地震		6.7	上浦町で震度5弱
2016年 4月14日・16日	平成28	熊本地震		6.5～ 7.3	14日M6.5、16日M7.3、以降連続する地震。布田川・日奈久断層帯による地震。死者3人、負傷者34人、住家全壊10棟、住家半壊222棟

【宮崎県】

発生年月	和暦	地震	地域	規模M	被害状況
1662年10月31日	寛文2	外所（とんどころ）地震（寛文地震）	日向・大隅	7.6	日向灘沿岸に被害。家屋の損壊多数。死者約200人。この地震による津波と地盤沈下により、現在の宮崎市加江田・本郷地区の一部沿岸約32kmは内海になった。その後1820年頃埋め立てられた

1707年10月28日	宝永4	宝永地震		8.6	延岡で家屋倒壊9棟、流失16棟、田に浸水80町など
1769年8月29日	明和6	明和地震	日向・豊後・肥後	7.75	延岡城で破損大。住家全壊多数。津波あり
1854年12月24日	安政1	安政南海地震		8.4	安政東海地震の32時間後に発生。延岡と宮崎で住家倒壊30棟など
1909年11月10日	明治42	宮崎県西部		7.6	宮崎市などで被害。東臼杵郡で家屋全壊2棟
1931年11月2日	昭和6		日向灘	7.1	宮崎・都城・佐土原・生目などで被害大。死者1人、負傷者29人、家屋全壊4棟
1968年2月21日	昭和43	えびの地震		6.1	負傷者32人、住家全壊333棟。陸域の浅いところで発生する地震によって、局部的に大きな被害を受けた。えびの地震は霧島山北麓、深さ0kmを震源とする内陸直下型地震で多くの被害が出た
1968年4月1日	昭和43	日向灘地震		7.5	負傷者7人
2011年1月27日	平成23	霧島山新燃岳噴火			1959年以来52年ぶりの爆発的噴火。重軽傷者42人（宮崎・鹿児島）
2016年4月14日・16日	平成28	熊本地震		6.5～7.3	14日M6.5、16日M7.3、以降連続する地震。布田川・日奈久断層帯による地震。負傷者8人、住家半壊2棟
2018年3月1日～	平成30	霧島山新燃岳噴火			3月4日の噴火では約1,000m上空まで噴煙が上がった

【鹿児島県】

発生年月	和暦	地震	地域	規模M	被害状況
764年12月	天平宝字8	桜島噴火			死者80人余、民家56棟埋没、長崎花溶岩流を噴出（『続日本紀』）
1471～1476年	文明3～8	桜島噴火			文明大噴火。文明3年9月12日、文明8年9月12日に大噴火。死者多数
1707年10月28日	宝永4	宝永地震		8.6	志布志湾など津波被害が推定されるが県内被害は不詳
1716～1717年	享保1～2	霧島山新燃岳噴火			火砕流・泥流で死傷者60人超
1779年10月1日	安永8	桜島噴火			安永大噴火。江戸にも降灰。死者153人
1781年3月18日	安永10	桜島噴火			海中噴火により津波発生。死者不明者15人
1854年12月24日	安政元	安政南海地震		8.4	津波被害が推定されるが、県内被害は不明
1901年6月24日	明治34			7.5	
1909年11月10日	明治42			7.6	
1911年6月15日	明治44	喜界島地震	奄美大島近海	8.0	喜界島･奄美大島･沖縄島などに被害。死者12人、家屋全壊422棟（喜界島で死者1人、徳之島で死者5人　等）
1913年6月29日	大正2			5.7	
1914年1月12日	大正3	桜島地震		7.1	桜島噴火に伴う地震。鹿児島市内で死者13人、負傷者96人、住家全壊39棟。鹿児島市近郊で死者22人、負傷者16人
1923年7月13日	大正12		九州地方南東沖	7.1	宮崎・鹿児島で震度4

1931年		口永良部島噴火			向江浜に土石流が流れ込み、多くの家屋に被害
1933年		口永良部島噴火			噴石により死傷者
1946年1月20日	昭和21	桜島噴火			昭和大噴火。多量の溶岩流噴出。死者1人
1955年10月13日	昭和30	桜島噴火			10月13日から17日までに8回の爆発・噴火、死者1人・負傷者7人または9人の人的被害および農作物被害。これ以降現在に至るまで断続的に爆発が続く
1961年2月27日	昭和36		日向灘	7.0	大崎町、志布志町で被害。死者1人、負傷者3人、住家全壊2棟
1964年2月3日	昭和39	桜島噴火			噴石により重軽傷者7人
1968年2月21日	昭和43	えびの地震		6.1	山崩れが多かった。死者3人、負傷者10人、住家全壊35棟
1973年6月1日	昭和48	桜島噴火			爆発的噴火。最大こぶし大の噴石により100台の車に被害。負傷者1人
1974年6月17日	昭和49	桜島噴火			6月17日、8月9日の2回噴火。死者8人
1978年7月29日	昭和53	桜島噴火			7月29日～8月1日にかけ爆発、火山礫により負傷者3人
1985年7月21日	昭和60	桜島噴火			降灰により列車と自動車が衝突事故。負傷者1人
1986年11月23日	昭和61	桜島噴火			噴石がホテルを直撃、重軽傷者6人
1997年3月26日	平成9		鹿児島県北西部	6.6	負傷者31人、住家全壊2棟
1997年5月13日	平成9	鹿児島県北西部地震		6.4	負傷者43人、住家全壊4棟

2011年1月27日	平成23	霧島山新燃岳噴火			爆発的噴火。重軽傷者42人（宮崎・鹿児島）
2018年3月1日～	平成30	霧島山新燃岳噴火			3月4日の噴火では約1,000 m上空まで噴煙が上がった

【沖縄県】

発生年月	和暦	地震	地域	規模M	被害状況
1771年4月24日	明和8	八重山地震津波（明和の大津波）		7.4	八重山列島と宮古列島で被害。溺死者数約12,000人。家屋流失2,000棟余。地震動による被害は少なかったが、津波による被害甚大。石垣島での津波の高さは85.4 mとの記録もあり。石垣島では人口の48%が死亡不明。海底での大規模な地滑り説や琉球海溝で発生した海溝型巨大地震（M8.0）との説もある
1901年6月24日	明治34		南西諸島周辺の浅発地震	7.5	津波発生
1909年8月29日	明治42		沖縄本島付近	6.2	死者2人、負傷者13人、家屋全半壊106棟
1909年11月10日	明治42		宮崎県西部	7.6	この領域の深さ60～150 km程度の範囲での地震（九州から南西諸島周辺のやや深発地震）
1911年6月15日	明治44	喜界島地震	奄美大島近海（九州から南西諸島周辺のやや深発）	8.0	この領域の深さ60～150 km程度の範囲での地震。奄美、沖縄諸島に被害。死者12人、家屋全壊422棟
1938年6月10日	昭和13		宮古島北西沖	7.7	宮古島で2 m前後の津波

1947年9月27日	昭和22		与那国島近海	7.4	石垣島、西表島で被害。死者5人
1958年3月11日	昭和33		石垣島近海	7.2	死者2人、負傷者4人
1960年5月23日	昭和35	チリ地震津波		9.5	死者3人、負傷者2人、建物全壊28棟
1966年3月13日	昭和41		台湾東方（与那国島周辺）	7.8	与那国島で被害。死者2人、家屋全壊1棟
2001年12月18日	平成13		与那国島近海	7.3	与那国島・西表島で震度4。西表島で津波20 cm
2010年2月27日	平成22		沖縄本島近海	7.2	沖縄本島南島沖の日本海溝付近を震源。糸満市で震度5弱。負傷者2人

資料２
主な火山噴火の歴史

日本の国土に被害を及ぼしたと考えられる主な火山噴火の代表的な歴史を示します。
なお、火山活動は継続的に繰り返し、発生しているためすべてに示すことはできませんでした。

●参考資料
火山防災マップ作成指針「別冊資料」（内閣府）
『災害列島・危険情報地図』（成美堂出版、2012）

【十勝岳】

約 3000 年前	爆発的噴火と山体崩壊
約 1000 年前	複数の火砕丘を形成
約 500 年前	中央火口丘が噴火活動
1857 年	安政 4 年 5 月噴火
1887 年	
1926 年	大正 15 年 5 月 24 日、2 回目の大爆発による噴石が火口より 2.4 km の硫黄鉱山に 1 分未満で到達、操業中の作業員 25 人が死亡、高温の岩屑なだれが融雪型火山泥流（ラハール）となり火口より 25 km の富良野原野まで 25 分で到達し死者 119 人、負傷者 12 人。山林・耕地・道路・橋梁・鉄道などに甚大な被害
1962 年	昭和 37 年 6 月 29 日、噴火噴煙 12,000m 上昇、降灰は知床半島、千島列島に達する。大正火口付近にあった硫黄採掘現場宿舎の作業員 5 人が死亡・不明、負傷者 11 人。大正火口の採掘がその後中止される
1988 ～ 1989 年	小規模な噴火。融雪型火山泥流が発生。山麓の住民避難

【有珠山】

1.5 ～ 2 万年前	火山活動開始
7000 ～ 8000 年前	山体崩壊
1663 年	寛文 3 年 8 月 16 日、噴煙柱が津軽藩領内からも観察され、爆発に伴う空振が庄内平野でも感じられる。死者 5 人
1769 年	明和 5 年 1 月。噴出量 0.11 km^3。火砕流で山麓の民家焼失
1822 年	文政 5 年 3 月 23 日、火砕流で山麓の集落が全滅。死者 103 人、馬 1,473 頭被害、負傷者多数、集落移転
1853 年	嘉永 6 年 4 月
1910 年	明治 43 年 7 月 25 日、降灰により家屋・山林・耕地に被害、翌 26 日に泥流で死者 1 人。明治新山出現
1944 年	昭和 19 年 7 月 11 日、火災サージにより負傷者 1 人、家屋損壊。8 月 26 日にも降灰による窒息で死者 1 人、家屋焼失。昭和新山出現
1977 年	昭和 52 年 8 月 7 日午前 9 時 12 分より山頂カルデラ、小有珠斜面からのプリニー式の軽石噴火で始まり、降下火砕物により住宅被害 196 棟、死者 2 人
1978 年	昭和 53 年 10 月 24 日、前日から続く降雨により山周辺ほぼ全域で発生した土石流により死者 2 人、行方不明者 1 人、軽傷者 2 人、家屋被害 196 棟
2000 年	マグマ水蒸気爆発による噴煙は上空 3,500m に達する。噴火を事前に予知し、住民約 10,000 人を避難。洞爺湖温泉近くに新火口

【駒ヶ岳】

3 万年以前	火山活動開始
約 6000 年前	降下火砕物と火砕流
約 5500 年前	降下火砕物と火砕流

1640年	寛永17年7月30日（旧暦6月13日）、山体崩壊に伴う岩屑なだれが内浦湾に流入し、大津波が発生。溺死者700人以上、船舶100余隻に被害
1694年	元禄7年8月。大噴火
1856年	安政3年9月25日、大噴火により火砕流発生。噴石により死者2人、火砕流により19～27人の犠牲者
1929年	昭和4年6月17日、降下火砕物により死者2人、負傷者4人、家畜被害136頭、家屋損壊1,915棟。噴出量0.5 km^3で20世紀以降では桜島に次ぐ規模
1942年	噴火、火山サ～ジを観測
1996年	3月火山活動
1998年	10月火山活動
2000年	9～11月火山活動

【雌阿寒岳】

約1万2000年前	大噴火。火砕流が四方へ流出
7000～3000年前	ポンマチネシリ火山体形成
1955年	11月19日。ポンマチネシリ火口で小規模噴火
1956年	3～10月。ポンマチネシリ火口で小規模噴火、火災物降下
1959年	5～10月。水蒸気爆発
1996年	11月21日。ポンマチネシリ火口で小規模噴火、火災物降下
1998年	11月9日。ポンマチネシリ火口で小規模のマグマ水蒸気噴火
2006年	2～7月。ポンマチネシリ火口で小規模のマグマ水蒸気噴火

【樽前山】

約9000年前	火山活動開始
約3000年前	火砕流と火砕サージ
1667年	寛文7年9月。噴出量4.0 km^3。火山灰が現在の苫小牧市で1～2m、十勝地方で数cm降り積もる
1739年	元文4年7月、火山カルデラを形成する大噴火で、約30 km離れた千歳市で1m近い降灰が確認されている
1804～1817年	文化年間。死傷者多数
1867年	慶応3年
1874年	2月8～10日。中規模のマグマ噴火、その後1883～1894年まで数年間隔で水蒸気噴火
1909年	1～5月。中規模のマグマ噴火、その後数年間隔で水蒸気噴火
1923年	2～7月。水蒸気噴火、多量の降灰
1926年	10月。爆発的噴火を繰り返す、その後も数年間隔で噴火活動を繰り返す
1978年	5月14日。小規模水蒸気噴火、高温の粉体流が火口から100m流下、その後も現在まで噴火活動を活発に繰り返す

【大雪山】

1958年	昭和33年7月26日、御鉢平有毒温泉付近で火山性ガスにより登山者2人死亡
1959年	昭和36年6月18日、御鉢平火口底で火山性ガスにより登山者2人死亡

【恵　山（えさん）】

1764年	明和元年7月、噴気により犠牲者多数
1846年	弘化3年11月18日、噴火で発生した泥流により北東側集落で死傷者多数

【渡島大島（おしまおおしま）】

1741年	寛保元年8月27日の大噴火により、8月28日山体崩壊に伴う岩屑なだれが大津波を生じさせ、北海道と津軽地方で死者2,033人、家屋791棟流出・破壊。船舶被害1,521隻　など

【千島列島】

1790年	阿頼度山大噴火を観測
1933年	春牟古丹岳。噴出量1.0 km^3。死者2人
1973年	爺爺岳（ちゃちゃだけ）。昭和48年7月14日から28日にかけてマグマ水蒸気噴火（ストロンボリ式噴火、サブプリニー式）。根室市でも降灰を観測
1986年	幌筵島千倉岳で噴出量0.12 km^3。1957年以降、数年間隔で噴火している
2009年	芙蓉山。松輪島。噴出量0.4 km^3。付近の航空路が閉鎖される

※1760年、1878～1879年、1923年、1930年、1946年、1960年、1976年、1981年、1987年、1989年にも噴火したとされる。

【恐　山】

1968年	群発地震発生
1993年	群発地震発生。カルデラ内では活発な噴気活動が続いている

【十和田】

平安時代	大火砕流（毛馬内火砕流）を伴う大噴火。
915年	十和田湖中より噴火、噴出量6.5 km^3。火砕流が周囲20 kmを焼き払い、火山灰が東北地方一帯に積もる。湖中より噴火

【八甲田山】

1986 年	最大 M4.8 の群発地震発生
1997 年	群発地震発生。火山性ガスで死者 3 人
2010 年	火山性ガスで死者 1 人

【岩木山】

1863 年	記録上最後の噴火
1970 ～ 1980 年	火山性ガスで死者 3 人
2010 年	火山性ガスで死者 1 人

【秋田焼山】

1997 年	水蒸気爆発。火山ガスによる事故発生

【鳥海山】

約 2 万年前	東鳥海山体の形成始まる
約 2600 年前	山頂付近で大規模な山体崩壊。象潟岩屑流
871 年	貞観 13 年 5 月 1 日～。中規模の水蒸気噴火、マグマ噴火
1659 ～数年	万治 2 年～。新山付近で水蒸気噴火
1740 ～数年	元文 5 年～。新山付近で水蒸気噴火
1801 ～ 1804 年	享和元～文化元年。享和元年 8 月、噴石により登山者 8 人死亡。新山溶岩ドームが形成

1821年	文政4年5月。新山・七高山付近で水蒸気噴火
1834年	天保5年7月。新山付近で水蒸気噴火
1974年	3～5月。小規模な水蒸気爆発。北方26 kmに降灰

【秋田駒ヶ岳】

約1万3000～1万1000年前	南北2つのカルデラ形成
約7000～4000年前	女岳、小岳などの火砕丘形成
1891年	
1932年	7月。新火口、新噴石丘形成。降灰、泥流、有毒ガス発生
1970～1971年	9～1月。頻繁に噴火。溶岩流出

【岩手山】

1731年	溶岩流（焼走り溶岩流）を伴う大きな噴火
1991年	水蒸気爆発

【八幡平】

1973年	群発地震
1996年	群発地震

【栗駒山】

1944年	最新の噴火
1986～1987年	北東山麓で群発地震

【鳴子火山群】

837年	噴火の記録

【蔵王山】

1895年	噴火、御釜が沸騰し、雪が溶けて火山泥流が発生
1940年	小規模噴火。降灰や火砕流・火砕サージは宮城県側に流れ込む可能性が高い
2015年	御釜付近を震源とする火山性地震が増加。以降警報と解除が繰り返されている

【安達太良山】

約2400年前	マグマ噴出
1899～1900年	明治33年7月17日、火砕流が火口の硫黄採掘所を直撃、硫黄採掘所全壊により死者72人、負傷者10人、山林耕地被害

【磐梯山】

29万年以上前	火山活動開始
約9万年前	大火砕流（翁島火砕流）
約5万年前	大火砕流（頭無火砕流）

806 年	大同 1 年。富士山型の山が崩壊
1888 年	明治 21 年 7 月 15 日、山体崩壊を伴う噴火により土石流が発生、山麓 5 村 11 部落が埋没し死者 477 人、負傷者 28 人。噴火に際して移動した大量の土砂が融雪期の洪水被害の原因となった

【吾 妻 山】

約 150 万～ 100 万年前	火山活動開始
約 28 万～ 10 万年前	東吾妻火山群が山体崩壊。カルデラ形成
6000 ～ 5000 年前	吾妻小富士などの火砕丘が形成。溶岩流出
1893 年	5、6、11 月。6 月 7 日の噴火により火口付近調査中の 2 人死亡
1894 年	3 ～ 4 月。小規模な水蒸気噴火
1895 年	小規模な水蒸気噴火
1950 年	2 月。水蒸気噴火、火口湖から酸性水流失し、発電施設に被害
1977 年	12 月。一切経山の大穴火口から小噴火
2008 年	11 月。一切経山に噴気

【燧 ケ 岳（ひうちがだけ）】

約 8000 年前	大規模噴火
12 世紀	噴火により溶岩ドーム形成

【那須岳】

1410年	応永17年旧暦1月21日、詳細不明ながら死者180人
1985～1986年	北山麓、南西山麓で群発地震。火山ガスの噴出が現在も続いている

【高原山】

1979年	微小な群発地震。北麓では噴気活動が続く

【日光白根山】

1890年	噴火
1993～1995年	微小な地震活動が活発化

【赤城山】

1251年	噴火

【草津白根山】

約7000年前	香草溶岩の噴火
約3000年前	殺生溶岩の噴火
1882年	8月。中規模の水蒸気噴火
1897年	7～8月。8月3日の爆発により負傷者1人。硫黄採掘所全壊
1902年	7～9月。小規模の水蒸気噴火

1927～1928年	水蒸気噴火
1932年	10月1日に発生した噴火による火山泥流により硫黄鉱山の工夫2人が飲み込まれ死亡、負傷者7人、山上施設破損甚大
1942年	2月。湯釜・水窯火砕丘の火口列より水蒸気噴火
1976年	3月。滞留火山ガスで登山者3人死亡
1982年	10～12月。降灰が渋川まで達する
1983年	7、11、12月。現在も活発な噴気活動
2018年	1月。本白根山（鏡池付近）が3000年ぶりに噴火。死者1人（訓練中の自衛官)、負傷者11人。噴火の予兆はなかった

【浅間山】

約2万3000年前	カルデラ形成
約1万年前	前掛火山（現浅間山）が活動開始
約8000年前	大噴火
約5000年前	大噴火
5世紀	大噴火
685年	『日本書紀』に記載
1108年	天仁1年9月。大火砕流（追分火砕流）発生。噴出量1.41 km^3。上野国に大きな被害が出る
1532年	享禄4年1月。直径25 m超の噴石（七尋石）
1596年	慶長元年5月5日。噴石により死者多数
1648年	慶安元年3月。泥流が追分宿を襲う

1708年	宝永5年12月。江戸にも降灰
1721年	享保6年6月22日、噴石により登山者15人死亡、重傷者1人
1783年	天明大噴火。天明3年8月4日夕刻に火山弾の直撃により1人が即死、これによりパニックが発生し住民が南方面へ避難を開始。翌5日、火砕流や鬼押出し溶岩の流出に加え、大規模な山体崩壊も発生。火砕流などにより死者1,443人．流家数957棟。降灰と火山噴出物は噴火以前から発生していた飢饉をさらに悪化させる要因となった。また、噴火は5月から8月にかけて3か月以上にも及び、2億tにも及ぶ多量の火山灰は大凶作の一因となり、餓死者約100万人となった
1803年	享和3年11月。江戸にも降灰
1894年	マグマ噴火
1899年	8月。釜山火口より噴火、火砕物降下
1900～1901年	マグマ噴火
1909年	小規模なマグマ噴火
1911年	明治44年5月8日、噴石により死者1人、負傷者2人。同年8月15日にも噴石があり、死者2人・重軽傷者数十人
1912年	明治45年5月29日、噴石により登山者1人死亡、負傷者1人
1928年	昭和3年2月23日、噴石により児童負傷
1930年	昭和5年8月20日、火口付近で死者6人
1931年	昭和6年8月20日、噴火により登山者が重症者1人、負傷者2人
1936年	昭和11年7月29日、噴火により登山者1人死亡、同年10月17日にも噴石により登山者1人死亡
1938年	昭和13年7月16日、噴石・降灰により登山者若干人死亡、農作物被害
1941年	昭和16年7月13日、噴石により死者1人、負傷者2人

1947年	昭和22年8月14日、噴石により山火事発生、登山者9人死亡
1949年	昭和24年8月15日、噴火時に登山者が転倒し4人負傷
1950年	昭和25年9月23日、噴石により登山者1人死亡、負傷者6人。空振で山麓建造物のガラスに被害
1959年	昭和36年8月18日、噴石により行方不明者1人、耕地に被害
1973年	2～5月。中規模のマグマ噴火、泥流発生
1983年	4月。福島県太平洋岸に降灰
2004年	9～12月。山形県東根市でも降灰
2009年	2月。小規模のマグマ水蒸気爆発
2015年	6月16日。ごく小規模噴火

【榛人山・二ツ岳】

6世紀前半頃	約30年おきに起こった2回の噴火（二ツ岳渋川噴火、二ツ岳伊香保噴火）で二ツ岳の集落を壊滅させる被害

【伊豆大島・三原山】

4～5万年前	火山活動開始
約1500年前	中央部のカルデラが形成
1684～1690年	貞享1年。貞享の大噴火。溶岩が島の北東岸まで流出。多量の溶岩流出（噴出量0.18 km^3）
1777～1779年	安永6～8年。安永の大噴火。噴出量0.3 km^3。多量の溶岩を流出、民家、耕地に大きな被害。海まで大量の溶岩流出
1876～1876年	

1912～1914年	噴出量0.033 km^3。1912年より1914年にかけて溶岩流出。噴石丘（中村山、大森山）の形成と埋没
1940年	8月
1950～1951年	噴出量0.027 km^3。溶岩流出。噴石丘（三原新山）形成
1953～1954年	昭和32年10月13日、噴火により火口付近で観光客1人死亡、重軽傷者53人。翌年4月、6月にも噴火
1957～1958年	
1986年	昭和61年伊豆大島噴火。昭和61年7月より始まった火山性微動観測が前兆現象と考えられている。11月15日17時25分頃、中央縦穴火口南壁から噴火開始、噴煙高度は3,000mに達した。11月15日から19日までの噴出物量は約2,930万t、11月21日の噴出物量は2,900万t。この想定外の大噴火により、噴火活動開始直後は観光客増加を見込み大歓迎していた島民らは混乱し、全島民約11,000人の島外避難が行われることになった
1987～1988年	小規模マグマ噴火
1990年	10月。水蒸気噴火

【三宅島・雄山】

1万～15万年前	海底噴火によって島形成
約2400年前	八丁原カルデラ形成（2000年噴火で消滅）
1643年	寛永20年3～4月。阿古村が溶岩で焼失
1712～1713年	正徳1～2年。爆発音が鎌倉まで聞こえた
1763～1769年	宝暦13～明和6年。新澪池形成（1983年噴火で消滅）
1811年	文化8年1月。北側山腹噴火
1835年	天保6年11月。西山腹の笠地付近で噴火
1874年	明治7年7月3日、流出溶岩により家屋45棟が埋没、死者1人

1940年	昭和15年7月12日、火山弾・溶岩流などにより死者11人、負傷者20人、その他被害大
1962年	8月。噴出量0.009 km^3。溶岩流が海まで流出。民家焼失
1983年	昭和58年10月3日14時頃からの群発地震に続き、15時15分から二男山付近で割れ目噴火が開始。17時過ぎには約3 kmに及ぶ溶岩噴泉を経て20時以降に少数の火口からストロンボリ式噴火。最終的に割れ目は総延長4.5 km、火口数は90か所以上に達し、火山灰が住宅・農地・山林に降り積もり被害を与えた
2000年	6～9月にかけての3回の噴火により群発地震およびM6.4の地震が発生、1人死亡。8月18日14時に最大のマグマ水蒸気爆発が発生、噴煙は上空15,000 mまで達し、中腹の村営牧場地区で火山岩塊・火山弾により牛15頭の被害。岩脈貫入、海底噴火、カルデラ、火山灰や低温火砕流、火山ガスの放出が同時発生した、有史では前例のない種類の活動
2005～2010年	噴火活動

【新島向山（むかいやま）・宮塚山・阿土山（あっちやま）など】

838年	阿土山噴火
886年	向山噴火。噴出量1.2 km^3、房総半島にも被害

【神津島・天上山】

838年	噴出量1.04 km^3

【青ヶ島・丸山】

1783年	天明3年4月10日、家屋61棟焼失、死者7人

1785年	天明5年4月10日、家屋61棟焼失、死者7人。続く4月18日、噴火により島民327人のうち死者130～140人、残りは八丈島に避難

【ベヨネ～ス列席】

1952年	昭和27年9月24日、明神礁の海底噴火により海上保安庁観測船第5海洋丸が遭難、乗員31人全員殉職

【伊豆鳥島・硫黄山】

1902年	明治35年8月7日から9日にかけて、全島民125人死亡
1939年	噴出量0.1km^3。噴石丘の生成と溶岩の流出
2002年	8月、63年ぶりに噴火

【西ノ島・新島】

1973年	噴出量0.017 km^3。近海の海底噴火から始まって新島を形成し、やがて本島と結合
2014年	西ノ島海底火山。噴火で西ノ島拡大

【箱 根 山】

40万年前	活動を開始
2015年	5月6日、活動が活発化。6月30日に小規模噴火。現在、大涌谷などで噴気活動が続く

【新潟焼山】

1361年	噴出量0.36km^3。山頂部溶岩ドームを形成

1974年	昭和49年7月28日、噴石により山頂付近で登山者3人死亡
1983年	小規模な水蒸気爆発
1987～1995年	噴気活動

【妙高山】

3000年以上前	大規模噴火

【八ヶ岳】

888年	仁和4年6月20日（旧暦5月8日）に発生した八ヶ岳山体崩壊による千曲川洪水で多数の死者発生。これが八ヶ岳の水蒸気爆発によるものとする仮説がある

【焼岳】

1915年	大正4年6月6日、7月6・16日に水蒸気爆発。大正池が生成される
1962年	昭和37年6月17日、水蒸気爆発による噴石により火口付近の山小屋で負傷者2人
1995年	平成7年2月11日、南東山麓の工事現場で熱水性の水蒸気爆発発生、作業員4人死亡

【アカンダナ山】

	1万年前からの活動が認められる。焼岳火山群の1つだが2003年に独立した活火山として認定された

【御嶽山】

1979年	10月28日主峰剣ヶ峰の南西で水蒸気爆発

1991年	小規模噴火
2007年	小規模噴火
2014年	9月27日に水蒸気爆発による噴火。山頂付近の登山者が被災し死者・行方不明63人で日本の戦後最悪の火山災害

【乗鞍岳】

1990年代	群発地震発生

【白　山】

1579年	噴火に伴い小規模な火砕流や泥流が発生した。神社が破壊される

【富士山】

約70～10万年前	古御岳火山
約10万～5000年前	古富士火山
800～802年	延暦大噴火
864～866年	貞観大噴火。噴出量0.7km^{3}以上、青木ヶ原溶岩を流出させる。現在の精進湖、西湖、青木ヶ原樹海を形成
1707年	宝永大噴火。宝永地震の49日後に噴火、宝永山を形成。江戸にも数cmの降灰。7億m^{3}に及ぶ火山噴出物により山麓で家屋・耕地被害が発生、餓死者多数。記録上最後の噴火。玄武岩質噴火でプリニー式噴火という富士火山の火山史において非常に特異的な噴火

【静岡沖・手石海丘（ていしかいきゅう）】

1989 年	平成元年 7 月 13 日、静岡県伊東市沖の手石海丘で海底噴火、海底に直径約 200 m の火口を有する高さ約 10 m の海底火山が形成

【三 瓶 山】

約 3600 年前	大山火山帯に属する活火山。現在の活動度は低い

【阿 蘇 山】

約 30 万年前	火山活動開始。カルデラ形成
約 9 万年前	火砕流の噴出で巨大火口形成。周辺に広大な火砕流台地形成
約 6300 年前	溶岩流が赤水付近に到達
約 4800 年前	中岳形成
約 3400 年前	杵島岳形成
約 2700 年前	往生岳形成
約 2000 年前	米塚形成
1662 年	寛文 2 年 2 月 26 日、噴気の突出または爆発、中岳
1816 年	文化 13 年 7 月、噴石により死者 1 人
1854 年	安政元年 2 月 26 日、噴火により参拝者 3 人死亡
1872 年	明治 5 年 12 月 30 日、噴火により硫黄採集者が数人死亡
1932 年	12 月 17 ～ 19 日。12 月 18 日、噴石により負傷者 13 人
1933 年	2 月。噴火

1940年	昭和15年4月、噴石により負傷者1人
1953年	4月27日。噴石が第一火口から約800mまで飛散。観光客6人死亡、負傷者90余人
1957年	11・12月に第一火口内に新火孔生成
1958年	昭和33年6月24日。第一火口から約1.2 kmまで到達。噴石により死者12人、負傷者28人、建造物に被害
1965年	10月21～31日。第一火口で爆発
1977年	7月1日。噴石が第一火口から約800mまで飛散
1979年	6～12月。6月13日15時10分に噴煙高度1,500～2,000 mの噴火。9月6日にも爆発的噴火を起こし、噴石により死者3人、重軽傷者11人、火口東駅舎被害
2016年	10月8日

【雲仙岳・普賢岳】

874年	貞観16年3月25日（旧暦3月4日）に噴火。山頂火口に溶岩ドームを形成。『日本三代実録』によれば、降灰で作物が枯れ川に濁り、病死者多数
1663～1664年	寛文の災害
1791～1792年	1791（寛政3）年12月の山体崩壊により小浜で死者2人
1792年	島原大変・肥後迷惑。地獄跡火口から噴火後、北東山腹から噴出量約2,000万 m^3 に達する溶岩を流出。噴火停止後1か月を経過した地震により眉山が山体崩壊、総量0.34 km^3 に及ぶ岩屑なだれが有明海に流入し、大津波が発生。死者約15,000人で日本最大の被害者数
1922年	島原地震
1968～1974年	群発地震
1984年	群発地震

1990年	溶岩ドームの生成・崩壊による火砕流が繰り返し発生し、最盛期には火砕流約6,000回を数え、1995年2月に噴火収束。1990年5月26日の火砕流で負傷者1人。11月17日に地獄跡火口、九十九島火口で噴火
1991年	2月12日屏風岩火口で噴火
1991年	3月29日
1991年	5月20日。溶岩ドームが出現
1991年	6月3日、火砕流などにより報道関係者を中心に遭難、死者43人・行方不明者3人・負傷者9人、建造物被害179棟
1991年	6月8日。火砕流発生。3日を上回る大火砕流が発生し水無川沿いに約5.5 km流下
1991年	9月15日。火砕流発生。南島原市立大野木場小学校が焼失。平成新山形成
1992～1994年	溶岩ドーム(平成新山)の成長・崩落・火砕流発生。1992年6月23日より翌24日にかけて火砕流により死者1人、多数家屋焼失。1990～1994年までに死者・行方不明者44人、家屋全壊・流失688棟
1995年	2月11日を最後に溶岩流噴出・火砕流が停止

【九 重 山】

約2000年前	溶岩流が米窪火口から4kmまで到達
約1700年前	黒岳が形成される。火砕流が火口から約4km、溶岩流が約2kmまで到達
1662年	1月26日。大規模な噴火。火柱、火山噴出物降下
1995年	10月11日。星生山（ほっしょうざん）中腹でごく小規模噴火。熊本まで降灰
1996年	降灰噴火。噴火、地震が多発

【鶴 見 岳】

約4万年前	火山活動開始
約1200年前	山頂噴火
1974年	赤石噴気口で小噴石

【由 布 岳】

約4万年前	火山活動開始
約2000年前	山頂で大規模噴火

【伽 藍 岳】

約1万年前	火山活動開始
771年	水蒸気爆発
867年	水蒸気爆発
1995年	5～11月。泥火山形成

【霧島（御鉢・新燃岳）】

約30～15万年前	古期火山群
約10万年前	新期火山群
788年	御鉢
1235年	噴出量0.1 km^3。霧島山で記録に残る最大の噴火。寺社焼失、数十cmの降灰。御鉢

1923年	大正12年7月11日、噴火により死者1人。御鉢
1959年	山林、耕地に大きな被害。新燃岳
1991年	新燃岳
2008年	新燃岳
2010年	新燃岳
2011年	平成23年2月1日、4回目の爆発的噴火により宮崎県日南市、都城市付近まで降灰し、交通・空路に影響が出た。爆発による空振により軽傷者1人、噴石などによりガラス・太陽光パネル破損945件、噴出量は2,400万tに及ぶと推定されている。溶岩ドームを生成、火砕流が観測されたほか、気象庁による噴火警戒レベルは「3」に引き上げられ、入山規制が発生した。以降、活動が続いている。新燃岳
2017年	10月11日。小規模噴火
2018年	3月1日。4か月ぶりに噴火。3月4日の噴火では約1,000 m上空まで噴火煙が上がった

【桜　　島】

約1万3000年前	火山活動開始
約5000年前	
708年	隅州向島（桜島の旧人）湧出
764年	天平宝字8年旧暦12月に島の東岸で噴火。スコリア丘の鍋山を形成し、長崎鼻溶岩流を噴出。『続日本紀』によれば、民家56棟が埋没し、80余人が死亡したという
1471～1476年	文明大噴火。文明3年9月12日および文明8年9月12日の2回にわたって大噴火を起こし、溶岩流出、死者多数
1779年	安永大噴火。安永8年10月1日。多量の溶岩を流出し、翌年には海底噴火も発生。長崎や江戸でも降灰があり、死者153人

1781年	安永10年3月18日、海中噴火による津波で死者・行方不明者15人
1914年	大正3年1月12日、大正大噴火。噴出量2 km^3。溶岩流は海まで達し、地震・噴火被害は死者58人、負傷者112人、全焼家屋約2,140棟、全半壊315棟。噴火の音響と火山灰は四国の愛媛県長浜町（現大洲市）まで到達した
1946年	昭和大噴火。昭和21年1月30日以降、5月末まで活動継続。多量の溶岩を流出し山林焼失、死者1人
1955年	昭和30年10月13日から17日までに8回の爆発・噴火、死者1人・負傷者7人または9人の人的被害および農作物被害。これ以降2001年現在に至るまで断続的に爆発が続く
1963～1964年	1964年2月3日、爆発。噴石により下山途中の高校生が被災し重軽傷者7人
1973年	6月1日、爆発。最大でこぶし大の噴石により車100台に被害、負傷者1人
1974年	6月17日と8月9日の合計で死者8人
1978年	7月29日から8月1日にかけて爆発、火山礫による負傷者3人、自動車・家屋窓ガラス破損、鹿児島県鹿児島市吉野町で停電家屋2,500棟の被害が発生
1984～1985年	1985年7月21日、降灰による踏切遮断機誤作動により普通列車と乗用車が衝突事故、負傷者1人
1986年	11月23日、直径2m、約5tの噴石がホテルを直撃、重軽傷者6人。付近の飼料乾燥室全焼
1990年	南岳山頂で噴火。以降、数年間隔で南岳山頂および昭和火口で噴火を繰り返している
2013年	8月の噴火で噴煙が上空5,000 mに達した
2015年	8月に噴火警戒レベルが「4」（避難準備）に引き上げられた

【開聞岳】

約4000年前	火山活動開始
874年	大規模マグマ噴火
885年	大規模マグマ噴火、マグマ水蒸気噴火

1615年	山腹の小丘が形成
2004年	12月。山頂の4か所で噴気確認

【薩摩硫黄島】

約7300年前	鬼界カルデラ噴出
1934～1935年	1934年9月より翌1935年3月にかけて昭和硫黄島にて火山活動。9月20日に島東方2 kmの海底で噴火、これにより12月に硫黄島新島（昭和硫黄島）が生成される
1999～2004年	各年噴火

【口永良部島】

1841年	天保12年5月23日、噴火により村落焼亡、犠牲者多数
1931年	昭和6年4月2日、爆発により土砂崩壊、負傷者2人。山林田畑に被害。向江浜に土石流が流れ込む
1933年	12月24日より翌1934年1月11日にかけて、噴火により七釜集落全焼、死者8人・負傷者26人・家屋全焼15棟・牛馬、山林耕地に大被害
1945年	11月3日。新岳火口東外壁に割れ目噴火
1966年	昭和41年11月22日、爆発。噴石により負傷者3人、牛被害1頭
1968～1969年	12～3月。新岳噴火
1972～1974年	9月2日。新岳噴火
1976年	4月2日。新岳噴火、降灰が北西約2 kmで約1 cm積もる
1980年	9月28日。新岳東側傾面で小規模な水蒸気噴火
2015年	5月に発生した噴火により、全島民が避難

【諏訪之瀬島】

1813 年	文化噴火
1884 年	明治噴火。御岳火口より溶石流出し、海に達する
1921 ～ 1922 年	御岳火口より噴火
1925 年	5 月 13 日。溶石流出
1938 年	3 月 11 日～。噴火
1940 年	11 月 29 日。御岳火口より噴火
1949 年	以後火山活動会が続く
2007 年	噴火警戒レベル 2 となる

【姶良（あいら）カルデラ】

約 2 万 2000 年前	姶良カルデラ噴火。鹿児島湾周辺に膨大なシラスを堆積

【中 之 島】

1914 年	小規模な噴火だが、現在も噴気活動が続く

【西表海底火山】

924 ～ 1925 年	1925 年 8 月頃から翌 1926 年にかけて、東北地方沿岸より北海道沿岸にかけて大小多量の軽石が漂着
1991 ～ 1992 年	活発な群発地震

【硫黄鳥島】

1664 年	日時不明、噴火により地震、死者あり
1968 年	噴火

資料 3

今後の地震活動予測

●参考資料

地震調査研究推進本部「地震活動の特徴」　http://www.jishin.go.jp/regional_seismicity/rs_hokkaido/#pref

【北海道】　Mw：モーメントマグニチュード、Mt：津波マグニチュード（以下同）（算定基準日：2018 年 1 月 1 日）

<table>
<tr><th colspan="3">地　震</th><th>マグニチュード</th><th>発生確率（30 年以内）
《地震発生確率の留意点》</th></tr>
<tr><th colspan="5">海溝型地震</th></tr>
<tr><td rowspan="10">千島海溝沿い</td><td colspan="2">十勝沖</td><td>8.0 ～ 8.6 程度</td><td>7%程度</td></tr>
<tr><td colspan="2">根室沖</td><td>7.8 ～ 8.5 程度</td><td>70%程度</td></tr>
<tr><td colspan="2">色丹島沖および択捉島沖</td><td>7.7 ～ 8.5 前後</td><td>60%程度</td></tr>
<tr><td colspan="2">超巨大地震（17 世紀型）</td><td>8.8 程度以上</td><td>7 ～ 40%</td></tr>
<tr><td rowspan="2">ひと回り小さいプレート間地震</td><td>十勝沖および根室沖</td><td>7.0 ～ 7.5 程度</td><td>80%程度</td></tr>
<tr><td>色丹島沖および択捉島沖</td><td>7.5 程度</td><td>90%程度</td></tr>
<tr><td colspan="2">十勝沖から択捉島沖の海溝寄りのプレート間地震（津波地震等）</td><td>Mt8.0 程度</td><td>50%程度</td></tr>
<tr><td colspan="2">沈み込んだプレート内のやや浅い地震</td><td>8.4 前後</td><td>30%程度</td></tr>
<tr><td colspan="2">沈み込んだプレート内のやや深い地震</td><td>7.8 程度</td><td>50%程度</td></tr>
<tr><td colspan="2">海溝軸の外側で発生する地震</td><td>8.22 前後</td><td>不明</td></tr>
</table>

海溝型地震				
日本海東縁部	北海道北西沖		7.8 程度	0.006 ～ 0.1%
	北海道西方沖		7.5 前後	ほぼ 0%
	北海道南西沖		7.8 前後	ほぼ 0%
	青森県西方沖		7.7 前後	ほぼ 0%
三陸沖から房総沖	東北地方太平洋沖		Mw8.4 ～ 9.0	ほぼ 0%
	三陸沖北部から房総沖の海溝寄り	津波地震	Mt8.6 ～ 9.0 前後	30%程度（特定海域※1で 7%程度
		正断層型	8.2 前後（Mt8.3 前後）	4 ～ 7%（特定海域※2で 1 ～ 2%）
	三陸沖北部		8.0 前後（Mt8.2 前後）	4 ～ 20%
	繰り返し発生する地震以外の地震		7.1 ～ 7.6	90%程度
内陸の活断層で発生する地震				
標津断層帯			7.7 程度以上	不明
十勝平野断層帯		主部	8.0 程度	0.1 ～ 0.2%
		光地園断層	7.2 程度	0.1 ～ 0.4%
富良野断層帯		西部	7.2 程度	ほぼ 0 ～ 0.03%
		東部	7.2 程度	ほぼ 0 ～ 0.01%
増毛山地東縁断層帯・沼田－砂川付近の断層帯		増毛山地東縁断層帯	7.8 程度	0.6%以下
		沼田－砂川付近の断層帯	7.5 程度	不明
当別断層			7.0 程度	ほぼ 0 ～ 2%
石狩低地東縁断層帯		主部	7.9 程度	ほぼ 0%
		南部	7.7 程度以上	0.2%以下

黒松内低地断層帯	7.3 程度以上	2 ～ 5%以下
函館平野西縁断層帯	7.0 ～ 7.5 程度	ほぼ 0 ～ 1%
サロベツ断層帯	7.6 程度	4%以下
幌延断層帯	活断層ではないと判断される	

※1　特定の領域（約 200km）の発生頻度は 1896 年明治三陸地震の断層長 (約 200km) と三陸沖北部～房総沖の海溝寄りの長さ (約 800km）の比を考慮して損出。

※2　特定の領域（約 200km）の発生頻度は 1933 年三陸地震の断層長 (約 200km) と三陸沖北部～房総沖の海溝寄りの長さ (約 800km）の比を考慮して算出。

【東　北】　（算定基準日：2018 年 1 月 1 日）

地震			マグニチュード	発生確率（30 年以内）《地震発生確率の留意点》
海溝型地震				
三陸沖から房総沖	東北地方太平洋沖型		Mw8.4 ～ 9.0	ほぼ 0%
	三陸沖北部から房総沖の海溝寄り	津波地震	Mt8.6 ～ 9.0 前後	30%程度（特定海域※1 で 7%程度）
		正断層型	8.2 前後（Mt8.3 前後）	4 ～ 7%（特定海域※2 で 1 ～ 2%）
	三陸沖北部		8.0 前後（Mt8.2 前後）	4 ～ 20%
	繰り返し発生する地震以外の地震		7.1 ～ 7.6	90%程度
	三陸沖中部		－	－
	宮城県沖		7.4 前後	不明
	繰り返し発生する地震以外の地震		7.0 ～ 7.3	60%程度

地震			マグニチュード	発生確率（30 年以内）《地震発生確率の留意点》
海溝型地震				
三陸沖から房総沖	三陸沖南部海溝寄り		7.9 程度	ほぼ 0%
		繰り返し発生する地震以外の地震	7.2 ～ 7.6	50%程度
	福島県沖		7.4 前後（複数の地震が続発する）	10%程度
日本海東縁	青森県西方沖		7.7 前後	ほぼ 0%
	秋田県沖		7.5 程度	3%程度以下
	山形県沖		7.7 前後	ほぼ 0%
	新潟県北部沖		7.5 前後	ほぼ 0%
	佐渡島北方沖		7.8 程度	3 ～ 6%
内陸の活断層で発生する地震				
青森湾西岸断層帯			7.3 程度	0.5 ～ 1%
津軽山地西縁断層帯		北部	6.8 ～ 7.3 程度	不明
		南部	7.1 ～ 7.3 程度	不明
折爪断層			最大 7.6 程度	不明
能代断層帯			7.1 程度以上	ほぼ 0%
北上低地西縁断層帯			7.8 程度	ほぼ 0%
雫石盆地西縁－真昼山地東縁断層帯		真昼山地東縁断層帯（北部）	6.7 ～ 7.0 程度	ほぼ 0%
		真昼山地東縁断層帯（南部）	6.9 ～ 7.1 程度	不明

	雫石盆地西縁断層帯	6.9程度	不明
横手盆地東縁断層帯	北部	7.2程度	ほぼ0%
	南部	7.3程度	不明
北由利断層		7.3程度	2%以下
新庄盆地断層帯	東部	7.1程度	5%以下
	西部	6.9程度	0.6%
山形盆地断層帯	北部	7.3程度	0.002～8%
	南部	7.3程度	1%
庄内平野東縁断層帯	北部	7.1程度	ほぼ0%
	南部	6.9程度	ほぼ0～6%
長町－利府線断層帯		7.0～7.5程度	1%以下
福島盆地西縁断層帯		7.8程度	ほぼ0%
長井盆地西縁断層帯		7.7程度	0.02%以下
双葉断層		6.8～7.5程度	ほぼ0%
会津盆地西縁・東縁断層帯	会津盆地西縁断層帯	7.4程度	ほぼ0%
	会津盆地東縁断層帯	7.7程度	ほぼ0～0.02%
花輪東断層帯		7.0程度	0.6～1%

※1　特定の領域（約200km）の発生頻度は1896年明治三陸地震の断層長(約200km)と三陸沖北部～房総沖の海溝寄りの長さ(約800km）の比を考慮して損出。

※2　特定の領域（約200km）の発生頻度は1933年三陸地震の断層長(約200km)と三陸沖北部～房総沖の海溝寄りの長さ(約800km）の比を考慮して算出。

【関　東】

（算定基準日：2018年1月1日）

地　震			マグニチュード	発生確率（30年以内）《地震発生確率の留意点》
海溝型地震				
三陸沖から房総沖	東北地方太平洋沖型		Mw8.4 ～ 9.0	ほぼ0%
	三陸沖北部から房総沖の海溝寄り	津波地震	Mt8.6 ～ 9.0 前後	30%程度（特定海域※1で7%程度）
		正断層型	8.2（Mt8.3）前後	4 ～ 7%（特定海域※2で1 ～ 2%）
	福島県沖		7.4前後（複数の地震が続発する）	10%程度
	茨城県沖		6.9 ～ 7.6	70%程度
	繰り返し発生するプレート間地震		6.7 ～ 7.2	90%程度もしくはそれ以上
相模トラフ	相模トラフ沿いのM８クラスの地震		8クラス（7.9 ～ 8.6）	ほぼ0%～ 5%
	プレートの沈み込みに伴うM７程度の地震		7程度（6.7 ～ 7.3）	70%程度
南海トラフ	南海トラフで発生する地震		8 ～ 9クラス	70 ～ 80%
内陸の活断層で発生する地震				
関谷断層			7.5程度	ほぼ0%
内ノ籠断層			6.6程度	不明
片品川左岸断層			6.7程度	0.4 ～ 0.6%以上
大久保断層			7.0程度	0.6%
太田断層			6.9程度	不明
長野盆地西縁断層帯（信濃川断層帯）	飯山－千曲区間		7.4 ～ 7.8程度	ほぼ0%

	麻績区間	6.8 程度	不明
深谷断層帯・綾瀬川断層（関東平野北西縁断層帯・元荒川断層帯）	深谷断層帯	7.9 程度	ほぼ 0 ～ 0.1%
	綾瀬川断層(鴻巣－伊奈区間)	7.0 程度	ほぼ 0%
	綾瀬川断層(伊奈－川口区間)	7.0 程度	不明
越生断層		6.7 程度	不明
立川断層帯		7.4 程度	ほぼ 0.5 ～ 2%
鴨川低地断層帯		7.2 程度以上	不明
三浦半島断層群	主部（衣笠・北武断層帯）	6.7 程度 or 以上	ほぼ 0 ～ 3%
	主部（武山断層帯）	6.6 程度 or 以上	6 ～ 11%
	南部	6.1 程度 or 以上	不明
伊勢原断層		7.0 程度	ほぼ 0 ～ 0.003%
塩沢断層帯・平山–松田北断層帯・国府津－松田断層帯（神縄・国府津－松田断層帯）	塩沢断層帯	6.8 程度以上	4% 以下
	平山－松田北断層帯	6.8 程度	0.09 ～ 0.6%
	国府津－松田断層帯	相模トラフで発生する海溝型地震と同時に活動すると推定	
曽根丘陵断層帯		7.3 程度	1%
富士川河口断層帯	ケース a[※3]	8.0 程度	10 ～ 18%
	ケース b[※4]	8.0 程度	2 ～ 11% もしくはそれ以下
身延断層		7.0 程度	不明
北伊豆断層帯		7.3 程度	ほぼ 0%
伊東沖断層		6.7 程度	不明
稲取断層帯		7.0 程度	不明

内陸の活断層で発生する地震			
石廊崎断層		6.9 ～ 7.0 程度	不明
糸魚川－静岡構造線断層帯	北部（小谷－明科）区間	7.7 程度	0.008 ～ 16%
	中北部（明科－諏訪湖南方）区間	7.6 程度	13 ～ 30%
	中南部（諏訪湖北方－下蔦木）区間	7.4 程度	0.8 ～ 8%
	南部（白州－富士見山）区間	7.6 程度	ほぼ 0 ～ 0.1%

※1　特定の領域（約 200km）の発生頻度は 1896 年明治三陸地震の断層長 (約 200km) と三陸沖北部～房総沖の海溝寄りの長さ（約 800km）の比を考慮して損出。

※2　特定の領域(約200km)の発生頻度は1933年三陸地震の断層長(約200km)と三陸沖北部～房総沖の海溝寄りの長さ(約800km)の比を考慮して算出。

※3　ケースａ

断層近傍の地表面では、西側が東側に対して相対的に１～２m程度高まる段差や撓（たわ）みが生じる可能性がある。また、浮島ヶ原地区周辺では沈降が生じると考えられる。

本断層帯では、活動時期が十分特定できていないことから、通常の活断層評価とは異なる手法により地震発生の長期確率を求めている。そのため信頼度は低くなるが、将来このような地震が今後30年の間に発生する可能性が、わが国の主な活断層の中では高いグループに属することになる。

※4　ケースｂ

断層近傍の地表面では、西側が東側に対して相対的に 10 m程度高まる段差や撓（たわ）みが生じる可能性がある。将来の地震発生確率には幅があるが、その最大値を取ると、本断層帯は、今後 30 年の間に地震が発生する可能性が、わが国の主な活断層の中では高いグループに属することになる。

【中　部】

（算定基準日：2018年1月1日）

地震		マグニチュード	発生確率（30年以内）《地震発生確率の留意点》
海溝型地震			
日本海東縁部	佐渡島北方沖	7.8程度	3～6%
	新潟県北部沖	7.5前後	ほぼ0%
南海トラフ	南海トラフで発生する地震	8～9クラス	70～80%
相模トラフ	相模トラフ沿いのM８クラスの地震	8クラス（7.9～8.6）	ほぼ0～5%
	プレートの沈み込みに伴うM７程度の地震	7程度（6.7～7.3）	70%程度
内陸の活断層で発生する地震			
櫛形山脈断層帯		6.8程度	0.3～5%
月岡断層帯		7.3程度	ほぼ0～1%
長岡平野西縁断層帯		8.0程度	2%以下
塩沢断層帯・平山－松田北断層帯・国府津－松田断層帯（神縄・国府津－松田断層帯）	塩沢断層帯	6.8程度以上	4%以下
	平山－松田北断層帯	6.8程度	0.09～0.6%
	国府津－松田断層帯	相模トラフで発生する海溝型地震と同時に活動すると推定	
北伊豆断層帯		7.3程度	ほぼ0%
六日町断層帯	北部（ケース１※1）	7.1程度	0.4～0.9%
	北部（ケース２※2）		ほぼ0%
	南部	7.3程度	ほぼ0～0.01%

地震		マグニチュード	発生確率（30年以内）《地震発生確率の留意点》
内陸の活断層で発生する地震			
高田平野断層帯	高田平野西縁断層帯	7.3程度	ほぼ0%
	高田平野東縁断層帯	7.2程度	ほぼ0～8%
十日町断層帯	西部	7.4程度	3%以上
	東部	7.0程度	0.4～0.7%
長野盆地西縁断層帯（信濃川断層帯）	飯山－千曲区間	7.4～7.8程度	ほぼ0%
	麻績区間	6.8程度	不明
糸魚川－静岡構造線断層帯	北部（小谷－明科）区間	7.7程度	0.008～16%
	中北部（明科－諏訪湖南方）区間	7.6程度	13～30%
	中南部（諏訪湖北方－下蔦木）区間	7.4程度	0.8～8%
	南部（白州－富士見山）区間	7.6程度	ほぼ0～0.1%
曽根丘陵断層帯		7.3程度	1%
富士川河口断層帯	ケースa[※3]	8.0程度	10～18%
	ケースb[※4]	8.0程度	2～11%それ以下
木曽山脈西縁断層帯	主部（北部）	7.5程度	ほぼ0%
	主部（南部）	6.3程度	0～4%
	清内路峠断層帯	7.4程度	不明

内陸の活断層で発生する地震			
境峠・神谷断層帯	主部	7.6 程度	0.02 ～ 13%
	霧訪山－奈良井断層帯	7.2 程度	不明
魚津断層帯		7.3 程度	0.4%以上
跡津川断層帯		7.9 程度	ほぼ0%
高山・大原断層帯	国府断層帯	7.2 程度	ほぼ0 ～ 5%
	高山断層帯	7.6 程度	0.7%
	猪之鼻断層帯	7.1 程度	不明
牛首断層帯		7.7 程度	ほぼ0%
庄川断層帯		7.9 程度	ほぼ0%
伊那谷断層帯	主部	8.0 程度	ほぼ0%
	南東部	7.3 程度	不明
阿寺断層帯	主部（北部）	6.9 程度	6 ～ 11%
	主部（南部）	7.8 程度	ほぼ0%
	佐見断層帯	7.2 程度	不明
	白川断層帯	7.3 程度	不明
屏風山・恵那山断層帯および猿投山断層帯	屏風山断層帯	6.8 程度	0.2 ～ 0.7%
	赤河断層帯	7.1 程度	不明
	恵那山－猿投山北断層帯	7.7 程度	ほぼ0 ～ 2%
	猿投－高浜断層帯	7.7 程度	ほぼ0%
	加木屋断層帯	7.4 程度	0.1%

地震		マグニチュード	発生確率（30年以内）《地震発生確率の留意点》
内陸の活断層で発生する地震			
邑知潟断層帯		7.6程度	2%
砺波平野断層帯・呉羽山断層帯	砺波平野断層帯（西部）	7.2程度	ほぼ0～2% or それ以上
	砺波平野断層帯（東部）	7.0程度	0.04～6%
	呉羽山断層帯	7.2程度	ほぼ0～5%
森本・富樫断層帯		7.2程度	2～8%
福井平野東縁断層帯	主部	7.6程度	ほぼ0～0.07%
	西部	7.1程度	不明
長良川上流断層帯		7.3程度	不明
濃尾断層帯	温見断層（北西部）	6.8程度	ほぼ0%
	温見断層（南東部）	7.0程度	不明
	主部（根尾谷断層帯）	7.3程度	ほぼ0%
	主部（梅原断層帯）	7.4程度	ほぼ0%
	主部（三田洞断層帯）	7.0程度	不明
	揖斐川断層帯	7.1程度	不明
	武儀川断層帯	7.3程度	不明
柳ケ瀬・関ヶ原断層帯	主部（北部）	7.6程度	ほぼ0%
	主部（中部）	6.6程度	不明
	主部（南部）	7.6程度	不明

	浦底－柳ケ瀬山断層帯	7.2 程度	不明
野坂・集福寺断層帯	野坂断層帯	7.3 程度	ほぼ 0%もしくはそれ以上
	集福寺断層	6.5 程度	不明
湖北山地断層帯	北西部	7.2 程度	ほぼ 0%
	南東部	6.8 程度	ほぼ 0%
琵琶湖西岸断層帯		7.8 程度	0.09 ～ 9%
養老－桑名－四日市断層帯		8.0 程度	ほぼ 0 ～ 0.7%
鈴鹿東縁断層帯		7.5 程度	ほぼ 0 ～ 0.07%
伊勢湾断層帯	主部（北部）	7.2 程度	ほぼ 0%
	主部（南部）	6.9 程度	ほぼ 0 ～ 0.002%
	白子－野間断層	7.0 程度	0.2 ～ 0.8%
三方・花折断層帯	三方断層帯	7.2 程度	ほぼ 0%
	花折断層帯（北部）	7.2 程度	不明
	花折断層帯（中南部）	7.3 程度	ほぼ 0 ～ 0.6%
身延断層		7.0 程度	不明
伊東沖断層		6.7 程度	不明
稲取断層帯		7.0 程度	不明
石廊崎断層		6.9 ～ 7.0 程度	不明

※1　ケース1
2004 年新潟県中越地震を六日町断層帯北部の最新活動としない場合。

※2　ケース2
2004 年新潟県中越地震を六日町断層帯北部の最新活動とする場合。

※3　ケースａ

断層近傍の地表面では、西側が東側に対して相対的に１～２ｍ程度高まる段差や撓（たわ）みが生じる可能性がある。また、浮島ヶ原地区周辺では沈降が生じると考えられる。

本断層帯では、活動時期が十分特定できていないことから、通常の活断層評価とは異なる手法により地震発生の長期確率を求めている。そのため信頼度は低くなるが、将来このような地震が今後30年の間に発生する可能性が、わが国の主な活断層の中では高いグループに属することになる。

※4　ケースｂ

断層近傍の地表面では、西側が東側に対して相対的に10ｍ程度高まる段差や撓（たわ）みが生じる可能性がある。将来の地震発生確率には幅があるが、その最大値を取ると、本断層帯は、今後30年の間に地震が発生する可能性が、わが国の主な活断層の中では高いグループに属することになる。

【近　　畿】　　（算定基準日：2018年1月1日）

地震		マグニチュード	発生確率（30年以内）《地震発生確率の留意点》
海溝型地震			
南海トラフ	南海トラフで発生する地震	8～9クラス	70～80%
内陸の活断層で発生する地震			
柳ケ瀬・関ヶ原断層帯	主部（北部）	7.6程度	ほぼ0％
	主部（中部）	6.6程度	不明
	主部（南部）	7.6程度	不明
	浦底－柳ケ瀬山断層帯	7.2程度	不明
野坂・集福寺断層帯	野坂断層帯	7.3程度	ほぼ0%もしくはそれ以上
	集福寺断層	6.5程度	不明
湖北山地断層帯	北西部	7.2程度	ほぼ0%

	南東部	6.8 程度	ほぼ 0%
琵琶湖西岸断層帯	北西部	7.2 程度	ほぼ 0%
	南東部	6.8 程度	ほぼ 0%
養老－桑名－四日市断層帯		8.0 程度	ほぼ 0 ～ 0.7%
鈴鹿東縁断層帯		7.5 程度	ほぼ 0 ～ 0.07%
鈴鹿西縁断層帯		7.6 程度	0.08 ～ 0.2%
頓宮断層		7.3 程度	1%以下
布引山地東縁断層帯	西部	7.4 程度	ほぼ 0 ～ 1%
	東部	7.6 程度	0.001%
木津川断層帯		7.3 程度	ほぼ 0%
三方・花折断層帯	三方断層帯	7.2 程度	ほぼ 0%
	花折断層帯（北部）	7.2 程度	不明
	花折断層帯（中南部）	7.3 程度	ほぼ 0 ～ 0.6%
山田断層帯	主部	7.4 程度	不明
	郷村断層帯	7.4 程度 or それ以上	ほぼ 0%
京都盆地－奈良盆地断層帯南部（奈良盆地東縁断層帯）		7.4 程度	ほぼ 0 ～ 5%
有馬－高槻断層帯		7.5 程度（± 0.5）	ほぼ 0 ～ 0.03%
生駒断層帯		7.0 ～ 7.5 程度	ほぼ 0 ～ 0.1%
三峠・京都西山断層帯	上林川断層	7.2 程度	不明
	三峠断層	7.2 程度	0.4 ～ 0.6%
	京都西山断層帯	7.5 程度	ほぼ 0 ～ 0.8%

内陸の活断層で発生する地震			
六甲・淡路島断層帯	主部（六甲山地南縁－淡路島東岸区間）	7.9 程度	ほぼ 0 ～ 1%
	主部（淡路島西岸区間）	7.1 程度	ほぼ 0%
	先山断層帯	6.6 程度	ほぼ 0%
上町断層帯		7.5 程度	2 ～ 3%
中央構造線断層帯	金剛山地東縁	6.8 程度	ほぼ 0%
	五条谷区間	7.3 程度	不明
	根来区間	7.2 程度	0.007 ～ 0.3%
	紀淡海峡－鳴門海峡	7.5 程度	0.005 ～ 1%
山崎断層帯	那岐山断層帯	7.3 程度	0.06 ～ 0.1%
	主部（北西部）	7.7 程度	0.09 ～ 1%
	主部（南東部）	7.3 程度	ほぼ 0 ～ 0.01%
	草谷断層	6.7 程度	ほぼ 0%
伊勢湾断層帯	主部（北部）	7.2 程度	ほぼ 0%
	主部（南部）	6.9 程度	ほぼ 0 ～ 0.002%
	白子－野間断層	7.0 程度	0.2 ～ 0.8%
大阪湾断層帯		7.5 程度	0.004%以下

【中国・四国】

（算定基準日：2018年1月1日）

地　震		マグニチュード	発生確率（30年以内）《地震発生確率の留意点》
海溝型地震			
南海トラフ	南海トラフで発生する地震	8～9クラス	70～80%
日向灘および南西諸島海溝周辺	安芸灘－伊予灘－豊後水道	6.7～7.4	40%程度
	日向灘プレート間地震	7.6前後	10%程度
	日向灘プレート間のひと回り小さいプレート間地震	7.1前後	70～80%
内陸の活断層で発生する地震			
宍道（鹿島）断層	ケース1[※1]	7.0程度 or それ以上	ほぼ0～0.003%
	ケース2[※2]	7.0程度 or それ以上	0.9～6%
雨滝－釜戸断層		6.7程度	ほぼ0%
鹿野－吉岡断層		7.2程度	ほぼ0%
日南湖断層		6.7程度	不明
岩坪断層		6.5程度	不明
山崎断層帯	那岐山断層帯	7.3程度	0.07～0.1%
	主部（北西部）	7.7程度	0.09～1%
	主部（南東部）	7.6程度	0.03～5%
	草谷断層	6.7程度	ほぼ0%
長者ケ原－芳井断層		7.3程度	不明

地震		マグニチュード	発生確率（30年以内）《地震発生確率の留意点》
内陸の活断層で発生する地震			
宇津戸断層		6.7程度	不明
安田断層		6.0程度	不明
菊川断層帯	北部区間	7.7程度	不明
	中部区間	7.6程度	0.1～4%
	南部区間	6.9程度 or それ以上	不明
岩国－五日市断層帯	己斐断層区間	7.1程度	不明
	五日市断層区間	7.2程度	不明
	岩国断層区間	7.6程度	0.03～2%
周防灘断層帯	周防灘断層帯主部区間	7.6程度	2～4%
	秋穂沖断層区間	7.1程度	不明
安芸灘断層帯		7.2程度	0.1～10%
広島湾－岩国沖断層帯		7.5程度	不明
宇部南方沖断層		6.8程度	不明
弥栄断層		7.7程度	ほぼ0～6%
地福断層		7.2程度	不明
大原湖断層		7.5程度	不明
小郡断層		7.3程度	ほぼ0%
筒賀断層		7.8程度	不明

滝部断層		6.1 程度	不明
奈古断層		6.7 程度	不明
栄谷断層		6.3 程度	不明
黒瀬断層		6.0 程度	不明
中央構造前断層帯	金剛山地東縁区間	6.8 程度	ほぼ0%
	五条谷区間	7.3 程度	不明
	根来区間	7.2 程度	0.007 ～ 0.3%
	紀淡海峡－鳴門海峡区間	7.5 程度	0.005 ～ 1%
	讃岐山脈南縁東部区間	7.7 程度	1%以下
	讃岐山脈南縁西部区間	8.0 程度 or それ以上	ほぼ0 ～ 0.4%
	石鎚山脈北縁区間	7.3 程度	0.01 以下
	石鎚山脈北縁西部区間	7.5 程度	ほぼ0 ～ 11%
	伊予灘区間	8.0 程度 or それ以上	ほぼ0%
	豊予海峡－由布院区間	7.8 程度	ほぼ0%
長尾断層帯		7.3 程度	ほぼ0%
上法軍寺断層		6.0 程度	不明
上浦－西月ノ宮断層		6.5 程度	不明
綱附森断層		6.7 程度	不明
小倉東断層		7.1 程度	不明

※1　ケース1
最新活動時期を奈良時代以後、鎌倉時代以前（8 世紀以後、14 世紀以前）とした場合。

※2　ケース2
最新活動時期を約 5900 年前以後、約 3700 年前以前とした場合。

【九州・沖縄】

（算定基準日：2018年1月1日）

地　震		マグニチュード	発生確率（30年以内）《地震発生確率の留意点》
海溝型地震			
日向灘および南西諸島海溝周辺	安芸灘－伊予灘－豊後水道の地震の発生領域	6.7～7.4	40%程度
	日向灘プレート間地震	7.6前後	10%程度
	日向灘プレート間のひと回り小さいプレート地震	7.1前後	70～80%
	南西諸島周辺の浅発地震の発生領域	－	－
	九州から南西諸島周辺のやや深発地震の発生領域	－	－
	与那国島周辺の地震の発生領域	7.8程度	30%程度
南海トラフ	南海トラフで発生する地震	8～9クラス	70～80%
内陸の活断層で発生する地震			
周防灘断層帯	周防灘断層帯主部区間	7.8程度	2～4%
	秋穂沖断層区間	7.1程度	不明
菊川断層帯	北部区間	7.7程度	不明
	中部区間	7.6程度	0.1～4%
	南部区間	6.9程度orそれ以上	不明

宇部南方沖断層		6.8 程度	不明
小倉東断層		7.1 程度	不明
福知山断層帯		7.2 程度	ほぼ0～3%
西山断層帯	大島沖区間	7.5 程度	不明
	西山区間	7.6 程度	不明
	嘉麻峠区間	7.3 程度	不明
宇美断層		7.3 程度	ほぼ0%
警固断層帯	北西部	7.0 程度	不明
	南東部	7.2 程度	0.3～6%
日向峠－小笠木峠断層帯		7.2 程度	不明
水縄断層帯		7.2 程度	ほぼ0%
佐賀平野北縁断層帯		7.5 程度	不明
雲仙断層群	北部	7.3 程度以上	不明
	南東部	7.1 程度	不明
	南西部（北部）	7.3 程度	ほぼ0～4%
	南西部（南部）	7.1 程度	0.5～1%
布田川断層帯・日奈久断層帯※	布田川断層帯（布田川区間）	7.0 程度	ほぼ0%
	布田川断層帯（宇土区間）	7.0 程度	不明
	布田川断層帯（宇土半島北岸区間）	7.2 程度以上	不明

地震		マグニチュード	発生確率（30年以内）《地震発生確率の留意点》
内陸の活断層で発生する地震			
	日奈久断層帯（高野－白旗区間）	6.8程度	不明
	日奈久断層（日奈久区間）	7.5程度	ほぼ0～6%
	日奈久断層（八代海区間）	7.3程度	ほぼ0～16%
緑川断層帯		7.4程度	不明
人吉盆地南縁断層		7.1程度	1%以下
出水断層帯		7.0程度	ほぼ0～1%
こしき断層帯	上こしき島北東沖区間	6.9程度	不明
	こしき区間	7.5程度	0.3～1%
市来断層帯	市来区間	7.2程度	不明
	こしき海峡中央区間	7.5程度	不明
	吹上浜西方沖区間	7.0程度以上	不明
日出生断層帯		7.5程度	ほぼ0%
万年山－崩平山断層帯		7.3程度	0.003%以下
中央構造線断層帯	豊予海峡－由布院区間	7.8程度	ほぼ0%
宮古島断層帯	中部	7.2程度	不明
	西部	6.9程度	不明

※熊本地震

2016年4月14日　日奈久断層を震源とする前震　マグニチュード6.5（Mw6.2）

2016年4月16日　布田川断層を震源とする本震　マグニチュード7.3（Mw7.0）

資料4

地震保険創設時と現行制度の比較

●参考資料
『地震保険のすべて』（保険毎日新聞社、1967）

<table>
<tr><th>項目</th><th>創設時</th><th>現行</th></tr>
<tr><td>担保される危険</td><td>地震、噴火、またはこれらによる津波</td><td>地震もしくは噴火またはこれらによる津波を直接または間接の原因とする火災、損壊、埋没または流失によって、保険の対象について生じた損害</td></tr>
<tr><td>填補される損害</td><td>全損（経済的全損を含む）の場合のみてん補する。
なお、地震発生後10日を経過した後に生じた全損はてん補されない。</td><td><table>
<tr><th>損害の程度</th><th>保険金支払額</th></tr>
<tr><td>全　損</td><td>保険金額の100%（時価が限度）</td></tr>
<tr><td>大半損</td><td>保険金額の60%（時価の60%が限度）</td></tr>
<tr><td>小半損</td><td>保険金額の30%（時価の30%が限度）</td></tr>
<tr><td>一部損</td><td>保険金額の5%（時価の5%が限度）</td></tr>
</table>
ただし下記の場合、保険金は支払われない。
・地震発生後10日を経過した後に生じた損害
・故意もしくは重大な過失または法令違反による事故
・地震等の際の紛失・盗難の場合
・戦争・内乱などによる損害
・門、塀または垣のみの損害等、主要構造部に該当しない部分のみの損害</td></tr>
</table>

項　　目	創 設 時	現　　行
保険の目的	居住の用に供する建物および生活用動産（貴金属、宝玉、宝石、書画、骨とう等で１個または１組の価額が５万円を超えるものおよび稿本、設計書、ひな型、自動車、通貨、有価証券、預貯金証書、印紙、切手などを除く）	居住の用に供する建物または家財（生活用動産）。ただし、次の物は対象外となる。 工場、事務所専用の建物など住居として使用されない建物、１個または１組の価額が30万円を超える貴金属・宝石・骨とう、通貨、有価証券（小切手、株券、商品券等）、預貯金証書、印紙、切手、自動車等
引受方法	居住の用に供する建物および生活用動産を保険の目的とする住宅総合保険および店舗総合保険に自動付帯する。 なお、地震保険の対象となりうる物件を保険の目的とする住・店総契約に地震保険を付帯していないと住・店総契約自体が無効となる。 また、地震保険を単独で引き受けることはできない。	家計火災保険に原則付帯とする。 ただし、契約時に契約者から付帯しない旨の申出があり、確認欄に押印した場合は付帯しない。
保険金額	地震保険の保険金額は、主契約の保険金額の30％相当額とする。ただし、建物90万円（同一構内・同一被保険者単位に適用）、家財60万円（同一構内・同一世帯単位に適用）が限度。 なお、地震保険の保険料が主契約の保険料の60％を超える場合は、地震保険の保険金額の主契約の保険金額の20％以上30％未満相当額とすることができる。	火災保険の保険金額の30％以上50％未満の範囲内で契約者が設定する。 ただし、建物5,000万円、家財1,000万円が限度。
保険金総支払限度額	１回の地震等により支払う政府および保険会社の負担限度額は、3,000億円。	１回の地震等により支払う総支払限度額は、11兆3,000億円。

<table>
<tr>
<td>保険料率</td>
<td>
地震保険の保険料率は、等地別、構造別に次のとおり定められ、建物と家財は同一料率である。

地震保険料率
（保険期間　1か年　保険金額1,000円につき）
<table>
<tr><td rowspan="2">構造</td><td colspan="3">建物および家財の料率</td></tr>
<tr><td>1等地</td><td>2等地</td><td>3等地</td></tr>
<tr><td>イ</td><td>0.60</td><td>1.35</td><td>2.30</td></tr>
<tr><td>ロ</td><td>2.10</td><td>3.60</td><td>5.00</td></tr>
</table>
(1)建物の構造
イの構造
火災保険の住宅物件料率表に定めるA・B構造および一般物件料率表に定めるA・31・B2構造
ロの構造
火災保険の住宅物件料率表および一般物件料率表に定めるC・D構造
(2)等地の地域別
1等地
北海道、青森、岩手、宮城、秋田、山形、福島、茨城、栃木、群馬、新潟、富山、石川、山梨、鳥取、岡山、広島、山口、徳島、香川、愛媛、高知、福岡、佐賀、長崎、熊本、大分、宮崎、鹿児島の各県
2等地
</td>
<td>
地震保険料率
（保険期間　1か年　保険金額1,000円につき）
<table>
<tr><td rowspan="2">構造</td><td colspan="11">建物および家財の料率</td></tr>
<tr><td>1</td><td>2</td><td>3</td><td>4</td><td>5</td><td>6</td><td>7</td><td>8</td><td>9</td><td>10</td><td>11</td></tr>
<tr><td>イ</td><td>0.68</td><td>0.74</td><td>0.81</td><td>0.95</td><td>1.20</td><td>1.32</td><td>1.35</td><td>1.35</td><td>1.56</td><td>1.71</td><td>2.25</td></tr>
<tr><td>ロ</td><td>1.14</td><td>1.49</td><td>1.53</td><td>1.84</td><td>2.38</td><td>2.38</td><td>2.79</td><td>3.19</td><td>2.79</td><td>2.89</td><td>3.63</td></tr>
</table>
(1)建物の構造
イ構造　耐火建築物、準耐火建築物および省令準耐火建物等
ロ構造　イ構造以外の建物
(2)地域別
1：岩手、秋田、山形、栃木、群馬、富山、石川、福井、長野、滋賀、鳥取、島根、岡山、広島、山口、福岡、佐賀、長崎、熊本、鹿児島
2：福島
3：北海道、青森、新潟、岐阜、京都、兵庫、奈良
4：宮城、山梨、香川、大分、宮崎、沖縄
5：愛媛
6：大阪
7：茨城
8：徳島、高知
</td>
</tr>
</table>

項目	創設時	現行
	埼玉、千葉、東京（３等地を除く）、神奈川（３等地を除く）、長野、福井、岐阜、静岡、愛知、三重、滋賀、京都、大阪、兵庫、奈良、和歌山の各都府県 ３等地 東京のうち、墨田、江東、荒川の３区、神奈川県のうち、横浜市鶴見区、中区、西区の３区、および川崎市のうち、川崎区（ただし、同区内の「堤根」については東海道線以西の地区を除く）	9：埼玉 10：愛知、三重、和歌山 11：千葉、東京、神奈川、静岡

資料5

地震保険の変遷（推移）

<table>
<tr><th rowspan="2">実施年月</th><th colspan="2">保険金総支払限度額（億円）</th><th colspan="2">引受限度額（万円）</th><th rowspan="2">対象契約</th><th rowspan="2">付帯方式</th><th rowspan="2">補償内容</th><th rowspan="2">備　考</th></tr>
<tr><th>国
（政府）</th><th>民間
（保険会社）</th><th>家屋</th><th>家財</th></tr>
<tr><td rowspan="2">1966年
6月創設</td><td colspan="2">3,000</td><td rowspan="2">90</td><td rowspan="2">60</td><td rowspan="2">住宅総合保険・店舗総合保険・月掛住宅保険・月掛商工保険</td><td rowspan="2">自動付帯</td><td rowspan="2">全損のみ</td><td rowspan="2">保険金額：主契約の保険金額の30％相当額</td></tr>
<tr><td>2,700</td><td>300</td></tr>
<tr><td rowspan="2">1972年
5月改定</td><td colspan="2">4,000</td><td rowspan="2">150</td><td rowspan="2">120</td><td rowspan="2">長期総合保険・建物更新保険の追加</td><td rowspan="2">原則自動付帯（特別の事情があれば付帯しないことが可）</td><td rowspan="2"></td><td rowspan="2"></td></tr>
<tr><td>3,400</td><td>600</td></tr>
<tr><td rowspan="2">1975年
4月改定</td><td colspan="2">8,000</td><td rowspan="2">240</td><td rowspan="2">150</td><td rowspan="2">普通火災・住宅火災・団地、簡易火災・火災相互・満期戻長期の追加</td><td rowspan="2">任意付帯</td><td rowspan="2"></td><td rowspan="2">火災保険の地震免責条項の文言改定</td></tr>
<tr><td>6,775</td><td>1,225</td></tr>
<tr><td>1977年
7月改定</td><td colspan="2"></td><td></td><td></td><td></td><td>「地震保険確認欄」の押印方式に変更</td><td></td><td></td></tr>
</table>

<table>
<tr><th rowspan="2">実施年月</th><th colspan="2">保険金総支払限度額（億円）</th><th colspan="2">引受限度額（万円）</th><th rowspan="2">対象契約</th><th rowspan="2">付帯方式</th><th rowspan="2">補償内容</th><th rowspan="2">備　考</th></tr>
<tr><th>国
（政府）</th><th>民間
（保険会社）</th><th>家屋</th><th>家財</th></tr>
<tr><td rowspan="2">1978年
4月改定</td><td colspan="2">1兆2,000</td><td rowspan="2"></td><td rowspan="2"></td><td rowspan="2"></td><td rowspan="2"></td><td rowspan="2"></td><td rowspan="2"></td></tr>
<tr><td>1兆162.5</td><td>1,837.5</td></tr>
<tr><td>1980年
7月改定</td><td colspan="2"></td><td>1,000</td><td>500</td><td>すべての家計火災保険</td><td>原則付帯方式</td><td>半損（建物50%、家財10%）追加
※1978年宮城県沖地震</td><td>保険金額：主契約の保険金額の30%以上50%未満</td></tr>
<tr><td rowspan="2">1982年
4月改定</td><td colspan="2">1兆5,000</td><td rowspan="2"></td><td rowspan="2"></td><td rowspan="2"></td><td rowspan="2"></td><td rowspan="2"></td><td rowspan="2"></td></tr>
<tr><td>1兆2,715</td><td>2,285</td></tr>
<tr><td>1988年
7月改定</td><td colspan="2"></td><td></td><td></td><td></td><td></td><td></td><td>長期保険特約（主契約の保険期間に合わせ最長5年まで）の新設</td></tr>
<tr><td>1991年
4月改定</td><td colspan="2"></td><td></td><td></td><td></td><td></td><td>全損
半損（建物50%、家財10%）
一部損（5%）</td><td>料率引下げ
等地区分の変更</td></tr>
<tr><td rowspan="2">1994年
6月改定</td><td colspan="2">1兆8,000</td><td rowspan="2"></td><td rowspan="2"></td><td rowspan="2"></td><td rowspan="2"></td><td rowspan="2"></td><td rowspan="2"></td></tr>
<tr><td>1兆5,258</td><td>2,742</td></tr>
</table>

1995年 1月改定								中途付帯可能に
1995年 10月改定	3兆1,000							
	2兆6,884	4,116						
1996年 1月改定			5,000	1,000			全損 半損（50%） 一部損（5%） 現行どおり	料率改定 1995年1月 阪神大震災
1997年 4月改定	3兆7,000							
	3兆1,974.5	5,025.5						
1999年 4月改定	4兆1,000							
	3兆4,891.3	6,108.7						
2001年 10月								料率改定、耐震性能に応じた割引率導入
2002年 4月改定	4兆5,000							
	3兆7,526.7	7,473.3						
2005年 4月改定	5兆							
	4兆1,221.9	8,778.1						
2008年 4月改定	5兆5,000							
	4兆3,915	1兆1,085						

実施年月	保険金総支払限度額（億円）		引受限度額（万円）		対象契約	付帯方式	補償内容	備考
	国（政府）	民間（保険会社）	家屋	家財				
2008年4月改定	5兆5,000							
	4兆3,915	1兆1,085						
2009年4月改定	5兆5,000							
	4兆3,012.5	1兆1,987.5						
2011年5月改定	5兆5,000							2011年3月東日本大震災
	4兆7,755.5	7,244.5						
2012年4月改定	6兆2,000							
	5兆7,120	4,880						
2013年5月改定	6兆2,000							
	5兆9,595	2,405						
2014年4月改定	7兆							
	6兆7,386	2,614						
2016年4月改定	11兆3,000							
	10兆9,902	3,098						
2017年1月改定								料率改定（最大引上率 ＋14.7%、

								最大引下率 −15.3%） 損害区分 3 区分⇒ 4 区分

資料6
諸外国の地震保険制度

●出典
「地震保険制度の国際比較」社会安全学研究第6号（2016）6頁

	日　本	台　湾	トルコ	ニュージーランド	カリフォルニア州
全世帯に対する地震保険加入率	30.5% （2017年3月現在）	30.9% （2014年現在）	30.8% （2014年現在）	90% （2014年現在）	11% （2014年現在）
対象損害	地震、津波、噴火等に起因する損害	地震に起因する損害	地震に起因する損害	地震、津波、地滑り、火山噴火・熱水活動、サイクロン、暴風、洪水等、自然災害に起因する損害	地震に起因する損害（火災は含まない）
単独加入	不可 （火災保険に付帯）	不可 （火災保険に付帯）	可	不可 （火災保険に付帯）	不可 （住宅所有者保険に付帯）
任意・強制	自動付帯（任意）	強制	強制	強制	任意
付保制限	主契約の30～50%	100%	100%	100%	100%
補償の対象	居住用建物・家財	居住用建物 （全損のみ）	居住用建物 ・都市部 ・商業目的として使用されている業務兼住宅（居住部分のみ） ・災害復興公営住宅	居住用建物、土地、家財	居住用建物 生活用動産 緊急修理費 臨時生活費

時価額・再調達価額	時価額	再調達価額	再調達価額	再調達価額	再調達価額
補償額上限	建物：5,000万円 家財：1,000万円	NT$　150万 NT$　20万 （臨時生活費）	US$　9.2万	建物：NZ$　10万 家財：NZ$　2万	居住建物：なし 生活用動産： US$　10万
公的関与方法	保険責任の一部を再保険引き受け	保険責任の一部を再保険引き受け、TREIF[※1]に対する政府保証	TCIP[※2]に対する保証	EQC[※3]に対する無限保証	CEA[※4]の設立、運営、税制優遇措置
国庫負担	無	有	有	有	無
民間保険会社の役割	• 保険販売、損害査定、支払事務 • 保険責任の一部を引き受け	• 販売・集金・証券発行・支払・損害査定（査定要因の人材育成はTREIFが実施） • 保険責任の一部を受再し保有	• 販売（査定と支払はTCIPが実施） • 保険責任の引き受け無し	• 販売（査定と支払はTEQCが実施） • 保険責任の引き受け無し	• 販売、損害査定、支払事務 • 保険責任の引き受け無し、CEAへの出資および震災後拠出金の支払い義務
支払限度額	11兆3,000億円 （2018年3月現在） ＊資金不足の際は保険金額に準じて比例配分	NT$　700億 （2014年現在） ＊資金不足の際は保険金額に準じて比例配分	US$　30億 （2012年現在） ＊資金不足の際は政府が支払を保証	NZ$　62.5億 （2014年現在） ＊資金不足の際は政府が支払を保証	US$　105.48億 （2014年現在） ＊資金不足の際は保険金額に準じて比例配分
保険料率	0.068～0.363%	0.15%	0.44～5.50%	0.15%	0.46～8.05%

※1　TREIF：Taiwan Residential Earthquake Insurance Fund（政府保証の財団法人）
※2　TCIP：The Turkish Catastrophic Insurance Pool（公営企業の非営利団体）
※3　EQC：Earthquake Commision（法律に基づく地震委員会）
※4　CEA：California Earthquake Authority（州政府の地震公社）

資 料 7
防災ハンドブック

●参考資料
気象庁ホームページ
復旧・復興ハンドブック（内閣府）
防災手帳（東北マンション管理者連合会）
首相官邸ホームページ
『世界の火山リスクと企業の対策』TODAY vol.93（リスクマネジメント協会）
私だけの防災ハンドブック（広島 FM）
わが家の防災ハンドブック（全労災）
火山防炎マップ作成指針（内閣府）

1 地 震 編

(1) 震度と揺れ

マグニチュードは地震の持つエネルギーの大きさ、震度は地域における揺れの大きさを表しています。地盤や震源地までの距離などにより、揺れの大きさは異なります。

震度	揺れの状況
4	ほとんどの人が驚く。電灯などのつり下げ物は大きく揺れ、座りの悪い置物が倒れることがある。
5弱	大半の人が恐怖を覚える。固定していない家具が移動し、不安定な物は倒れ、棚の食器類や本が落下することもある。
5強	物につかまらないと歩きにくい。テレビが台から落ち、固定していない家具が倒れ、窓ガラスが割れ落ちることがある。
6弱	立っていることが困難。固定していない家具の大半が移動。ドアが開かなくなり壁のタイルが破損・落下することがある。
6強	揺れに翻弄され動けず飛ばされることもある。固定していない家具の多くは倒れ、壁のタイル・窓ガラスが破損する。
7	固定していない家具が飛ぶこともある。建物に相当の被害が出て、補強されているブロック塀も破損するものがある。

(2) 被災地で想定される被害状況（例）

	被害例
ライフライン	電気・ガス・水道・通信の供給・サービスが停止する。復旧に１か月以上かかる場合もある。
建物	①耐震性の低い建物が損壊・倒壊する。 ②地盤が崩落する。 ③火災が発生する。都市部の住宅密集地で、道路の狭い地域は消火活動が困難になる。 ④集合住宅などで、ドアが損壊して閉じ込めが発生する。 ⑤高層建物ではエレベーターが停止し、閉じ込めが発生する。 ⑥長周期地震動が超高層ビル（高さ60m超）に大きな影響を与える。
交通	①鉄道網が停止する。 ②高速道路が損壊・倒壊し通行不能になる。 ③塘路が通行不能となる。 ・道路の陥没・亀裂、のり面崩落等 ・橋梁の損壊等 ・家屋の倒壊、ブロック塀の倒壊等 ・自販機の転倒 ・電柱、樹木の倒壊　など ④大量の帰宅困難者が発生する。
医療・介護	①医療・介護機関が被災し、医療・介護行為が不能となる。 ②ライフラインの停止により医療・介護に支障を来たす。 ③大量の負傷者、要介護者の受入れが困難となる。 ④医療・介護従事者、医療・介護物資が不足する。 ⑤自宅療養者の加療が困難となる。
情報	①ライフラインの停止により被災地の住民が情報を入手することが困難となる。 ②地域ごとに必要な情報を入手しにくい。
食料・水	①食料・水の入手が困難となる。 ②水の供給停止によりトイレの使用に支障を来たす。

(3) 住まいの備えのために

地震に対する被害を最小限に留めるために、可能な事前対策として住まいの備えを怠らないようにしましょう。できるところは自分の手で、それが地震と家族の命の安全につながります。

住宅	①新耐震基準の住宅 　1981 年 6 月に耐震基準が改善されています。新基準の住宅は旧基準と比べて損壊する確率が減少しています。 ②耐震診断・耐震補強を 　耐震診断や耐震補強については､行政機関の支援があります。耐震診断を受け、必要な補強を行いましょう。
室内	①家具・家電製品の固定 ・家具を固定する場合、壁の内側の桟木、かもいに固定する ・積重ねの家具は上下を連結固定する ・家電製品は台との固定だけではなく、台と床・壁等との固定も忘れずに ・タンスや棚は収納物が飛び出さないように扉が開かないようにロックできるように（輪ゴムも有効） ・固定方法は複数組み合わせる ②窓ガラス・ガラス製品等の飛散防止 ・ガラス類には飛び散らないように飛散防止フィルムを貼る ・照明器具には飛散防止カバーを使用する ③家具類の配置 ・寝ている上に倒れてこないように配置する ・寝ている上に飛んでこないように配置・固定する ・窓ガラスの近くに物を置かない ・倒れてもドアを塞がないように配置する ・避難する経路に物を置かない

※地震が発生して家具の転倒・飛散があっても避難できるように、スリッパ等を枕元に置くようにしましょう。

(4) 身の安全のために

① 自宅では

転倒・飛来・落下物のない安全な空間で身体の安全を図りましょう。

- 家具など倒れる危険のあるものから離れる
- テーブルや机の下に入る場合も強度の高いものの下へ
- 高層階にいる場合は窓から離れて固定されたものにつかまる
- 耐震性の弱い建物の中にいる場合は外に出る
- ビルの中など耐震性の高い建物の中にいる場合はすぐには飛び出さない。落

下物に注意

[住宅内の場所ごとの注意点]

	注意点（例）
台所	①調理中の場合ガスの火を無理に消そうとしない。揺れが収まってから消す ②食器棚・冷蔵庫等の大型家具類に挟まれないように ③ガラスの破片でけがをしないように ④落下した調味料類で足を滑らさないように ⑤上部の棚からの落下物に注意
リビング	①クッションなどで頭を保護する ②ピアノなどの重量物から離れる ③照明器具、エアコン、テレビなどの飛び出し・落下から身を守る
寝室	①就寝中の場合は、まず布団で体を守る ②慌てて行動せずに、落ち着いて行動する ③家具類から離れる ※手の届く場所に懐中電灯を用意しておく
トイレ・風呂	①閉じ込められないようにすぐにドアを開く ②風呂の中では慌てて行動して足を滑らせない ③トイレの中ではタンクや蓋に注意

② 外出先では

屋外にいるときは上部から落ちてくるガラス・建物の破損物などから頭部を守ることを心がけましょう。

- カバンなどで頭を保護する
- 路上にいる場合は耐震性の高そうなビルの中に避難する
- 自販機、ブロック塀から離れる
- ビルの看板の落下に気を付ける
- マンホールの上を歩かない（液状化で飛び出す場合等がある）
- 道路の亀裂、建物・電柱の倒壊に注意
- 自動車に注意（ハンドルを取られて飛び込んでくる危険がある）
- クルマの運転中の場合は路肩に寄せて速やかに停車する

③　施設物の中にいたら

地下商店街、デパート・ショッピングセンター・スーパー、映画館などの施設物の中にいたら、陳列商品、装飾品の転倒・落下、天井の電気類・天井板などの落下に注意し、バッグなどにより頭部を保護し、安全な空間に移動しましょう。

- 施設の係員による案内に従って落ち着いて行動する
- 狭い避難路に人が集中することにより「群衆なだれ」が起きやすくなるので、押し合うことなく整斉と行動する
- 周りを見渡して比較的すいている避難路（出口）を探す
- 建物破損による空気の汚濁から身を守るためハンカチ類で口を覆う
- 可能であれば火災に備えハンカチを濡らす

④　乗り物に乗っていたら

ア　電車・バスなど公共交通機関に乗車中

突然の急ブレーキ・急ハンドル、他車との衝突、脱線などにより乗客の転倒事故が想定されます。

- 座席に着いているときは体を丸め、頭を保護する
- 手すり・つり革につかまる（日頃から習慣付ける）
- 揺れが収まったら車掌・運転手の指示に従って行動する

イ　自動車の運転中

ハンドルを取られ、他車や建物と接触する危険が想定されます。

- ゆっくりと路肩に寄せ、周りを確認して停車する
- 避難するときはキーを付けたままにする
- 日頃からシートベルトの着用を励行する

(5)　避難・帰宅時の留意点

避難が必要な場合	①避難勧告・避難指示が発令された ②津波被害が想定される ③土砂災害が想定される ④建物被害が大きく留まることが危険 ⑤火災が発生し類焼が想定される ⑥ライフラインが途絶えて日常生活に支障が出た　など

避難する前にすべきこと ※津波など一刻の猶予もない場合はただちに避難する	①ガスの元栓を閉める ②電気のブレーカーを落とす ③空き巣防止のために施錠する
勤務先・外出先からの帰宅	二次災害に巻き込まれないように「むやみに移動を開始しない」(政府の基本原則) ①会社や外出先の施設の滞留措置に従う ②交通機関の再開を待つ ③帰路の情報収集、水などの物資の入手などの準備をしたうえで行動する
家族との連絡	①話 • 災害用伝言ダイヤル 171（NTT） • 携帯電話「災害用伝言板」 • 被災地外の親戚などに伝言依頼 ※被災地から被災地外への電話は比較的つながりやすい ②メール・ウェブサービス • メール（音声通信よりもつながりやすい） • web171（NTT） ③書置き • 自宅の決めた場所にメモを残す（空き巣に知られないように目立つ場所に置かない） • 避難所の掲示板などにメモを貼る ④合流場所を決めておく（避難場所）

2 噴 火 編

(1) 噴火による被害要因と概要

噴火による被害の要因としては、主に次のものが考えられます[1)]。

① 大きな噴石

爆発的な噴火によって火口から吹き飛ばされる直径約 50cm 以上の大きな岩石等

1）その他、溶岩流／山体崩壊・岩屑なだれ／洪水／地滑り・斜面崩壊／津波／火山ガス・噴煙空振（爆風による衝撃波）／地震動／地殻変動／地下水・温泉変動などが考えられる。

は、風の影響を受けずに河口から弾道を描いて飛散して短時間で落下し、建物の屋根を打ち破るほどの破壊力を持っています。被害は火口周辺のおおむね 2km ～ 4km 以内に限られます。家屋や人に被害をもたらします。

② 火砕流（火砕サージを含む）

高温の火山灰や岩塊、空気や水蒸気が一体となって急速に山体を流下する現象。大規模な場合は通過点を焼失、埋没させ、破壊力が大きく、きわめて恐ろしい火山現象です。流下速度は時速数十 km ～百数十 km、温度は数百度にも達します。

火砕流・火砕サージ2) から身を守ることは不可能で、噴火警報等を活用した事前の避難が必要です。

③ 小さな噴石・火山灰（降下火砕物）

噴火により噴出した小さな固形物のうち直径 2mm 以上のものを小さな噴石（火山れき）、直径 2mm 以下のものを火山灰といい、粒径が小さいほど火口から遠くまで風で流されて降下します。小さな噴石は火口から 10km 以上遠方まで風に流されて降下する場合もあります。火山灰は、時には数十 km から数百 km 以上運ばれて広域に降下・堆積し、農作物の被害、交通麻痺、家屋倒壊、航空機のエンジントラブルなどが広く社会生活に深刻な影響を及ぼします。

噴出してから地面に降下するまでに数分～十数分かかることから、火口の風下側で爆発的噴火に気付いたら、火山からの距離にもよりますが、屋内等に避難することで小さな噴石から身を守ることが可能となります。

④ 融雪型火山泥流

積雪時の火山において噴火に伴う火砕流等の熱によって斜面の雪が融かされて大量の水が発生し、周辺の土砂や岩石を巻き込みながら高速で流下する現象。流下速度は時速 60km を超えることもあり、積雪期の噴火時等には融雪型火山泥流の発生を確認する前にあらかじめ避難が必要となります。

2）火砕サージとは、火砕流の先端や周辺の火山灰を含む高温・高速の気流のこと。火砕流本体よりも広範囲かつ猛スピードで移動する。マグマ水蒸気爆発の際に、上空へ噴き上がる噴煙中の基部に発生する、環状に広がる高速で横なぐりの噴煙で、ベースサージとも呼ばれている。温度が 100 度以下と火砕流と比べ低温な点で火砕流と区別されている。

⑤　泥流・土石流

火山灰が積もったところは水が地中にしみこみにくいため、降雨により土石流や泥流が発生する危険があります。発生した場合は流れから遠ざかる方向への避難が必要です。

(2)　降灰による被害例

気象庁の「降灰の影響及び対策資料」、内閣府の「広域的な火山防災対策に係る検討会資料」ならびに「火山防災マップ作成指針」などによると、降灰による人的・物的被害は次のとおり想定されます。

項　目		想定される被害	具 体 例
人的被害		2cm 以上の降灰がある範囲では何らかの健康被害が発生する可能性がある。	7.5cm：呼吸疾患(1980 セントヘレンズ) 2.0cm：目・鼻・咽・気管支の異常等（1977 有珠山） 0.1mm：喘息患者のうち 42.9% が症状悪化（2004 浅間山）
物的被害等	建物 木造住宅の垂直荷重最大耐力は 525kg／m^2	木造家屋の場合、火山灰が乾燥時は 45cm、降雨時は火山灰の密度が約 1.5 倍になるため 30cm で家屋が倒壊する可能性がある。	300cm：須走村30戸倒壊(1707富士山) 120cm：軽井沢宿 82 戸倒壊（1783 浅間山） 100cm：家屋の多くが倒壊（1707 富士山） 80cm：浄水場の梁に亀裂(1977有珠山) 60cm：鹿部村全壊全焼 335 戸（1929 北海道駒ヶ岳） 50cm：灰に雨が加わり洞爺湖の保育所崩落（1978 有珠山） 10cm：都城市牧場建物全壊（2011 霧島山）
	商業・事業活動等	降灰がある範囲では火山灰が店内に入り込み、商品が火山灰を被る被害やコンピュータが故障する可能性がある。	7.5cm：リッツビルは完全回復まで 9 日間。商品が灰を被った、コンピュータが灰によって故障、等（1980 セントヘレンズ） 1.3cm：チェニーは完全回復まで 8 日間。灰による直接被害（1980

			セントヘレンズ） 6mm：エレンズバーグは完全回復まで1週間。灰が店の中まで入り込んで除去（1980セントヘレンズ）
交通機関	道路	湿潤時は1cm以下の降灰で、乾燥時は2cm程度で道路通行に支障を来たす。 ●通行不能（想定） 晴天時：降灰が5cm／日では除灰不可能となり通行不能 降雨時：降灰が5mm／日で除灰する車が動けず通行不能	7.5cm：高速道路完全閉鎖（1980セントヘレンズ） 2cm：都城市臨時休校（2011霧島山） 1.3cm：市内交通規制5日間（1980セントヘレンズ） 7～8mm：降灰除去のため高速道路約1日通行止め（1995桜島） 6mm：高速道路完全閉鎖2日間（1980セントヘレンズ） 1～2mm：視界不良のため徐行運転（1974新潟焼山）
	鉄道	降灰で車輪やレールの導電不良による障害や踏切障害等による輸送の混乱が生じる可能性がある。	7.5cm：鉄道寸断。速度制限はその後9日間。湿った灰が導電性を帯びてショートを引き起こした（1980セントヘレンズ） 5mm：信号誤作動の恐れがあり列車運行見合わせ。小雨交じりだとこびりつきやすい（1987桜島）。
	航空	降灰がある範囲では、火山灰が航空機のエンジンに影響を及ぼし、エンジンの停止や損傷等のトラブルが発生する可能性がある。1mm以上の降灰があると、空港が数日間閉鎖する可能性がある。	4月14日の大噴火に伴い欧州全域で航空機の運航停止または空港閉鎖（4月15～21日までの欠航数10万便）（2010アイスランド・エイヤフィヤトラヨークトル氷河火山） 4mm：約100km離れたマニラ首都圏にある国際空港が、火山灰のため　使用不能となり回復に10日間を要した（1991ピナツボ） 1～2mm：7日間空港閉（2002レベンタドル）

	港湾	船舶はディーゼルエンジンで稼働しているものが多く、火山灰の影響が想定される。	
ライフライン	電力	降雨時に1cm以上の降灰がある範囲では、送電機器の碍子に火山灰が付着し、降雨時に濡れて漏洩電流が流れ、停電が発生する可能性がある。	7.5cm：機械に積もった灰を取り除くためワシントン水力発電の200軒の顧客へ6～8時間停電（1980セントヘレンズ） 1.3cm：5つのトランスが故障し、2本の電柱が火災、短時間の停電（1980セントヘレンズ） 6mm：変電所で変圧器のスイッチパネルの灰の除去で停電（1980セントヘレンズ） 1mm：一の宮町を中心に、湿った火山灰が電柱トランスなどに付着してショートしたため停電。火山灰1mmの堆積地域と停電地域が一致（1980阿蘇山）
	水道	浄水場の沈殿池の能力を上回る火山灰が流入した場合、給水能力が減少し給水できなくなる可能性がある。	1cm：虻田町三豊の上水道浄水場に1cmの降灰があり、細かい火山灰がろ過用の砂に付着（旧式ろ過装置）し、目詰まりのため給水ストップ（1978有珠山） 9mm：三岳村北部、小奥、沢頭等5集落の簡易水道は降灰による濁水により断水（1979御嶽山） 6mm：上水道の水質低下（phの低下）（1980セントヘレンズ）
	下水道	火山灰が大量に側溝に流れ込むと、下水道が機能不全を引き起こす可能性がある。	

（出典）気象庁「降灰予報の高度化に向けた検討会（第1回）」（2012年7月5日）参考資料2「降灰の影響及び対策」、内閣府「広域的な火山防災対策に係る検討会資料」ならびに同「火山防災マップ作成指針」等をもとに作成

(3) 降灰に対する対策例

① 人体・生活等の影響に対する備え

ア 事前に準備すべきもの

- 食糧・水（最低3日分）：物流不足・帰宅困難に備えるため
- 懐中電灯：停電対応、降灰時の視界不良に対応するため
- 携帯ラジオ：停電時の情報入手のため
- マスク（不織布製など）：微細な灰を吸い込まないため
- ゴーグル：火山灰等で目を守るため
- 帽子と傘：外出するときに使用
- 防寒対策：冬季の場合の停電時に備えるため
- ほうき・ゴミ袋・掃除機（スペアの紙パックやフィルターも）・シャベルなど掃除用具
- ガムテープなど：窓などに目張りして室内に灰が侵入するのを防ぐため
- 大きなゴミ袋・ラップ等：電子機器を覆い、灰から守るため
- 常備薬

イ 降灰直前にすること

- 灰が侵入しないようドアと窓を閉める
- 湿ったタオルをドアの隙間やほかの外気が侵入する場所に置く。窓の隙間にテープを貼る
- 精密機器をフィルム等で保護し、火山灰がなくなるまで外さない
- 雨水管が詰まらないように縦どいを外す
- 気管支炎等の持病を抱えている場合は屋内で過ごすようにして灰を吸い込まないようにする

ウ 降灰が起きてからすること

- パニックを起こさず落ち着くこと
- 屋内にいること
- もし外にいる場合は、車の中や建物などに避難する
- マスクやハンカチ等で鼻と口を覆う
- 降灰が始まる前に警報があれば職場から家に戻る
- もし降灰が始まった後にも職場にいたら、無理に帰宅せず灰が収まるまで屋内に留まる

・テレビやラジオで噴火や除灰作業の情報を聞くこと
・コンタクトレンズを外す。角膜剥離を起こしてしまう
・もし飲料水に灰が混入した場合には、灰を沈殿させてから透明な上澄み液を使う。水道水に火山灰が多い場合は食洗機や洗濯機に使わない。火山灰で汚染された水は、健康被害が起きる前に飲料水としては口に合わなくなる
・庭の野菜を食べるときはまず大量の水でよく洗うこと

エ　その他の留意点

・外出するときは帽子をかぶり、傘（日傘も可）を使用する
・家屋の倒壊防止のため屋根の降灰堆積量が30cmを超えないように灰を除去する
※危険を伴う場合は業者等に依頼
・車の運転は極力控える
※スリップ事故が増える可能性があるため
・パソコンやテレビ等の掃除には、圧縮空気を使う。できれば主電源を切っておく

●車の運転についての注意点
やむを得ない場合を除いて自動車の運転は避ける。路面はスリップしやすく、火山灰が巻き上がり視界が悪くなって他の人の迷惑になる。自動車自体にも故障をもたらす。
どうしても車の運転が必要な場合は、ゆっくりと走行し、ヘッドライトを点灯させ、ウォッシャー液を多めに使う。ワイパーを使うと乾いた火山灰がフロントガラスを傷つける。降灰が非常に多い場合には、緊急事態のみに限る。その際、フロントガラスに水や布で灰を除去する。数十m進むたびにその作業が必要になるかもしれない。

②　企業等の経済的影響に対する備え

降灰に対する影響を検討し、事業継続のための事前対策を実施する必要があります。当然、上記①の対策を講じたうえ、自社の建物が降灰範囲にある場合は、降灰による事業への影響を分析し、事前に対策を実施することが重要です（下記例参照）。

ア　自社の建物の強化

降灰の圧力に耐えうる強度に改築します。

イ　交通機関の影響

交通機関の影響により、原材料等の入手ができなくなる場合、商品等を出荷できない場合等を分析し、代替手段や事前の原材料の確保、代替品の入手手段などについて検討しておく必要があります。

また、航空機、鉄道、陸送、海運などを含め、通常の輸送手段の他、代替輸送手段を確保しておくことも必要です。

ウ　停電等エネルギー対策

停電時の対応としてどのような対策が必要か検討する必要があります。

非常用電源として

- 野外に発電機を設置している施設
- 排熱効率等の問題から完全に建屋に覆われていない施設

が多数あると想定されます。これらの場合、降灰の影響は大きいと推定されます。

エ　給水対策

給水設備が不能となった場合を想定し、事業に必要な水の確保手段を検討しておく必要があります。

オ　被災後の早期対策の検討

被災後出社可能な社員の確保をどうするか、被災後の復旧対策としての初期対応はどうするのかを事業計画として作成しておく必要があります。

カ　降灰除去作業の依頼

降灰があった場合、除去作業業者の手は限られていることから、事前に契約しておく等の手当てが必要となります。

キ　建物被害の対策

被害想定として、どのくらいの日数・時間が復旧までに必要か、仮に長期の閉鎖が必要となった場合の代替施設はどうするかについて検討が必要となります。代替できる自社の建物が県外等にある場合、ない場合について、それぞれ検討を加える必要があります。

ない場合は、関連業者との連携等を視野に入れ、防災協定の締結等が可能かどうか検討を加える必要があります[3)]。

3）東日本大震災において河北新報社は新潟日報社との防災協定により新聞印刷を新潟日報に代替してもらっている。

自社の建物が降灰範囲にない場合であっても、自社と関係するサプライヤーの影響を評価し、関連サプライヤーの休業等が自社に与える影響、代替調達に対応できる企業があるか否かなどについて検討する必要があります。

企業などでは、地震防災などを中心として、すでに事業継続計画を策定しているものと考えられます。しかし、火山噴火に関しての事業継続計画を策定している企業は限られているようです。東日本大震災も未曾有の震災として、東日本大震災の地震規模を想定しての事業継続計画の策定をしていた企業はなかったのではないでしょうか。

今後想定される巨大地震についても、また、火山の噴火災害についても、想定外で済まされない事態を招くことのないように、あらゆるリスクを想定し、事業継続を可能とできる体制を構築しておきましょう。

(4) 噴火警戒レベルと対応（例）

	名　称	対象範囲	レベル	火山活動の状況	住民の行動	事業者対応例
特別警報	噴火警報（居住地域）または噴火警報（火口周辺）	居住地域およびそれより火口側	レベル５ 避難	居住地域に重大な被害を及ぼす噴火が発生、あるいは切迫している状態にある。	危険な居住地域からの避難等が必要（状況に応じて対象地域や方法等を判断）	• 危険な事業所からの避難等 • 事業継続計画の実施
			レベル４ 避難準備	居住地域に重大な被害を及ぼす噴火が発生すると予想される（可能性が高まってきている）。	警戒が必要な居住地域での避難の準備、災害時要援護者の避難等が必要（状況に応じて対象地域を判断）	• 警戒が必要な事業所地域での避難準備 • 事業継続計画に基づく実施準備
警報	噴火警報（火口周辺）または火口周辺警報	レベル３ 入山規制	火口から居住地域近くまで	居住地の近くまで重大な影響を及ぼす（この範囲に入った場合には生命に危険が及ぶ）噴	通常の生活（今後の火山活動の推移に注意。入山規制） 状況に応じて災害時要援護	• 噴火防災に対する事業継続計画の確認（発災時における実施事項・実施手順の確認

警報				火が発生、あるいは発生すると予想される。	者の避難準備等	
		火口周辺	レベル2 火口周辺規制	火口周辺に影響を及ぼす（この範囲に入った場合には生命に危険が及ぶ）噴火が発生、あるいは発生すると予想される。	通常の生活	通常の事業
予報	噴火予報	火口内等	レベル1 活火山であることに留意	火山活動は静穏。火山活動の状態によって、火口内で火山灰の噴出等が見られる（この範囲に入った場合には生命に危険が及ぶ）。		

3 津波編

(1) 津波の特徴

① 速さはジェット機並み

津波は水深が深いほど早く、外洋における速度は時速500km ～ 1,000kmとジェット機並みの速さになります。陸に到達してからもバイク並みの速さのため迅速に避難することが重要となります。

② 川をさかのぼる

津波は海岸だけではなく河口から川をさかのぼります。内陸部でも安全とは言えません。

③　津波は海水だけでなく瓦礫を含む

津波はさまざまなものを破壊し、その瓦礫を巻き込んできます。そのエネルギーは甚大で、瓦礫を含む津波の巻き込まれると、その圧力や瓦礫で生き残ることが困難になります。

④　地震動がなくても津波は襲ってくる

チリ地震など遠方の大地震により津波が押し寄せることがあります。津波情報を的確に捉え、しっかりと避難行動を取りましょう。

⑤　津波は港湾で高くなる

リアス式海岸など、港湾で津波の高さは一挙に高くなります。入口が広く湾の奥が狭くなっている港湾は奥に向かって津波のエネルギーが集中し、巨大な波が押し寄せることになります。

⑥　火山噴火による津波も

1792（寛政4）年5月21日に発生した雲仙普賢岳の噴火・山体崩壊で50mの津波が発生しています。その他、隕石による津波も想定されます。

⑦　津波は大きな水の塊

津波は海底が変動することで生じるため、海底から海面までの海水全体が一度に押し寄せます。津波は波ではなく大きな水の塊で、波長は数百mから数千km[4)]にも及びます。

⑵　津波予報・警報の知識

正確な情報を入手し、勝手な判断をせずに、避難指示が出たら速やかに従いましょう。

4）台風などで発生する大波は、海の表面だけの運動で、波長は数mから数十m。

予報警報	予 想 文	発表される津波の高さ	
		数値での発表（発表基準）	巨大地震の表現
大津波警報	大きな津波が襲い甚大な被害が発生します。沿岸部や川にいる人はただちに高台や避難ビルなど安全な場所へ避難してください。津波は繰り返し襲ってきます。警報が解除されるまで安全な場所から離れないでください。	10m 超（10m ＜高さ）	巨大
		10m（5m ＜高さ≦ 10m）	
		5m（3m ＜高さ≦ 5m）	
津波警報	津波による被害が発生します。沿岸部や川沿いにいる人はただちに高台や避難ビルなど安全な場所へ避難してください。津波は繰り返し襲ってきます。警報が解除されるまで安全な場所から離れないでください。	3m（1m ＜高さ≦ 3m）	高い
津波注意報	海の中や海岸付近は危険です。海の中にいる人はただちに海から上がって、海岸から離れてください。潮の流れが速い状態が続きますので、注意報が解除されるまで海に入ったり海岸に近づいたりしないようにしてください。	1m（20cm ≦高さ≦ 1m）	（表記しない）

⑶ 津波から逃げるポイント

① 高台に避難する

過去の浸水区域や想定津波危険区域を参考にしつつ、最悪の事態を想定して、できるだけ高いところへ避難しましょう。速やかな避難行動が重要です。

② 浸水が始まってしまったら、近くの丈夫な建物の高い階へ避難する

浸水が始まってしまったら、遠くの高台への避難は無理です。近くの丈夫な建物のできるだけ高い階に避難しましょう。

③ 車での避難は避ける

渋滞が生じ、車ごと津波に襲われる危険があります。車での避難はできる限り避

けましょう。

④　絶対に戻らない

津波は何度も押し寄せ、第２波、第３波が第１波よりも高くなることもあります。家族や家が心配でも警報・注意報が解除されるまで絶対に戻ってはいけません。

⑤　まずは自分の身を守る

家族の安否の確認で家に立ち寄ることにより、家族全員が危険にさらされることになります。まずは、自分の身は自分で守るということを家族で確認しておきましょう。

⑥　貴重品の持ち出しはあきらめる

貴重品の持ち出しのため避難が遅れると命取りになります。何よりも自分の命を第一に守りましょう。

4　非常持ち出し品（例）

わが家の防災を考えるうえで、当面の生活を支え、生命を支えるために、以下の「非常持ち出し品」を参考として、いざという災害に備えることが必要です。

□飲料水	□１人３ℓ ※市販のミネラルウォーターは未開封で１～２年間保存可。生活用水としては風呂の残り湯が有用
□食料	□１人３日分 消費期限の長い菓子類や缶詰類（プルオープンタイプのもの）がよい
□貴重品	□現金　□印鑑　□預金通帳　□キャッシュカード □保険証券　□身分を証明するもの　□小銭（電話用）　など ※貴重品は常に非常袋に入れておけないので、非常時に持ち出せるように保管場所を決めておく
□医薬品	□救急用品　□常備薬（加療中の薬）　□治療食 □衛生用品・生理用品　など
□保護用具	□ヘルメットまたは防災頭巾　□運動靴　□軍手 ※運動靴は堅めのしっかりした裏底のもの

□衣類	□下着類（1～2着）　□厚手の靴下　□レインウェア □ウィンドブレーカー　□ポンチョ　□タオル
□その他	□懐中電灯　□携帯ラジオ　□予備の電池　□ライター □マッチ　□缶切り　□ナイフ　□ビニール袋　□割箸 □細ひも　□ビニールシート　□ビニールテープ □ろうそく　□筆記用具　□油性ペン　□ティッシュ □ウェットティッシュ　□携帯トイレ　□卓上コンロ □予備のガスボンベ　□充電器　□使い捨て食器類　□雨具 □カイロ　□折りたたみポリタンク　など
□幼児用品	□ミルク　□ベビーフード　□おむつ　□おぶい紐等 □アレルギーの場合の食料　□ミルク用の水
□高齢者用	□高齢者向け非常食　□杖　など
□ペット用	□ペットフード　□ペットシート　など

※避難の際の非常持ち出し品は必要最小限のものを。
1人が非常の際に持ち出せるものは、小型のリュック1つくらいの量。

5　BCPの検討に当たって

企業の計測を図り、事前の計画を策定するに当たっての主要項目を示します。最低限必要な検討項目として、企業のBCP策定の参考としてください。

(1)　BCP策定項目例

	項　目	内　容
前提	想定する事態	どのような影響が考えられるか、どのような被害を想定しているのかのBCPの前提を設定する
事前対策	1　防災対策の実施	建物・設備に対する防災設備の導入、建物の強化を実施する
	2　代替策の確保	事業継続に必要な、①施設　②設備　③輸送手段　④サプライヤー　等を検討し準備する
	3　分散化の実施	①在庫の管理　②設備・施設　③取引先の所在地　等について分散化を図る
	4　事業の優先度の設定	復旧すべき事業の優先順位を検討・準備する
	5　保険の活用	保険の内容について検討・活用する

	6　安否確認方法の実施	安否確認方法を定め、平時から訓練する
	7　その他	
被災対応	1　復旧目標の設定	復旧目標時期を定める
	2　復旧資金の確保	復旧資金として活用できるものについて事前に調査する ①自己資金　②公的支援制度　③保険　等
	3　取引企業との連携	防災協定を含め支援策を検討しておく
	4　情報発信	対外的な情報発信手段を検討・確保する
	5　その他	

⑵　BCP のポイント

①　中核事業の特定

被災時の事業継続のうえで優先して実施すべき事業・復旧すべき事業を特定します。

被災時においては、人的資源・施設・資金が制約されることが想定されるため、何から復旧していくのかの優先順位を定めておくことで、事業継続が可能となります。

②　復旧する時間目標を設定する

事業継続のための優先事業を復旧するための時間設定を行います。災害時に被災状等を勘案して再設定し、事業体として存続するための適切な行動目標を設定します。

③　取引先との事前協議

被災時、取引先と認識を共有することにより、スムーズな復旧対策実施が可能となります。復旧目標等顧客企業とあらかじめ協議しておくことで、顧客企業との連携が可能となります。

④　代替策の検討・準備

事業所、生産拠点、原材料、保管設備、輸送手段などの代替策を検討し、用意しておきます。コンピュータのバックアップ体制も検討・実施します。

⑤　従業員等への BCP 周知

BCP を作成しても、いざという時に機能するためには従業員党関係者が周知のうえ、実行に移せることが何よりも重要となります。従業員党への研修・訓練を BCP 計画に組み込むことが必要です。

著者紹介

■栗山　泰史（くりやま・やすし）

［東日本大震災時］**中央対策本部事務局長**

1975 年　安田火災海上保険（現：損保ジャパン日本興亜）株式会社入社

2004 年　株式会社損害保険ジャパン理事

2007 年　株式会社損害保険ジャパン常務執行役員

2009 年　（現：一般）社団法人日本損害保険協会常務理事

2013 年　丸紅セーフネット株式会社常勤監査役

一般社団法人日本損害保険協会シニアフェロー（現任）

一般社団法人日本損害保険代理業協会アドバイザー（現任）

2018 年～ アニコム損害保険株式会社取締役

［著　　書］

『保険募集制度の歴史的転換――募集改革の経緯・狙い・展望』（保険教育システム研究所、2017 年）

『変わり続ける保険事業――保険業界の明日を考える』（保険教育システム研究所、2017 年）等

■五十嵐　朗（いがらし・あきら）

［東日本大震災時］**現地対策本部事務局長**

1977 年　（現：一般）社団法人日本損害保険協会入社

2006 年　同生活サービス部長

2010 年　同東北支部事務局長

2012 年　同理事待遇

2015 年～ 2017 年　三井住友海上火災保険株式会社東北本部顧問

東北大学経済学部非常勤講師

福島大学経済学部非常勤講師　等　歴任

地震保険の理論と実務――必ず来る震災に備えて

著　者　栗山泰史
　　　　五十嵐朗

発行日　2018年8月15日

発行所　株式会社保険毎日新聞社
〒101-0032　東京都千代田区岩本町1-4-7
TEL 03-3865-1401／FAX 03-3865-1431
URL http://www.homai.co.jp/

発行人　真鍋幸充
カバーデザイン　塚原善亮
印刷・製本　株式会社進栄商会

ISBN978-4-89293-298-4